本研究系 2020 年国家社科西部项目（20XSH007）阶段性研究成果

本研究系 2019 年教育部人文社科基金青年项目的研究成果

本研究得到闽南师范大学学术著作专项经费资助

新时期
高校毕业生就业流动

OCCUPATIONAL
MOBILITY OF
COLLEGE GRADUATES

性别图景与影响机理

GENDER DIFFERENCES
AND ITS EFFECTS

郑育琛 著

社会科学文献出版社
SOCIAL SCIENCES ACADEMIC PRESS (CHINA)

摘　要

　　高校毕业生的就业流动不仅对高端人力资源的初次分配产生影响，而且对整个社会地域经济的发展以及毕业生个体在社会中的身份坐标和空间位置产生重要影响。随着高校规模扩张带来大学生就业难问题的凸显以及关于女性就业歧视问题的纷争不断，在大众传媒不断建构"女人味"流行文化的影响下，高校毕业生在就业流动中已形成较明显的性别阶层现象，成为值得深思和研究的社会问题。强化性别平权意识并辅以相应的政策举措，既有利于高端人力资源的合理配置，也有助于社会公平与两性关系的和谐发展。

　　本研究以"性别"作为贯穿全书的基本线索，以空间迁移和身份变迁的"就业流动"作为研究的横切面，运用教育学、社会学、人口学的相关理论，对高校毕业生就业流动中的性别差异现象、成因及其影响因素进行多维度的实证研究。一方面，通过对 10 所高校毕业生进行问卷调查，对"就业流动"的性别差异现状进行了多维度的定量分析；另一方面，通过对男女毕业生在就业流动心路历程的质性访谈，揭示了定量研究无法实现的毕业生就业认知和就业行为选择差异的行动逻辑。

　　定量研究表明，①以空间变化的流动维度进行性别考察发现，在城乡流动方面，生源地为农村的男毕业生向县城、城市的流动能力强于农村女毕业生，农村女大学生的"复制性流动"则比农村男大学生明显；在跨省流动方面，男大学生的流动率高于女大学生，女大学生存在"流动惰性"。②以身份变迁的流动维度进行性别考察发现，在阶层流动方面，女大学生的向上阶层流动能力弱于男大学生，男大学生"优势阶层"的继承性更为明显；在行业流动方面，男女大学生在行业分布方面呈现性别隔离，形成"性别专业—性别行业—性别工资"的内在逻辑，女大学生对应的是"女性友好专业—女性友好行业—低收入工资水平"，男大学生则刚好相反。③从流动收益看，女大学生整体不如男大学生，集聚于低收入区间。

质性访谈发现：①从高校人才培养的视角审视，引起毕业生就业流动性别差异的背后是一套专业性别文化和学科规训；②从市场经济制度考量，男女毕业生的职业选择对应着性别符码，其实质是在选择一个与性别角色相关的职业；③从社会发展的维度进行剖析则发现，毕业生流动的性别差异是传统性别文化作用下不同因素共谋和再制的结果；④个案的这些结构性的因素共同作用于就业流动中的男女毕业生。

在此基础上，本研究进一步分析了影响高校毕业生就业流动性别分化的宏观因素和微观因素，并探究了高校毕业生就业流动性别差异形成机理的四条作用路径：其一，传统性别文化的作用是产生毕业生就业流动性别差异最根本的原因，体现在它弥漫性地渗透到产生性别差异的其他因素中；其二，市场经济制度以效益优先的原则形成了雇主对男性的偏好，从而在劳动力市场中形成了"男强女弱"的性别格局，表现为在阶层流动中的"男上女下"、在城市流动中的"男多女少"、在流动收益中的"男高女低"现象；其三，高校在人才培养中存在专业性别隔离以及学科性别规训，内化为男女刻板印象的性别认知，隐蔽地影响着毕业生职业准入进而形成行业性别隔离；其四，女毕业生在传统性别文化的规训下，主动退缩到家庭领域，通过就业流动实现自我价值的路径被女大学生自我阻滞，大学生的性别意识缺失是产生就业流动性别差异的直接原因。这些看似间接却是深层次的影响因素相互形塑和联合，形成不同的推拉作用力，并最终作用于毕业生的就业流动进而固化为性别分层。

在对高校毕业生就业流动的作用机理进行分析的基础上，本研究立足于社会、政府、高校和个人四个层面进行思考，尝试性地提出破解毕业生就业流动性别失衡可能的举措和建议，以求多方合力共同缓解中国当前的女大学生就业流动的弱势局面，促进两性和谐发展。

目　录

图表目录

绪　论

有一首流传甚广的歌曲——《常回家看看》，大家耳熟能详的歌词"生活的烦恼跟妈妈说说，工作的事情向爸爸谈谈，常回家看看，回家看看"刻画了家庭团圆、儿女承欢膝下的温情画面。透过歌词，我们依然能深刻感受到男女在家庭内外鲜明的社会角色差异，以及劳动性别分工的固化模式。在现代社会，性别关系问题上达国家意识形态，下涉百姓日常生活，往往能衍生出敏感而重要的公共话题。

在男女的劳动分工上，现代社会有别于传统社会的主要表现便是劳动分工的高度复杂化。一方面，现代性正在不断地瓦解传统的父权制，其根本性的变革体现在劳动性别分工上，在过去的半个世纪里，女性打破禁锢进入传统的男性工作领域，也有机会扮演传统上属于男性的各类社会角色。另一方面，人们在观念上依然坚信，男性应负责养家糊口，很少有人去思考劳动性别分工意识形态的真相，所以自然也就有了"做人难、做女人难、做名女人更难"的感叹。虽然成为"名女人"并不是每个女人的梦想和追求，但是这句流传在坊间的调侃语道出女性要想在社会上获得和男人一样的成就，就要克服更多的障碍、付出更多的努力。这种"难"的背后，是性别不平等在社会中的客观存在。"微妙的性别偏见的围墙仍然继续制造着迥然不同的环境，引导着女性与男性走向分离与不平等的未来。"[①]

实际上，在当代人文社会科学研究领域，性别已经成为社会分析的重

---

① 郑新蓉著：《性别与教育》，教育科学出版社，2005，第166页。

要范畴，并与阶级、种族一起被认为是导致社会不平等和社会分层的最重要、最普通的三种机制。在人的性征、社会角色、知识，以及教育、学术和科学等领域中，时常出现关于自我和社会的性别特征的探讨。在一个急剧变化的世界中，全球范围内的社会不平等所表现出的广泛性、持久性及其对未来的影响已成为诸多领域关注的热点。[①] 但与性别有关的问题，在主流的高等教育文献中，尚未成为一种研究关怀。

高等教育在倡导性别平等方面一直扮演着先进文化引领者的角色。高校毕业生就业最为直接地体现教育的结果，是教育公平与否的最终"检视器"。而高校毕业生就业中的性别平等问题则是教育公平的直接体现，更是社会公平的重要基础。女大学生作为女性高端人力资本的代表，其就业流动情况将折射出一个国家和地区教育公平与社会文明的程度。流动是个体人力资本的一个重要表现，按照主流经济学人力资本理论的解释，流动可以增加就业机会，从而使人获得更加优厚的收入回报和更大的职业发展空间，提高阶层地位。但是，在传统性别文化和就业市场效率优先等结构性因素的作用下，女性就业流动的风险更大、就业的流动性更弱。因此，女性的流动惰性可能会加剧业已存在的性别差异，使其处在更为不利的地位。在市场因素与传统文化因素的掣肘下，高等教育所承载的性别平等理念正面临新的考验，在高等教育的出口——毕业生就业市场上，两性差异引起的平等问题已然成为备受关注的重要议题。

长期以来，在高校毕业生就业流动的研究中，人们更多的是把研究的视角聚焦在宏大叙事的经济发展与教育的互动关系上，注重在就业流动过程中区域发展、职业变迁和行业流动的整体情况，强调以"经济、效率、理性"为核心价值。由于这种带有男性文化倾向的价值观，在相关研究中女性的身份往往被集体无意识地遗忘和淡化，女性的声音和诉求被淹没在由"市场、经济和效率"等构筑的话语体系中，女性成为沉默的大多数。随着越来越多的女性走进高等学府，继而进入劳动力市场，与男生相比，这将产生怎样的就业差异，这种差异又构成怎样的性别图景？她们是如何被现代经济社会、性别文化所形塑的？影响的因素有哪些，这些因素是如

---

① 王俊：《遮蔽与再现：学术职业中的性别政治》，华中师范大学出版社，2011。

何作用的，形成了怎样的影响机制？在结构化的市场中，她们就业流动的体验是怎样的？这些问题的求解求证，亟须成为一种研究的关怀——了解新时期大学生就业流动的性别差异，探究形成性别分化的机理。

一　研究背景与问题提出

新中国成立以来，国家通过一系列的法律法规确认女性的权利，并且通过行政力量确保了男女平等的地位，女性从传统社会的"家庭人"变成"社会人"，并且拥有了同男性一样的就业权利，获得了一定的参与经济、权力与文化等各种资源分配的机会。在时代的感召下，女性以前所未有的精神面貌投入社会发展的潮流中，长期在历史进程中缺位的女性以崭新的姿态重新站到了历史的前台。

进入 20 世纪 90 年代后期，随着我国高等教育招生规模的不断扩张和高等教育改革，由政府主导和社会力量参与的各级各类教育机构如雨后春笋般发展起来，带动了受高等教育女性数量的增长。与此同时，我国实施计划生育政策，提倡"一对夫妇生育一个子女"这意味着家庭的教育投入性别选择空间的消失，女性成为高等教育扩招和生育制度改革的直接受益者，越来越多的女性获得了接受高等教育的机会。教育部统计数据显示，女大学生数量在 1949~1989 年增加了 29.9 倍，女大学生占大学生总数的比例也由 1949 年的 19.8% 上升到 1990 年的 33.7%。此后，女大学生比例稳步提高。2009 年，女大学生在校生人数首次超过男大学生。截至 2013 年，普通本/专科女大学生数占 51.74%，达到 12769199 人。①

在高校毕业生人数不断递增的背景下，政府也出台了一系列引导高校毕业生就业流动和人力资源有效配置的政策。而传统性别文化在某种程度上的复归、多元价值观的嬗变，也左右着高校毕业生就业时的各种选择。高校毕业生的就业流动面临比以往任何时候都更复杂的社会背景、更多元的价值选择，以及更具挑战性的时代拷问。

---

① "各级各类学校女学生数"，教育部网，http://www.moe.gov.cn/publicfiles/business/html-files/moe‐560/s7567/201309/156890.html。

（一）研究背景

1. 大学毕业生就业难与传统性别文化的回归

高等教育规模的扩张带来了毕业生人数的剧增。从 2003 年开始，我国高校毕业生就业难问题日益凸显，一时间，"最难就业年""史上最难就业年""更难就业年"等字眼不断吸引着公众的视线，拥挤不堪的高校毕业生就业市场真实地反映了当前我国高校毕业生就业问题的严峻程度。1999年为我国高校扩招的第一年，2003 年高校毕业生人数为 212 万人，而 2013年高校毕业生人数达 699 万人。仅仅 10 年的时间，我国的高校毕业生人数增长了 230%，虽然从 2009 年开始我国高校毕业生人数增长率降至 10% 以内，但是高校毕业生人数总量处在上升状态，截至 2019 年，高校毕业生人数已经激增到 834 万人（见图 0 - 1）。

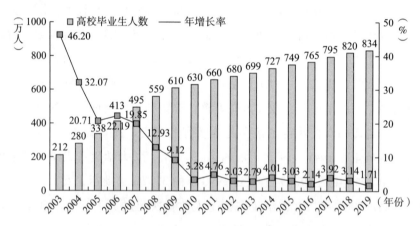

图 0 - 1　2003 ~ 2019 年我国高校毕业生增长状况
资料来源：据国家统计局网站的资料整理。

与此同时，高校毕业生的性别比例在 2009 年出现了新的拐点，《中国统计年鉴》的数据显示：1998 年女大学生所占比例仅为 38.3%，2009 年女大学生首次超过了男大学生，达到了 50.48%，此后女大学生所占比例一直高出男大学生。但是日益增加的就学机会并没有改变女大学生在就业选择和职业发展中弱势的地位。在"高校毕业生就业难"呼声一浪高过一浪的背景下，在劳动力市场入口处，有关毕业生的性别歧视问题成为毕业生就业难问题"最沉重的注脚"。由国内大学生就业第三方独立调查机构——

麦可思研究院完成的 2010 届毕业生签约情况调查显示，2010 届女大学生签约率比男大学生低 8.5 个百分点，在专业对口率方面，女性本科生签约率为 61%，高职高专女生签约率为 59%，均比男生低 11～12 个百分点。同工不同酬的薪资歧视在部分行业依然存在，其中，在交通、物流、仓储和邮政服务业等行业就业的 2010 届女大学生的月薪比男生低 523 元，在电信及电子信息服务业等行业就业的 2010 届女大学生，其月薪比男生低 420 元。[①] 无独有偶，2010 年 8 月全国妇联发布了新的"女大学生就业创业状况调查"报告，该报告显示，被访的女大学生平均投出 9 份简历才有可能获得 1 次面试或笔试的机会，[②] 平均投出 44 份简历，才有机会得到 1 个意向协议。机会不均等造成事实上的结果不平等，女大学生的整体发展状况显然劣于男大学生。

来自学者的大规模调查数据也进一步证实了毕业生就业中的性别歧视问题。《1995—2005 年：中国性别平等与妇女发展报告》中的数据显示：55.8% 的女生认为求职时遭遇了性别歧视，63.17% 的女生和 47.6% 的男生认为用人单位存在歧视女生的现象。北京大学 2009 年度全国高校毕业生就业抽样调查数据显示，性别因素导致了男女毕业生 10.89% 的薪酬差异，同时男性获得就业地户口的机会比女性高出 9.27%。[③] 男女大学生就业上存在的不平等，还体现为行业分布和就业层次上存在职业隔离，也就是就业结构不合理。从行业分布上看，女大学生主要集中在教育、文化、卫生等社会服务领域，而在其他行业处于弱势；从岗位分布上看，男性占据高层管理者、机关事业单位领导者岗位，女性则主要从事教师、一般职员和一般技术人员等岗位。在单位性质的性别差异上，男生进入国家机关、科研单位、城市集体企业的比例略高于女性，进入国有企业的比例比女生高出 14.7 个百分点，进入私营企业的比例比女生低 1.9 个百分点。

---

① 《调查显示：2010 届女大学生就业率比男生低 8.5%》，新华网，http://www.cq.xinhuanet.com/edu/2010－03/02/content_19131626.htm。

② 《〈女大学生就业创业状况调查报告〉发布》，新华网，http://edu.ifeng.com/zhichang/detail_2011_02/11/4622774_0.shtml。

③ 敖山、丁小浩：《基于性别差异的我国高校毕业生就业特征研究》，《教育与经济》2011年第 2 期。

面对就业难问题的凸显以及女性就业歧视问题的争议，关于"就业与性别"的话题重新成为公众讨论的热点，一时关于"工作是男人的事情""让妇女回家"的声音不绝于耳。在大众传媒不断建构"女人味"的流行文化的影响下，在女大学生就业难的现实冲击下，国家体制内提倡的男女平等的意识形态不断受到流行文化所推行的女性"本质主义"回归的挑战。一方面，有人主张妇女应放弃就业，至少应该"阶段性的就业"，专心"经营"婚姻和家庭，实现稳定婚姻家庭和缓解就业压力的"双赢"；还有人告诫妇女"干得好不如嫁得好"。在女大学生群体中，"毕婚"（毕业结婚）、"急嫁"、"非正常恋爱"等非常态的婚恋现象层出不穷，不仅弱化了女大学生的成就动机，更在一定程度上影响了社会道德规范。另一方面，这种由市场经济推动的，占主导地位的社会性别话语对男女都产生了负面的影响。"女人味"将女性置于被动、从属物化和他者的地位，所谓的"男子汉"则过度绑架了男性的责任和压力，破坏了新时期两性的和谐发展。

2. 多元化的社会价值观与女性就业价值观的嬗变

作为社会文化的子系统，性别文化是人类社会文明的重要组成部分。性别文化形成对男女两性不同的角色和地位期待，影响着男女两性特有的行为模式、参与机会和发展空间。在我国的传统社会中，农业生产方式及相应的生产资料占有方式决定了在性别关系中，男性占据主导和支配的地位、女性处于从属的地位，进而形成了男尊女卑、男强女弱、男主女从等价值观念，并构建了一套男女有别的道德约束机制来维护这一社会性别角色分工；在主流社会意识形态的长期内化、传播之下，陈旧的男女性别格局成为一种根深蒂固的文化传统。[①] 尽管新中国成立之后，在意识形态和法律政策层面上推行两性平等理念，女性也曾经被赞誉为"能顶半边天"，但基于男女两性差异所建构的性别文化传统尚未发生根本性的改变，反而是这种鲜明的意识形态色彩以一种社会记忆的方式建构出一种"女性配角文化"，为"男胜女汰"提供了现实复制、再生的文化土壤。[②]

---

① 吕红平、丁娟、包芳主编《中国性别文化概论》，中国人口出版社，2011，第1~6页。
② 周玉：《性别差异：地位获得中的非制度机制》，《福州大学学报》（哲学社会科学版）2009年第5期。

当前，伴随着国家经济改革的推行、多元价值观的冲击，在市场经济追求效率、理性的逻辑作用下，大众传媒为迎合市场的需求，开始积极构建新时代的女性形象，各种炒作"好母亲""好妻子""好女人"等概念的主题时尚节目更是充斥在社会生活的角角落落，"承载着传统父权制文化的各式各样的性别习俗和理念摇身一变成为社会时尚的一部分，并且满足了市场这个赢者通吃的世界里强势主体的需求"。① 那种"男女都一样""不爱红装爱武装"特定时代的话语，似已被新时代的女性所抛弃。对女性"本质主义"回归的召唤成为新时期传统性别文化的变种，与此相适应，"宁可坐在宝马上哭也不愿坐在自行车上笑""干得好不如嫁得好"在一定程度上成为时下的价值选择，并蔓延到象牙塔内。

作为高校女大学生，她们本该在接受高等教育之后积极投入就业市场，实现自己的人生理想和社会价值。在新时期性别文化的影响下，她们的价值选择出现了更多元化的倾向。注重生活享受、物质至上的价值观替代了以往"人生的价值就是投身社会经济建设大潮"的单一的价值观。传统性别文化的复归和多元化的价值观，已成为当前毕业生就业流动选择中难以忽视的社会文化环境。有学者指出，"中国女工的命运被国家政治力量、经济力量和社会文化力量整合进社会变迁过程中，国家利益、单位利益和家庭利益皆塑造着她们的职业活动"。② 各种力量形塑下的大学生就业的性别差异问题已经成为当下社会中的结构性问题。作为对传统文化负有传承与更新责任的教育，只有直面这种价值冲突，引领社会文化的发展，才能完成自身的社会使命。

3. 毕业生就业流动战略推行与女性人力资源开发不足

随着就业形势的日益严峻，有关毕业生的就业流动问题也引起了政府的高度重视，并成为工作的重点。国家出台了一系列引导毕业生合理就业流动的政策文件，如国务院于 2009 年 1 月 19 日出台了《国务院办公厅关于加强普通高等学校毕业生就业工作的通知》鼓励大学生到基层、到中西

---

① 王俊：《遮蔽与再现：学术职业中的性别政治》，华中师范大学出版社，2011，第 137 页。
② 佟新、龙彦：《反思与重构：对中国劳动性别分工研究的回顾》，《浙江学刊》2002 年第 4 期。

部地区、到中小企业就业，应征入伍，参加国家、地方重大科研项目。[①] 2010 年 6 月 6 日正式发布的《国家中长期人才发展规划纲要（2010—2020 年）》强调"完善政府宏观管理、市场有效配置、单位自主用人、人才自主择业"的人才管理体制，政府对人才流动的政策执行进行引导和监督，推动产业、区域人才协调发展。[②] 在 2011 年、2013 年、2014 年、2015 年，国务院连续出台了关于做好毕业生就业的相关指导意见。对于到农村基层和城市社区从事社会管理和公共服务工作的高校毕业生，符合公益性岗位就业条件并在公益性岗位就业的，按照国家现行的促进就业政策的规定，可以给予社会保险补贴、公益性岗位补贴、薪酬或生活补贴；对于到中西部地区和艰苦边远地区县以下农村基层单位就业并履行一定服务期限的高校毕业生，可以给予相应的学费补偿和国家助学贷款代偿。[③]

除此之外，中央各相关部门根据现实情况还实施了引导高校毕业生到基层就业的专门项目：一是由共青团中央和教育部等部门组织、从 2003 年开始实施的"大学生志愿服务西部计划"；二是由中组部、原人事部、教育部等八部门组织，自 2006 年推行的"三支一扶"政策；三是由教育部等四部门推行、于 2006 年开始推动的"农村义务教育阶段学校教师特设岗位计划"；四是由中组部、教育部等四部门组织，从 2008 年开始实施的"选聘高校毕业生到农村任职工作"（即大学生村官）计划。显然，这些政策的推行，意在促进高校毕业生就业的合理布局和有序流动，实现个体发展和国家战略推行的双赢。但是对于占毕业生人数一半以上的女大学生，她们在就业流动中的弱势地位和被动局面，弱化了她们的成就动机，而传统性别文化的某种复归更使得她们主动退缩到了家庭领域，这不仅造成人

---

① 《国务院办公厅关于加强普通高等学校毕业生就业工作的通知》，国务院办公厅，2009 年 1 月 29 日。

② 国务院：《国家中长期人才发展规划纲要（2010—2020 年）》，国务院办公厅，2010 年 6 月 6 日。

③ 《国务院关于进一步做好新形势下就业创业工作的意见》（国发〔2015〕23 号）、《国务院办公厅关于做好 2014 年全国普通高等学校毕业生就业创业工作的通知》（国发〔2014〕22 号）、《国务院办公厅关于做好 2013 年全国普通高等学校毕业生就业工作的通知》（国办发〔2013〕35 号）和《国务院关于进一步做好普通高等学校毕业生就业工作的通知》（国发〔2011〕16 号）等文件规定。

力资源的极大浪费，更影响了国家发展战略的实现。

大学生的就业流动是一个经济问题，折射出经济发展的历史问题并影响着今后的发展走向，关系到区域经济发展的战略选择；它又是一个社会现象，不同性别的毕业生在就业流动中的差序格局体现了男女性别权力的对比关系，体现了国家和社会的文明发展程度。

(二) 研究的理论价值和现实意义

本研究因应于一系列因素，以性别作为贯穿整个研究的基本线索，试图将理论分析和实际调研相结合，旨在通过多维度的毕业生就业流动情况分析，呈现高校毕业生就业流动的性别图景。同时，运用社会性别理论进一步审视形成毕业生就业流动性别差异的机理，从而丰富和完善具有我国特色的高等教育就业流动理论体系，具有较为重要的理论价值和现实意义。

1. **理论价值**

其一，夯实就业流动研究的理论基础。高校毕业生就业流动研究是一项应用性较强的研究，其理论基础的牢固性影响着研究的广度和深度。本研究主要以性别对比作为研究的逻辑起点，以将空间迁移和身份变迁作为基本维度的"就业流动"作为研究的横切面。这有别于传统的单一的就业流动研究，也形成了较为丰富的理论分析框架。本研究主要运用"社会性别理论"和"推拉理论"作为理论分析框架来解释高校毕业生就业流动中的性别差异，其中社会性别理论主要是基于性别对比的研究视角进行阐释，推拉理论主要用以解释就业流动中产生的作用力大小。从学科建设来看，对于高校毕业生就业流动的性别差异研究，推动了高校人才培养的理性思考、就业问题的社会审视以及社会性别视角观照下的两性发展问题，形成了学科之间互相连接和更为深厚的理论基础。本研究通过这些理论阐释的系统梳理，拓宽该问题的研究视域，实现研究的系统性。

其二，深化对高等教育价值目标的认识。"高等教育—社会—人"是高等教育社会学的逻辑起点，两性的公平问题是高等教育公平的基础。在社会文明获得长足发展的今天，男女平等已被许多国家写入了法律，但是产生性别歧视的文化传统和社会机制依然以非正式制度的形式存在，对社会领域中女性的权益还存有盲视和偏见。在现有的关于大学生就业流动的研究中，性别因素在社会科学中一直没有获得足够的重视，女大学生的性别身份往往被"遮蔽"。本研究以性别对比为切入点，既有宏观层面的定量研究，以获得两性差异性的对比数据，又有微观层面的质性访谈，以进一步了解毕业生的情感变化和真实体验。这样，本研究在多维度地了解两性在就业流动与社会分层中的差异的基础上，探究形成差异的关系机理，剖析产生两性差异的深层原因，针对性地给予她们迫切需要的人本关怀，进一步推动两性的和谐发展，引导人们深化对于高等教育发展的价值目标的认识。

其三，拓展研究范围。毕业生的就业流动是一项较为复杂的行为，学界也形成了各种不同的分析框架和诠释理论，由于不同学科的理论阐释，对该问题的认识往往陷入多学科之间的迷思。本研究将性别差异作为逻辑起点和落脚点，实现了就业流动问题研究中社会学、人口学和教育学的有效连接，打破单一的学科研究范式，实现学科间的整合。在研究方法运用上，本研究力图突破质性研究与量化研究的樊篱，采取"先量化后质性"的研究设计。一方面，通过量化手段研究毕业生就业流动的总体性特征和亚群体之间的异质性特征，建构模型分析各种因素之间的关联；另一方面，克服量化研究专注于数据、忽视个体经验的弊端，采用质性研究对典型的个案进行生动立体的描述和刻画，形成多元的性别镜像，构建毕业生就业流动的性别图景，实现研究方法上的突破。因此，研究范围的拓展和研究方法的整合，将为本研究打下坚实的理论基础，也为今后研究提供了框架参考。

2. 现实意义

理论研究的最终目的是服务和解决现实中的问题，高校毕业生的就业流动的性别差异研究属于应用研究的范畴，该问题的应用价值主要表现在以下几个方面。

其一，开发我国女性人力资源，推动两性的和谐发展。女大学生人数占受高等教育人数的一半有余，是我国女性高端人力资本的代表。研究其就业流动特点，了解男女大学生在区域、行业、阶层、省际的流动状况，剖析两性存在哪些差异，从而进一步认识我国高校毕业生的就业流动与高端人力资源开发的关系，这对我国从人力资源大国向人力资源强国转变具有重要的战略意义。同时，通过对女性人力资源的开发，改变女性在就业领域的边缘地位，打破角色的认知固化，进一步突破对男性的规训，去除长期以来强加在两性身上的枷锁，将更好地实现两性平等、和谐地发展。

其二，为政府、社会、高校和个人了解女大学生的就业流动情况提供必要的数据参考、政策咨询和理论指导。过去的几十年里，在高等教育发展的推动和女性自身的积极努力下，女大学生的人数剧增，并参与到就业市场的分配中，同时提升了自身的社会地位。但是，大众化阶段的高等教育和转型期社会经济发展带来的市场震动严重影响女大学生们的就业流动，同时也给她们带来就业流动的诸多困难和困惑。从教育的视角审视，能否让接受高等教育作为一种毕业生个体的文化资本，在男女之间形成同等的表现和竞争机会，使之具有共同的就业流动价值，是制度设计和决策开展时应该关注的问题。本书通过较大规模的定量研究和质性访谈，可以在一定程度上掌握大学生就业流动性别差异的现状，倾听他们在择业和发展过程中的心路历程，解释大学生就业流动性别差异的影响机理，呼吁社会对这一群体的关注，有助于国家和教育管理有关部门制定相关政策并针对性地开展工作。

二　国内外研究述评

高校毕业生就业流动是嵌入中国复杂的市场经济改革和社会转型、受传统社会性别文化规范深刻影响的一道社会景观。对于高校毕业生就业流动差异这一重要问题，此部分将主要进行历史发展脉络的整理与理论基础的探讨，围绕国内外关于高校毕业生就业流动的内涵、高校毕业生就业流动的现实表现、高校毕业生就业流动的影响因素以及分析促进高校毕业生就业流动性别平等的对策探索四个方面进行梳理，以期能够站在前人的肩膀上，推进对该问题的深入研究。同时对本研究依托的研究理论进行建构，形成本研究的理论分析框架，为接下来的量化研究、质性访谈、机理探讨以及对策探索等后续研究做铺垫。

（一）高校毕业生就业流动内涵的研究

毕业生的就业流动是多样态和多维度的，国内外学者从不同的维度阐述了对于就业流动内涵的理解，主要包括两大维度，即基于地理位置变迁的就业流动和基于职业变化的就业流动。

1. 基于地理位置变迁的就业流动

（1）国外学者对毕业生就业流动的相关研究

对就业流动的研究始于古典经济学的创始人威廉·配第，其从经济学的角度揭示人口迁移与流动的关系，并在此基础上形成与就学、就业产生交互作用的流动研究。因此，研究者把就学和就业流动视为一个连续的过程，把基于地理位置所发生的位移变化视为高校毕业生就业流动界定上的一个基本特点，把从生源地、就学地到就业地的流动作为一个完整连续的过程，考察其从生源地到高校就学，从高校向劳动力就业市场的流动过程中所发生的地理位置上的变化情况。[①] 如英国学者 Faggian、McCann 和 Sheppard 将就学流动与就业流动视为一个连续的过程，根据流动行为的差异，把就业流动行为模式分为五类：不断流动、返回流动、前期流动、后期流动以及不动。[②] 这一分类方法区别于以往把就学和就业视为两个独立的、割裂的行为，充分考虑不同流动之前所产生的相互影响，更客观地还原毕业生就业流动的全过程，有利于进一步探究不同区域之间毕业生就业区域流动的选择要求，以及区域高等教育布局与毕业生就业流动的关系。

从人力资本的理论看，个体就业流动是人力资本投入的一种重要手段，能够实现人力资本价值增值。毕业生作为一个国家或地区特殊的人力资源，其就业流动不仅会产生资本的初步回报，还将为地区经济的发展创造就业机会，从而贡献更多的经济收入。西方学者研究就业流动的价值目标包括两大方面，一方面从宏观着手，探究高等教育与区域经济之间的关系，为地方政府确定投资策略、为奖学金评价制度提供决策思考。这方面研究可以追溯到 1928 年 Anderson 的研究。他以北卡罗来纳州立大学农业和工程专业共计 1350 名 1922 届的男毕业生作为样本，分析生源地不同的毕业生在接受高等教育之后是否发生就业流动，即城乡地域流动的具体情

---

① 马莉萍：《西方国家大学毕业生就业流动的研究：借鉴与启示》，《教育学术月刊》2009年第 10 期。

② Alessandra Faggian, Philip McCann, Stephen Sheppard, "An Analysis of Ethnic Differences in Uk Graduate Migration Behaviour," *The Annals of Regional Science* 2 (2006): 461–471.

况。① 此后，Greenwood 在前人研究的基础上，采取实证研究的方法，以美国 100 个在大城市就业的毕业生作为研究对象，对各地区毕业生的流入和流出情况做家庭人均收入水平、就业率、失业率、城市所在地区等方面的对比，并分析这些因素产生的影响。② Greenwood 开启了国外有关就业流动与区域关系的相关研究，随着研究的深入开展，英国的 Faggian、McCann 和 Shephard 等学者针对英国毕业生的就业流动行为进行了一系列研究，通过建立回归分析模型，获得了关于人力资本的流入与地区知识资产之间关系的解释，并因此进一步说明了不同类型流动行为的所占比例以及流动趋势等。③ 这种研究的特点主要是通过较大体量的宏观数据的分析和建构数理模型，获得一个国家或者一个地区人才的流动情况，分析出人才流入和流出地域的基本特征，进而为一个国家和地区的经济和人才发展战略提供决策参考。

由于数据调查分析虽然可以获得一个地区人才流入或流出的参数，为地区人才储备及经济发展提供一定的参考，但是这种宏观统计方式往往缺乏微观的个体变量，使得研究因失去个体的异质性特征难以把握个体因素与就业流动之间的影响关系。因此，建立在个体或家庭的微观数据基础上，详细了解就业流动对个体的影响，逐渐成为这类研究的一个重要补充。在获得微观层面的数据基础上，以毕业生的个体特征和所在地区的特征作为自变量，以流动是否发生作为二元因变量，采用二元逻辑回归建立回归模型，从而获知个体特征对流动的影响作用大小。此后，很多学者借鉴了多元逻辑回归的方法，以毕业生的个体特征分析不同流动类型的作用因素大小。尽管方法有异，但对大学毕业生就业流动的研究都达成了这一

① Patricia Salter West, "Social Mobility among College Graduates," *Class, Status and Power* 111 (1953): 465 – 480.

② Michael J. Greenwood, "The Geographic Mobility of College Graduates," *Journal of Human Resources* (1973): 506 – 515.

③ Alessandra Faggian, Philip McCann, "Human Capital Flows and Regional Knowledge Assets: A Simultaneous Equation Approach," *Oxford Economic Papers* 3 (2006): 475 – 500. Alessandra Faggian, Philip McCann, Stephen Sheppard, "Some Evidence that Women are More Mobile than Men: Gender Differences in Uk Graduate Migration Behavior," *Journal of Regional Science* 3 (2007): 517 – 539.

共识：个体特征包括性别、婚姻状况、种族、年龄、受教育程度、前期流动行为等都会对各种类型的流动选择产生影响。其中，多数学者的研究结果显示，受教育程度对流动行为产生积极影响；[①] 学位越高、学校越有声望，毕业生拥有的人力资本也越高，越有可能发生流动行为，在地域上的选择范围更广，流动带来的回报也就相对越高。[②] 但是，这些研究对性别的作用却存在分歧。有的研究发现，在控制了人力资本差异及工资差异的因素后，女大学生比男大学生的空间流动性更强，这可能是由于女性通过流动来补偿劳动力市场上的性别差异。[③] Gottlieb 和 Joseph 对博士毕业生的研究，则证实了男博士毕业生较女博士毕业生流动的可能性更大，[④] 在流动行为的差异方面，男女间并不存在显著差异。[⑤]

上述的研究在毕业生就业流动的研究方面偏好使用数据模型建构的方法，如早期的关于就业流动的研究中，常用回归分析方法来探究不同因素之间的相互作用。其中，最常采用的方法是用二元逻辑回归进行建模，即以毕业生的个体特征和所在地区的特征作为自变量，以是否发生流动的二元变量作为因变量进行回归分析。[⑥] 如 Greenwood 在 1973 年对毕业生就业流动的研究，采用一般线性回归的方法，对家庭平均收入、失业率、就业

① Alessandra Faggian, Philip McCann, Stephen Sheppard, "Some Evidence that Women are More Mobile than Men: Gender Differences in Uk Graduate Migration Behavior," *Journal of Regional Science* 3 (2007): 517 – 539. Franklin G., Mixon Jr., Yu Hsing, "The Determinants of Out – of – State Enrollments in Higher Education: A Tobit Analysis," *Economics of Education Review* 4 (1994): 329 – 335.

② Randall G. Krieg, "Human-Capital Selectivity in Interstate Migration," *Growth and Change* 1 (1991): 68 – 76. Paul D. Gottlieb, George Joseph, "College-to-Work Migration of Technology Graduates and Holders of Doctorates within the United States," *Journal of Regional Science* 4 (2006): 627 – 659. Aba Schwartz, "On Efficiency of Migration," *Journal of Human Resources* (1971): 193 – 205.

③ Alessandra Faggian, Philip McCann, Stephen Sheppard, "Some Evidence that Women are More Mobile than Men: Gender Differences in Uk Graduate Migration Behavior," *Journal of Regional Science* 3 (2007): 517 – 539.

④ Paul D. Gottlieb, George Joseph, "College-to-Work Migration of Technology Graduates and Holders of Doctorates within the United States," *Journal of Regional Science* 4 (2006): 627 – 659.

⑤ Yolanda K. Kodrzycki, "Migration of Recent College Graduates: Evidence from the National Longitudinal Survey of Youth," *New England Economic Review* (2001): 13 – 34.

⑥ Jeffrey A. Groen, "The Effect of College Location on Migration of College-Educated Labor," *Journal of Econometrics* 1 (2004): 125 – 142.

率、城市所在地区等各地区毕业生流动情况的影响分析。[①] Faggian 和 Mc-Can 分别使用了普通最小二乘法（OLS）、两阶段最小二乘法（2SLS）和三阶段最小二乘法（3SLS）来分析人力资本流动与地区知识资产之间的关系。除此之外，使用截面数据或时间序列数据来分析不同类型流动行为的所占比例，探究毕业生就业区域流动趋势等，也是较为普遍的研究方法。通过计算出净流入和净流出的数值，推算产生就业流动的"推力"和"拉力"这两种作用力的大小；或者运用数据计算分析气候条件或就业条件改善后，该地区的毕业生流入比例出现何种变化等等。[②] 随着研究方法的逐渐成熟，之后的学者逐步研究出能够更好解释毕业生个体如何流动的计算模型，即多元逻辑回归。但是，使用多元逻辑回归无法说明毕业生在面临多个就业选择时的决策过程，为了弥补这一缺憾，有学者提出使用条件逻辑回归[③]、内嵌逻辑回归[④]、随机参数逻辑回归以及混合逻辑回归[⑤]，以突破多元逻辑回归模型的既有研究局限。

（2）国内学者对毕业生就业流动的相关研究

国内的学者在研究毕业生就业流动的空间属性方面，结合我国的区域特点，主要集中在对三种地域的就业流动考察上。

其一是跨省流动。岳昌君利用统计描述和计量回归方法对大学生跨省流动的频率、流向、成本、收益等因素进行了实证研究。结论显示，毕业生中不动者（在生源地就学并就业，未发生任何流动）占54.3%；同时毕

① Michael J. Greenwood, "The Geographic Mobility of College Graduates," *Journal of Human Resources*, 1973: 506 – 515.

② Michael J. Greenwood, "The Geographic Mobility of College Graduates," *Journal of Human Resources*, 1973: 506 – 515. Alessandra Faggian, Philip McCann, "Human Capital Flows and Regional Knowledge Assets: A Simultaneous Equation Approach," *Oxford Economic Papers* 3 (2006): 475 – 500.

③ Alessandra Faggian, Philip McCann, Stephen Sheppard, "Some Evidence that Women are More Mobile than Men: Gender Differences in Uk Graduate Migration Behavior," *Journal of Regional Science* 3 (2007): 517 – 539.

④ Jerry A. Hausman, David A. Wise, "A Conditional Probit Model for Qualitative Choice: Discrete Decisions Recognizing Interdependence and Heterogeneous Preferences," *Econometrica: Journal of the Econometric Society* (1978): 403 – 426.

⑤ Daniel McFadden, Kenneth Train, "Mixed Mnl Models for Discrete Response," *Journal of applied Econometrics* 5 (2000): 447 – 470.

业生的流动情况存在区域差异，不动者更多来自东部地区的沿海省份。从流动的方向看，跨省流动的大学生，主要是从中西部内陆省份向东部沿海省份流动，产生跨省流动的主要原因在于经济因素、人口特征变量、人力资本变量，包括社会资本在内的家庭、社会、经济背景等都是影响就业流动的显著因素。① 盛玉雪等以全国高校毕业生微观抽样调查数据为依托，采用空间自回归交互模型对高校毕业生在就学地和就业地之间形成的跨省就业的自流出地到流入地的有向流数即 O-D 流进行了实证研究，研究发现高校毕业生在省域层面的流动具有显著的空间相关性，区域人才政策的相互模仿是流出地或者流入地经济社会发展具有相似性可能的原因之一。②

其二是东西部区域的流动。由于我国东、中、西部区域经济发展并不均衡，探讨区域经济与高等教育的互动、提升高等教育在促进区域经济的协调发展中的作用成为部分学者在区域与人才流动研究中的一个重要议题。马莉萍等考察了我国现有高等教育院校的基本布局，结合大学生的区域流动数据，分析影响人才流动的因素。结果表明，高等教育院校的区域布局不仅影响当地学生接受高等教育的可能性和公平性，而且会影响当地经济发展以及人才供给，因此应该充分重视高等教育院校布局在带动区域经济发展中的作用。③ 岳昌君等基于 2017 年全国高校毕业生就业状况调查数据，利用统计描述和计量回归方法从城际流动类型与分布、就业城市偏好、流动收益与成本和流动影响因素等方面对高校毕业生的城际流动特征进行了实证分析。研究发现，87% 的高校毕业生在求学或就业过程中发生了城际流动，一线城市和二线城市是高校毕业生就业地的主要选择。④

针对当前我国高校毕业生人才流动呈现的"一江春水向东流"的就业地域失衡问题，钟秋明、文东茅在对就业地域均衡的条件进行理论分析的基础上，认为造成我国毕业生就业与区域失衡的原因主要是不同地域的职

① 岳昌君：《大学生跨省流动的特点及影响因素分析》，《复旦教育论坛》2011 年第 2 期。
② 盛玉雪、赵晶晶、蒋承：《我国高校毕业生跨省就业流动的空间相关性研究》，《北京大学教育评论》2018 年第 1 期。
③ 马莉萍、岳昌君、闵维方：《高等院校布局与大学生区域流动》，《教育发展研究》2009 年第 23 期。
④ 岳昌君、邱文琪：《高校毕业生城际流动的特征分析》，《北京大学教育评论》2019 年第 3 期。

业待遇不均衡，而就业流动难度大、成本高、落后地域隐性需要难以转化等问题都制约了毕业生就业流动。[1] 还有学者对毕业生就业流动的区域空间模式进行了研究，分析了不动、聚集、交换和发散四种就业流动的空间模式，在比较就学地与就业地的关系后发现，北京、上海和广州周边的毕业生偏爱在这些大城市聚集，且这种流动现象还具有邻里效应。[2]

其三是城乡流动。由于我国长期存在的城乡二元分割的社会结构，我国农村人力资本长期向城市流动且回流乏力。[3] 高校毕业生在城乡流动中会产生明显的偏好，如赖德胜等的研究显示，我国的城市和农村之间存在的经济差异是高校毕业生就业流动的驱动力，表现为农村涌向城市。[4] 岳昌君基于全国 21 省 33 所高校的抽样调查数据，对毕业生就业地区的城乡差异进行研究发现，城乡之间存在显著的差异，农村户口毕业生在京津沪就业的占比显著低于城镇户口毕业生，即农村户口毕业生中只有 9.2% 的人在京津沪就业，比城镇户口毕业生低 9.0 个百分点。[5] 随着我国乡村振兴战略的推进，关注大学生从城市向农村就业流动也成为热点话题，钟云华等的研究发现，45.3% 的大学生有到农村就业的意愿；性别、人力资本和社会资本等个体特征对大学生农村就业意愿有一定的影响，中共党员、家庭处于中层以下社会阶层的男性大学毕业生到农村就业的意愿更强。[6]

2. 基于职业变化的就业流动

由于个体的就业本质上是在一个分化的社会结构中变换自身社会位置的过程及结果，学术界对于就业流动的另一个维度的理解是职业流动。一方面，职业是个体在现代社会中获得经济资源、文化资源、组织资源的合法基础，也是个体综合社会地位的反映；另一方面，职业是一个可被方便观

---

[1] 钟秋明、文东茅：《高校毕业生就业地域失衡及其对策》，《求索》2007 年第 9 期。

[2] 杨钋、门垚、马莉萍：《高校毕业生就业流动现状的分析》，《国家教育行政学院学报》2011 年第 4 期。

[3] 郑瑞强、朱述斌：《新型城乡关系、乡村未来与振兴之路：寻乌调查思考》，《宁夏社会科学》2018 年第 3 期。

[4] 赖德胜、吉利：《大学生择业取向的制度分析》，《宏观经济研究》2003 年第 7 期。

[5] 岳昌君：《高校毕业生就业状况的城乡差异研究》，《清华大学教育研究》2018 年第 2 期。

[6] 钟云华、刘姗：《乡村振兴战略背景下大学生农村就业意愿的影响因素分析——基于推拉理论的视角》，《高等教育研究》2019 年第 8 期。

察和比较的、相对稳定的对象，是观察个体社会流动状况可靠的外在标志。

美国社会学家布劳和邓肯在其专著《美国职业结构》中，提出职业是社会分层的唯一标准，其创设的布劳－邓肯职业地位获得模型是表征个体职业身份的经典模型，也成为考察个体职业地位代际变化的重要方式。"地位获得模型"采用路径分析统计方法和线性回归技术，通过对职业地位和职业流动的分析，把个体的先赋性因素和自致性因素作为因变量，以个体在社会流动中获得的社会地位来表示，建立包含四个自变量的多元线性回归模型，模型的具体情况如下：[①]

$$地位独得 = \frac{\underbrace{\{父亲职业地位，父亲受教育程度，}_{先赋性因素} \overbrace{本人受教育程度，初职和现职\}}^{后致性因素}}{}$$

之后的西方社会学者围绕职业代际流动、代内流动、流动测量、流动率表等[②]开展了较为系统且丰富的相关研究和探索，奠定了个体职业流动研究较为坚实的研究基础。

国内与就业流动有关的研究多与职业流动有关。在我国由于严格的户籍制度的规制，职业流动与身份流动是联系在一起的，且有不少学者把职业流动认为是社会流动。在具体研究高校毕业生就业中，常常将职业流动的结构和趋向作为其社会流动的结构与趋向的测量指标，以此把握就业流动的特征。具体说来，即以就业流动的层级作为测量路径，考察个体在同级声望的职业层级中职业的水平流动，以及在不同声望的职业层级中向上或向下的垂直流动等。如钟云华的研究认为，大学毕业生职业流动是指其进入劳动力市场后变换职业种类、就职地区或就业单位的过程及结果，毕业生先赋性因素越有优势，越有可能发生向上职业流动。[③]

可见，从毕业生就业流动的内涵看，就业流动就是个体从一个区域到另一个区域的就业迁移，或者从一个职业层级到另一个职业层级的流动，可能是向上流动，也可能是向下流动。从宏观的视角看，无论是空间迁移

① 李路路、孙志祥主编《透视不平等——国外社会阶层理论》，社会科学文献出版社，2002，第221页。

② 克洛德·泰洛特：《父贵子荣——社会地位和家族出身》，殷世才、孙兆通译，社会科学文献出版社，1992，第34页。

③ 钟云华：《大学毕业生职业流动的影响因素分析》，《高等教育研究》2015年第6期。

还是身份变迁，都是社会和经济秩序的体现。

（二）高校毕业生就业流动性别差异的现实表现

在用不同视角考察了毕业生市场性别差异的背景之后，学界关注在就业市场中，两性毕业生的就业流动呈现哪些差异性，这些差异性的现实表现如何，呈现怎样的特点？对这些问题的研究，多数学者应用数据调查的方法，回应来自理论层面的困惑，也为实践层面的政策制定和法律法规的推行提供事实依据和数据参考。

1. 就业流动收益与性别

综观既有的研究文献，学者们主要从就业起薪、就业机会两大方面进行考察，尽管学者们调查取样的数据不一，但是从调查的基本结果看，女大学生处在就业起薪和就业机会竞争相对弱势的位置，总体情况不如男大学生理想。

（1）就业起薪的差异性

就业起薪是就业流动收益最直接的外化表现，也是衡量就业流动效益最重要的指标。虽然有数据表明女大学生的学业情况总体好于男大学生，但是这并没有给女大学生带来预期的就业收益。McDonald 和 Thornton[1] 利用美国大学生的起薪数据，发现男女大学生的起薪差异 95% 可以归结于大学专业选择的差异。曲兆鹏通过对在沿海发达地区和内陆地区大城市就业市场上大学毕业生起薪工资的研究，发现男女性别工资差异在 10% 左右。[2] 岳昌君等对 2019 年的高校毕业生就业情况进行调查后发现，从平均值来看，男性的就业起薪为 6186 元，比女性高 1053 元；从中位数来看，男性为 5000 元，比女性高 1000 元。[3] 甚至有调查指出，就工资条件分布而言，男女起薪差距随工资分位数上升而逐步缩小，而歧视比率却随工资分位数

①　McDonald J. A. , Thornton R. J. , "Do New Male and Fe Male College Graduates Receive Unequal Pay?" *The Journal of Human Resources* 1 （2007）: 32 - 48.

②　曲兆鹏:《中国城市劳动力市场性别工资差异研究——来自大学毕业生就业市场的证据》，《北京工商大学学报》（社会科学版）2016 年第 2 期。

③　岳昌君、夏洁、邱文琪:《2019 年全国高校毕业生就业状况实证研究》，《华东师范大学学报》（教育科学版）2020 年第 4 期。

上升而增大，也就是工资高端的性别歧视程度更严重。[①]

（2）就业机会的性别差异

就业机会的差异包括就业落实情况，相关的研究也发现，男女毕业生在就业机会的获得上存在差异性。[②] 胡永远、余素梅进一步研究了性别对就业机会比率的影响，得出性别变量对于毕业生就业的机会比率有显著影响，在控制其他变量的情况下，男生就业的机会比率是女生的 1.2 倍，即男生就业的机会比率大约比女生高 20%。[③] 我国长期以来执行严格的城市户籍准入制度，使得能否解决就业地的户口问题成为衡量就业机会优劣的重要表现，相关的调查研究显示，男性获得就业地户口的概率比女性高出 9.27%。[④]

2. 高校毕业生就业行业的性别隔离

性别与行业隔离被视为就业领域性别差异的表现形式之一，西方学者的研究也支持了行业性别差距明显这一观点。如兰道（Rendall）认为美国就业结构的转变，促使很多女性从事服务业工作。[⑤] 艾琳（Irene）等认为瑞士女性多被限制在教育、医疗保健和餐饮住宿等少数行业就业。还有经济学家注意到行业分割是产生收入差距和性别差异的原因，比如 1995 年费尔兹（Fields）和沃尔夫（Wolff）研究发现：女性收入在不同行业之间显著不同，其中"行业效应"因素对性别工资差距达到约三分之一的解释力；大约一半的行业效应与行业内的男女工资差异模式有关，另外一半与不同行业间男女工人分布的差异有关。[⑥]

有关这方面的研究也引起国内学者的关注。柴国俊、邓国营利用麦可

---

① 李红霞、孙璐、胡永远：《哪些女大学生遭受了起薪歧视?》，《教育与经济》2015 年第 1 期。

② 敖山、丁小浩：《基于性别差异的我国高校毕业生就业特征研究》，《教育与经济》2011 年第 2 期。

③ 胡永远、余素梅：《大学毕业生就业机会比率的性别差异研究》，《大学教育科学》2011 年第 1 期。

④ 敖山、丁小浩：《基于性别差异的我国高校毕业生就业特征研究》，《教育与经济》2011 年第 2 期。

⑤ Rendall M., Brain Versus Brawn: The Realization of Women's Comparative Advantage, IEW - Working Papers No. 491, 2010.

⑥ J. Fields, &Wolff E. N., "Interindustry Wage Differentials and Gendeg Wage Gap," *Industrial and Labor Relations Review* 1 (1995): 105 - 120.

思全国本科毕业生抽样数据，考察大学生性别工资差异与行业隔离现象。结果显示，行业之间产生性别工资差异的最主要原因是劳动力市场中的性别歧视，存在歧视的比例高达 93.16% ～ 94.50%，这一研究发现进一步佐证了目前劳动力市场性别歧视现象。① 高梦滔、张颖以西部地区的三个城市为例，运用扩展的性别工资差异分解方法，对行业性别准入差异和行业内部工资差异进行分解，分析了高等教育回报对行业选择和收入差异的影响，得出结论：对于受过高等教育的女性来说，在行业准入方面，明显存在不利的性别偏向。在低收入行业中，女性受高等教育和高中/职高层次的教育回报率都显著高于男性，而在高收入行业内则刚好相反。②

还有学者关注行业性别隔离的历史发展趋势，将 2010 年行业性别差距与十年前相比，发现女性行业结构呈现两极分化，部分传统行业的男性化程度提高，十大垄断行业中女性所占比例下降，③ 中国行业性别差距呈扩大趋势，与世界上许多国家行业性别隔离程度降低的趋势背道而驰。④

3. 高学历群体就业流动的性别差异研究

高学历群体虽然占我国人口总量极少的比重，但是作为我国社会的知识精英，其就业流动情况更能反映当前我国就业市场的成熟情况和文明程度，有较强的代表性。一般认为，高学历群体特别是博士毕业生，对科研院所、高等院校、政府或者事业单位等体制内单位具有明显的就业选择倾向，且年龄出现较大的分化。但是，相关的研究结论也不完全一致，有研究认为，两性毕业生的求职策略和行动随时间的流动而日益分化，但求职过程中的性别差异尚未完全转化为就业质量的性别差异。⑤ 季俊杰等对江西省五所高校 252 名硕士毕业生的调研表明，男生和女生的初次就业质量

---

① 柴国俊、邓国营：《大学毕业生性别工资差异与行业隔离》，《妇女研究论丛》2013 年第 1 期。
② 高梦滔、张颖：《教育收益率、行业与工资的性别差异：基于西部三个城市的经验研究》，《南方经济》2007 年第 9 期。
③ 魏真兰：《我国行业性别隔离对性别工资差异的影响研究》，硕士学位论文，湖南大学，2015，第 19 页。
④ Chi W., Bo L., "Trends in China's Gender Employment and Pay Gaps: Estimating Gender Pay Gaps with Employymyment Selection," *Journal of Comparative Economics* 3 (2014): 708 - 725.
⑤ 杨钋、史祎美：《硕士生求职就业中的性别差异研究》，《教育发展研究》2013 年第 3 期。

分别为 81.33 分和 80.32 分，男生总体上优于女生。[①] 但是随着学历层次的提升，两性在职业发展中日益分化，马缨利用"中国博士发展质量调查"数据库，探索了劳动力市场转型期博士群体体制内就业的性别差异情况。数据分析结果表明：不同年龄的体制内就业博士中，31～40 岁博士职业向上流动的性别差异最明显；30 岁以下博士职业发展质量的性别差异较 31～40 岁博士有所降低。

随着高校研究生的不断扩招，女性研究生的数量和占比急剧增加，虽然女性接受高等教育的状况得到了改善，但在劳动力市场中其就业并没有表现出相对的优势。由于女博士对学术研究的兴趣低于男博士，她们的科研能力和工作抱负也弱于男博士，这些差距有可能在今后的工作中积累和扩大，从而影响女性的科研地位和职业的向上流动。[②]

（三）高校毕业生就业流动的性别差异的多学科视角审视

1. 资本存量的差异：经济学的视角

既有的研究成果显示，两性的就业差异呈现"男强女弱"的态势，从传统的人力资本的视角看，这是因为两性的资本存量存在差异。人力资本理论把劳动力视为资本的一种表现形式，认为当个体的人力资本存量越高时，其在劳动岗位上的生产率越高，收入也将越高。早在 1966 年，Becker 与 Chiswick 就研究过关于教育与收入的关系，[③] 之后的 Weinberger、Acemoglu 和 Shimer 在这一基础上进一步拓展研究，结论显示，拥有更高教育水平和更多职业培训机会的人往往可获得更高的工资收入。[④] 国外学者还提出性别人力资本的概念，代表人物是 Becker，他认为在其他条件均等的情况下，由于女性被分配的家庭任务比较多，雇主会因此认为女性的生产效率低于男性，于是出于经济理性和效益的考虑，市场或者雇主会选择支付

---

① 季俊杰、高雅：《高校女硕士研究生的初次就业质量测度与性别比较——基于五所高校的调查》，《研究生教育研究》2016 年第 1 期。

② 马缨：《博士毕业生的性别差异与职业成就》，《妇女研究论丛》2009 年第 6 期。

③ Chiswick B. R., Becker G. S., "Education and the Distrbribution of Earnings," *American Economic Review* 4（1966）：56.

④ Weinberger D. J., "Race and Gender Wages Gaps in the Market for Recent College Graduates ," *Industrial Relations* 37（1998）. Shimer R., Acemoglu D., "Wage and Technology Dispersion," *The Rewiew of Economic Studies* 4（2000）.

给男性雇员更高工资，形成男性偏好从而拒绝接受女性求职者。[1] 以 Becker 的性别歧视理论为基础，Oaxaca 首创性别歧视模型，将性别差异进行多维度的量化分解，这种性别差异使得雇主偏爱对男性进行人力资本的投资，由此带来男性更有竞争力获取教育、培训、迁移的机会，并凝聚高于女性的人力资本含量，这为男女两性在初次的就业分层、流动以及以后职业生涯发展中的性别分化制造了起点的不公平。[2] 雷斯金（Reskin）认为，雇主的偏好、经济压力、歧视和求职者的人力资本、性别角色的社会化、机会结构和劳动力供给的规模都影响着劳动力市场的性别分割。[3]

在当前国内劳动力市场环境下，男女的人力资本价值实现并没有达到平等，表现出"男强女弱"的特点。如姜向群认为，市场出于对自身利益的考虑、对就业者劳动成效的性别差异的预期以及对女性能力的成见，特别是女大学生在职业发展中由于生育、家庭带来使用成本的攀高，更倾向于进行人力资本投资，她们接受教育、培训、迁移的机会更多，结果导致男性的人力资本存量较高。[4] 周小李用布尔迪厄的社会资本理论视角来审视女大学生的就业问题，发现女大学生就业难的根源在于女生存在文化资本与符号资本的双重弱势。[5]

2. 性别文化的影响：社会学的视角

对于现实中存在的性别差异问题，传统的人力资本理论难以做出有力的阐释，比如在家庭中人力资本投资为什么有男性偏好？父母为什么会让男孩优先上学？女性继续深造的积极性为什么不如男性？等等。对此，社会学的性别文化理论提出了自己的解释，性别文化理论认为受传统的社会性别观念影响，以及男性和女性社会化的过程不同，逐渐强化并形成了适

---

[1] Gary S. Becker, "Human Capital, Effort, and the Sexual Division of Labor," *Journal of Labor Economics* (1985): S33 – S58.

[2] Ronald Oaxaca, "Male – Female Wage Differentials in Urban Labor Markets," *International Economic Review* (1973): 693 – 709.

[3] Barbara Reskin, "Sex Segregation in the Workplace," *Annual Review of Sociology* (1993): 241 – 270.

[4] 姜向群：《就业中的性别歧视：一个需要正视和化解的难题》，《人口研究》2007 年第 3 期。

[5] 周小李：《女大学生就业难：文化资本与符号资本的双重弱势》，《教育研究与实验》2011 年第 1 期。

合各自特质的性别角色，使男性和女性承担起了不同的社会与家庭责任，进而影响了男性与女性的职业期望、职业选择和职业发展。

王俊等认为就业问题并不是单纯的教育领域或经济领域的问题，对大学生就业性别差异进行分析时，特别不能以性别差异作为合理、合法的借口而阻碍性别公正，尤其要警惕那种以"差异政治"取代"平等政治"的话语，只要女性的生活没有脱离家庭、生育、养育和服务性角色，她们的经验围绕着特定的具体日常生活，大学生就业中的性别问题就不可能自行消失，因此要从性别文化建构的社会学维度进行解读。[①]

王慧、叶文振通过不同类型高校的调查数据发现，以男性为标准的性别文化规范决定了性别意识对男女大学生就业质量不同的影响强度和向度，也影响了人力资本和社会资本的作用路径，进而导致女大学生的就业质量低于男大学生，从而很难跨越职业流动的障碍。[②] 还有学者指出，在毕业生流动过程中，女大学生的"就业难"其实是自我选择的结果，"性别不平等是女大学生集体无意识制造的结果"，女大学生之所以有这种态度，是因为性别不平等和"男性中心"的性别文化意识建构的结果强化了她们在就业市场上的"弱势地位"，因此呼吁女大学生作为女性群体中的知识最高层的先进女性，要成为女性意识觉醒的先锋者。[③]

3. 专业性别隔离的作用：教育学的视角

专业是高等教育学科的基础，是社会衡量一个人掌握科学文化知识、专业技术技能水平的标志，对个体的职业选择有着重要的影响，并参与人们的社会阶层地位的形塑过程。[④] 因此，从教育学的视角关注高等教育中的专业性别隔离，是研究毕业生就业性别差异的一个重要视角。西方学者的研究显示，专业的选择存在性别差异，显著的表现是专业间的"性别隔离"现象，具体来说就是男性集中在自然科学、工程技术等领域，女性则

---

① 王俊、郭梦珂：《两岸大学生就业状况的性别差异探讨——基于大陆 7 所 211 高校与台湾 10 所高校的调查数据》，《教育与经济》2015 年第 6 期。

② 王慧、叶文振：《社会性别视角下女大学生就业质量的影响因素分析——基于福建省五所高校的调查》，《人口与经济》2016 年第 5 期。

③ 余秀兰：《认同与容忍：女大学生就业歧视的再生与强化》，《高等教育研究》2011 年第 9 期。

④ 张德祥：《高等教育在社会流动中的作用》，《社会科学辑刊》1997 年第 3 期。

在教育、艺术等人文社会科学领域集聚。国外学者如 Machin、Puhani 对德国和英国的大学毕业生的调查数据进行研究发现，专业的差异可以解释英国 20% 的性别工资差异和德国 26% ~35% 性别工资差异。[①] 美国人口统计局的报告表明，人文社会科学类专业毕业生的平均工资收入要低于理工科类专业的毕业生：男女工资水平的差异，在相当程度上可以归因于他们选择了不同的学科领域，自然科学类及男性占主导地位的职业领域提供的福利、培训机会、升迁机会也较多。[②] 除此之外，澳大利亚、[③] 日本、[④] 印度[⑤]等国的研究人员也进一步支持了这样的研究发现。这种专业性别隔离对男女学生就业选择及其结果有较大的影响。

更令学者们担忧的是，高校毕业生的性别工资差距随时间推移并没有得到缩小，反而呈现扩大的趋势，对美国 21 世纪初获得了学士学位的高校毕业生的研究分析显示，毕业生在获得工作岗位一年后，女性的月平均工资是男性的 93%；但是，十年之后在同样的岗位，该比值下降至 67%，也就是说男女之间的工资差距逐渐拉大。[⑥] 学者们纷纷探究背后的原因，其中教育的纵向性别隔离（教育层次差异）、专业的区隔以及职业的性别分割理论都有较强的解释力。

陆根书等从教育学的视角审视，认为由于教育分流，特别是受高等教育中教育层次的"纵向隔离"和专业领域的"横向隔离"的影响，女大学生相对男大学生，在高等教育层次和优势专业选择上都处在不利的位置，因此影响她们在就业流动中的地位。[⑦] 岳昌君采用统计描述的方法，从高

① Machin S. , Puhani P. A. , "Subject of Degree and the Gender Wage Differential: Evidence from the UK and Germany, " *Economics Letters* 3 (2003): 393 – 400.

② Mark C. Berger, "Predicted Future Earnings and Choice of College Major, " *Industrial and Labor Relations Review* (1988): 418 – 429.

③ Martin Wattsr, "Gender Segregation in Higher Educational Attainment in Australia 1978 – 94, " *Higher Education* 1 (1997): 45 – 61.

④ 天野正子、陈武元：《现代日本的"女性与高等教育"》，《国际高等教育研究》2002 年第 1 期。

⑤ 安双宏：《印度女性接受高等教育的机会》，《比较教育研究》2001 年第 7 期。

⑥ J. G. Dey, &Hill C. , *Behind the Pay Gap*, AAUW Education Foundation, 2007.

⑦ 陆根书、刘珊、钟宇平：《高等教育需求及专业选择中的性别差异及其影响因素分析》，《高等教育研究》2009 年第 10 期。

等教育入学机会、学业表现、就业状况三方面对性别差异进行了实证研究，认为女大学生呈现"一好二少三低"的特点，即女大学生学业好但是入学机会少，且优质高等教育的入学机会更少，"三低"是指女性就业的落实率低、起薪水平低、工作满意度低。

以上研究从不同研究视角和理论维度对毕业生在劳动力市场或者就业现状表现上的性别差异问题进行了考察，为我们更全面深入、立体式了解性别差异产生原因和作用机理提供了必要的研究基础。

（四）高校毕业生就业流动性别平等的对策探索

毕业生就业流动过程中的性别差异状况显著存在，情况复杂多变，如何消除性别差异、构建公平和谐的两性就业环境也成为不同学科和领域的学者们热议的话题。学者们关于推动高校毕业生就业性别平等的政策建构主要围绕以下几个方面进行。

1. 法律层面的性别反歧视

我国劳动力市场上存在性别歧视的一个很重要的原因在于当前就业环境中相关法律法规的不健全，有学者提出借鉴港澳和国外有效的法律法规来推动国内劳动力市场的法律建设，破解就业歧视。例如，香港特区的《性别歧视条例》、英国的《性别歧视法》、美国的《雇佣机会均等法》等值得借鉴。[1] 还有学者建议建立专门的消除就业歧视的机构，如美国、澳大利亚、中国香港成立了"平等工作机会委员会"（Equal Employment Opportunity Commission，EEOC），这些相应的执行机构能够保证反歧视法的贯彻。石美遐教授基于调查所得，提出现阶段中国大学生就业领域存在的性别歧视问题依然较为严重，这种歧视既以显性的形式（如工资歧视、职业歧视）存在，也以隐性的方式（如兴趣上的区别、设置门槛区别以及最终结果的区别等）体现。因此，她提出应该在《就业促进法》中增加比较详细的反就业性别歧视的操作规范，同时要把性别意识纳入决策主流的大环境中。[2]

---

[1] 张华贵、郭艳艳：《论就业性别歧视的法律规制——兼评〈就业促进法〉之相关规定》，《法制与经济》（下半月）2008 年第 4 期。

[2] 石美遐：《中国现阶段女大学生就业问题研究》，《妇女研究论丛》2005 年第 S1 期。

2. 性别理念的更新

有学者考察了我国就业性别文化的发展进程，认为在社会转型发展和市场经济体制的调整中，传统性别文化仍然在不同程度地起作用；但是随着科学技术的发展和社会进步，性别平等的就业文化不断发展，两性自然生理差异对两性就业造成的影响逐渐减小。但就业性别文化要全面完成从传统型向现代型的转变不可能一蹴而就，而是任重道远的，需要全社会的共同努力。①

3. 高等教育的作为

研究者提出实现两性在就业流动中的公平发展，应该从高等教育的总量上进行控制，适当减缓高等教育扩招速度，增加职业技能和就业培训，鼓励女大学生挖掘自身优势，增强主动就业意识和就业保护意识，正确了解市场需求与自身条件，减少求职的盲目性。②

除此之外，还有学者呼吁女性不应该只是"性别保护政策的受益者和保护者"，应该从公共政策的角度，为女性有权有责地参与公共政策的制定提供支持。③

（五）国内外相关研究的总体特征和述评

综观国内外对高校毕业生就业流动及其性别差异的研究文献可以发现，研究的多学科视角正在拓宽，研究成果数量正在逐步增多，研究主题日趋多元化，对高校毕业生就业流动性别差异的现状和特征的分析，对其影响和机制的探讨、建议与对策的构建都有相应的成果积累，这为我们更全面深入地了解毕业生就业流动的性别差异问题提供了重要的学术借鉴，这些多元化、碎片化的研究成果也说明了高校毕业生就业流动的性别差异问题日益明显，研究深度亟待加强，研究领域需要扩展。总之，当前关于该议题的学术研究显示出若干特点。

---

① 陈月新、李娜：《关于就业性别文化建设的思考》，《河北大学学报》（哲学社会科学版）2007 年第 1 期。
② 刘秀兰、周未来：《女大学生就业中的性别歧视——以经济学为分析视角》，《重庆工学院学报》2006 年第 9 期。
③ 张华贵、郭艳艳：《论就业性别歧视的法律规制——兼评〈就业促进法〉之相关规定》，《法制与经济》（下半月）2008 年第 4 期。

1. 研究内容：对就业流动与性别差异的分别研究多，综合研究少

既有的关于毕业生就业问题的性别对比研究的成果主要聚焦在以下两个方面。一方面是就业流动的研究，特别探究了宏观层面的毕业生就业流动的表现情况，包括毕业生的区域流动的流入流出比、行业流动的性别差异等表现情况，既有研究还结合当前毕业生就业流动的宏观因素如时代变迁、社会转型以及高校改革等社会现实进行研究，又有强调毕业生个体特征如人力资本和社会资本的存量进行就业流动的模型设计。另一方面是毕业生的性别差异，从影响毕业生就业相关的各种因素、从不同的学科视角进行审视，用不同的学科话语体系和核心观点进行解读，分析出毕业生就业流动形成差异的多维因素，既有资本存量的差异，也有性别文化的影响，更有高等教育层面的作用。

这些研究要么基于高校毕业生的就业流动研究，要么注重在就业方面特别是就业质量层面的性别差异情况分析，鲜有结合二者进行系统性、全方位论证的。对于毕业生来说，就业流动与性别差异两者之间的关系如何，呈现怎样的就业流动景观，未见有全景式描述，也少有就毕业生就业流动与性别差异的二者之间关系呈何种联系进行的深入分析，这都使得既有的研究呈现碎片化的特点。

2. 研究方法：定量研究多，定性定量结合研究少

在对毕业生的就业流动相关问题研究的早期阶段，由于需要对这一现象形成基本认知，并为进一步的探讨提供基础，在研究方法上，侧重大规模的问卷调查和数据分析，这也是现在社会科学研究的一种重要的研究手段。在这方面既有闵维方、丁小浩、文东茅、岳昌君等学者的大规模调查与研究，也有部分学者以典型区域、学校类型层次或者专业作为样本进行数据采集和调查分析，还有学者通过国内第三方的专业调查机构——麦可思获得相关的数据进行研究。在此基础上，多数学者运用传统的统计计量方法进行相关、回归、聚类、因子分析等，并且基于相关假设检验和概率统计，把众多纷繁复杂的就业现象转换为线性或者非线性的数学模型进行统计分析，从而实现样本数据所包含的信息反映就业现象背后复杂的因果关系，为理论分析提供实证基础。

但毕业生就业流动的性别差异是一个复杂的、系统的问题，既受传统文化的影响，又受现代社会制度的规制，既有社会结构性因素的影响因子，也体现了个体主观认知的差异。使用定量的描述统计，固然可以在宏观层面较好地解释现有的现象和特征，但是神秘的方法论和难懂的术语却将教育研究装扮得似乎高不可攀。① 从现有关于毕业生就业流动性别对比的研究成果看，总体上更为重视定量研究。但对毕业生的性别差异及其背后的原因的解读，仅仅从数据上讨论性别公平的问题，似乎难以深入剖析就业选择过程中的深层原因，作为研究主体——高校毕业生内心的声音无法被聆听，以及主体对这些事实的体验和再建构，使研究少了些"情感"的厚度和"人性"的色彩。而让不同的群体能发出不同声音，给予女性群体发声的机会和渠道，无疑是一种研究的关怀和使命。

3. 研究分析：一般关系的描述多，内在机理的研究少

当前对高校毕业生就业流动性别差异的研究，注重以就业流动和性别差异的现象为考察客体，即以明晰"是什么"为主要研究取向。包括对毕业生就业的现状和问题，以及就业方面的性别差异表现情况等的研究，多数停留在表象的描述，对高校毕业生的就业流动、就业方面的性别差异的实然状态进行图表列举或统计描述，而较少见到对现象和数据背后的影响因素和作用机理进行深入、系统的探究。高校毕业生就业流动产生性别差异背后的原因有哪些，哪些因素导致了就业中的性别差异或性别歧视？是女大学生竞争力不足还是就业市场的制度不健全？是传统性别文化的根深蒂固还是转型期社会文明观念的滞后发展？对这些问题的思考如果仅仅停留在一般关系的描述统计上，则无法有效地解开现实疑惑。需要从认识论的角度把女性的主体性和处境作为研究的核心加以关怀，加大对深层社会文化制度结构的剖析力度，才能在研究内容上实现更新的突破。

除此之外，现有研究往往过于关注总体状况而忽视了研究对象内部的分层现象。比较是认识事物本质的基本方式，同样，毕业生就业流动的问题也只有在比较中才能得到彰显：一方面，在大学生普遍面临就业难题的背景下，男女毕业生的就业流动状况如何，仍需开展两性的比较，即对外部异质性分析加以验证；另一方面，在不同性别的高校毕业生内部，也可

---

① Peter Woods, *Inside Schools: Ethnography in Schools*, Routledge, 2005.

能存在就业流动的显著差异，特别是高校毕业生本身就凝结了教育的投资，因此有必要开展基于性别维度的毕业生亚群体之间的就业流动对比，如不同院校、不同专业、不同层次的毕业生就业流动的性别差异，即内部的异质性分析。因此，需要在一般性描述分析的基础上，进行毕业生就业流动内在机理的建构，通过多种研究方法并用，寻求男女毕业生在就业流动中各种因素的作用力大小和强度，形成立体式的关于就业流动性别差异的认识。

4. 研究价值：现实措施制定推行多，深层制度文化构建少

在当前的毕业生就业市场上，两性的不合理差异，即某种意义上的"性别歧视"还是客观存在的。而如何消弭这一不合理差异、实现两性的平等就业和均等发展机会，也是很多学者关心的问题。不少学者从公共政策的参与制定、法律法规的完善健全等方面进行了积极而有效的探索，也提出了不少切实可行的建议，在现实层面推动了对女大学生权益的保护，也推动了两性就业公平的落实。

然而，高校毕业生就业流动的性别差异，表面上是市场经济带来的组织的"利益化"动机和"市场化"属性破坏了两性的公平和发展，但是透过市场的影响作用可以发现，就业中性别歧视作为一种社会现象，其产生与延续根植于我国特定的社会文化的土壤，与社会文化、政治、经济和制度等有着千丝万缕、不可分割的关系。社会性别文化如同割不断的历史，在人们反复的日常实践中已经内化为个体的习惯和文化表达，影响着人们在家庭、教育、就业中的思维观念和行为模式。要实现这种性别文化的转型依然困难重重、任重而道远，需要全社会的共同努力，建构新时期男女平等的就业性别文化。因此，从该议题研究的价值指向上看，要实现高校毕业生就业流动的性别突围，不能仅仅停留在现实策略构建上，而应该对深层次的文化形态进行解读，这样才能实现研究价值层次上的推进。

总体上，关于毕业生就业流动的性别差异问题，一方面，因为"就业"是关系民生的经济问题而长期以来备受经济学者的关注，从学者研究的着力点看，特别注重从经济学定量研究的范式和思维来解读这一经济现象。就业引发的一系列社会问题也引起社会学者的研究兴趣，特别是当中所涉及的性别公平问题更是引起他们的研究关怀，且由于研究对象即高校

毕业生的特殊性，其就业流动问题也带来对高等教育自身功能和使命的自我审视。同时，由于国外的学术环境、社会政治、经济情况和中国有较大的差异，用别国的经验来指导自己的实践时也绕不开本土的调研、分析、改造、反思和探索。因此，对于这样的一个研究命题，不仅需要跨学科的研究交叉与综合，更需要研究方法的多元运用；不仅需要一般性的调查分析，更需要抽丝剥茧式的内心剖析；不仅需要"共时性"的社会空间分析，更需要"历时性"的社会性别文化考察。

三　核心概念及其界定

在进行科学研究之前必须弄清楚研究所涉及的主要概念。但是，由于个体对概念的理解往往带有"先入为主"的印象和观察体验，对于概念的理解不尽相同。因此，有必要对涉及的核心概念进行界定，明晰概念的内涵和外延。同时为了准确把握相关概念，还必须对概念进行操作化定义，将思辨色彩很浓的理论概念转变为经验世界的具体事实，使假设检验成为可能。①

本研究探讨的是高校毕业生就业流动的性别差异问题，从研究对象来看，就需要对"高校毕业生""就业流动""性别差异"的基本概念进行界定并操作化，并对由此衍生的相关概念进行辨析和界定。

（一）高校毕业生及相关概念

关于"高校毕业生"，《辞海》解释为：修业年满，取得合格毕业证或者结业证书，即将走上岗位参加工作的普通高等教育的本专科生和研究生，成人教育的本专科生、网络教育的本专科生和民办高校毕业的本专科生。《中国教育大辞典》定义的高校毕业生为：具有高等学校学籍的学生，完成教学计划规定的全部课程，考试及格，准予毕业者，由学校发放毕业证书。

在借鉴前人的基础上，本书将高校毕业生界定为：修业年满，考试合格的即将参加工作的高校学生。应届高校毕业生指的是当年即将毕业的高校学生。在本研究中，为确保样本的代表性，故选取不同类型高校、不同

---

① 风笑天：《社会学研究方法》，中国人民大学出版社，2001，第 163 页。

学历层次和不同专业的高校应届毕业生作为研究对象。

本研究以 2014 届应届高校毕业生为研究对象，书中所提及的高校毕业生，是 2014 届应届毕业于普通高等院校的全日制学生。非全日制的生源如在职攻读硕士、博士学位以及各类成教、电大、网络、自考等类型的毕业生不在本研究考察范围之内。

（二）就业流动

对于毕业生个体而言，就业流动是通过接受高等教育获得文化资本，在向劳动力市场过渡时发生的地域转移与身份变化，继而引起相应的社会、经济、政治地位的变化过程。对于社会而言，毕业生的就业流动是社会经济社会结构变迁的产物，一方面是基于经济的快速发展带来城市化、工业化的推进而日益扩大的城乡和区域比较利益的差别；另一方面是日益多元化的职业类型带来阶层的分化和身份的变迁。

基于地理空间位置的变化和个体身份地位变迁的流动构成了毕业生就业流动的两个基本维度。首先，从空间位移看，高校毕业生向不同的区域转移，这种区域的划分虽然是多元的，但是在某个区域形态的聚集体现了毕业生就业区域空间移动的基本特征。其次，从身份变迁看，这种变迁体现为在不同社会声望、经济收入的行业或职业中岗位获得情况，并据此体现社会阶层结构中的地位高低，表征毕业生个体自我选择并自我形塑的后致性符号。因此，本研究基于此进行流动维度的设计。

需要说明的是，在高校毕业生就业管理工作中，将毕业生考取研究生、出国留学都纳入广义的"就业"范畴。但是，本研究考察的是狭义的"就业"，即高校毕业生依法从事某种有报酬或劳动收入的社会活动，包含了地点、薪酬、行业、阶层等要素。因此本书将毕业生考取研究生、出国留学数据排除在"就业流动"的考察统计范围之外。

综上所述，本书的"就业流动"指的是高校毕业生由高等教育机构向就业市场转移过程中所发生的空间地理位置的移动和身份变迁。

（三）初次就业

高校毕业生初次择业是指高校毕业生从高等教育机构向劳动力市场转移过程中，通过各种途径如自主创业或由学校推荐，参加各种招聘会和人才交流会，与用人单位双向选择后确定的第一份工作。

随着高校就业制度改革的不断深化和毕业生就业形式的日趋多样，高校毕业生的初次就业除了与用人单位确定劳动关系即显性就业之外，也出现了隐性就业，即在实际工作中所谓的"灵活就业"和"准就业"。其中灵活就业包括自由职业和自主创业两种。自由职业是指以个体劳动为主的一类职业，一般的职业类型有作家、中介服务者、自由撰稿人、翻译工作者、艺术工作者等。自主创业是毕业生个体自己创立企业或者成为新企业的所有者、管理者。由于灵活就业属于"事实"就业，本研究将其纳入就业现状调查。高校毕业生的出国留学和升学，由于在事实上延缓了国内的社会就业压力，被认为获得工作，也一样纳入就业，并称之为"准就业"。

我国高校毕业生的就业情况统计主要有"初次就业率"和"半年后就业率"。"初次就业率"主要统计学生毕业离校时的就业情况，毕业生是否与用人单位签订就业协议书作为一所学校毕业生就业状况的统计数据；而"半年后就业率"一般是在每年的 12 月份，主要是通过跟踪访问获得数据，但由于后期跟踪难度大，此时在数据收集上不如初次就业率来得规范、严谨。

对毕业生而言，初次就业是职业发展的起点，直接决定了毕业生就业的质量。高校毕业生的初次就业对一个国家或地区而言，是人力资源的初次配置，将带来人力资本的初期回报，还可能在劳动力市场上创造巨大的外部收益，如为地方贡献更多的税收、创造更多的就业机会、带来更多的劳动力需求，促进公共和私人投资的增长等等。① 鉴于这些特点，本研究以毕业生的初次就业作为研究对象。

（四）性别差异

差异又称差别，是表征事物之间相互区分以及与自身其他地方相区别的哲学范畴。人类世界在生理意义上是一个"非男即女"的性别二元结构体系，男性和女性在生理上的差异是一种自然禀赋，表现为人体的各种结构和功能属性的绝对差别。很多人很早就意识到性别差异不仅是一种生理

---

① 杨钋、门垚、马莉萍：《高校毕业生就业流动现状的分析》，《国家教育行政学院学报》2011 年第 4 期。

上的分类，还是一直伴随着性别不平等的存在，伴随着价值、地位、等级的差异。性别问题关系到整个文化体系。什么是真正符合人性发展的性别平等，是一个仁者见仁、智者见智的问题，因此对于性别平等的追求更显得异常艰难和纷繁复杂，探讨性别问题脱离不了一定的社会文化的制度环境。① 因此"性别"既指自然意义上的男女两性，又包括社会文化制度意义上的"性别"。

在对就业性别差异进行分析的同时，首先要明晰"就业性别差异"与"就业性别歧视"是两个不同的概念。众所周知，人和人之间都存在个体差异，必要的、合理的差异是应该存在的，但是有差异并不一定代表歧视。只有基于历史的、文化的以及人为的因素，造成的性别（gender）差异，才被认为是性别歧视。性别歧视的前提是基于人的生理性别或社会性别，将性别做出明确的区分，并对区分后的各个性别赋予特别的社会含义。这种性别的社会含义一旦成为性别刻板印象（storeotype），就容易成为社会或者组织进行差别待遇或歧视的基础，这个时候性别差异就转变成性别歧视。

用此来分析毕业生就业中的性别差异和性别歧视，如果高校毕业生的就业性别差异是男女大学生本身的能力和素质造成的，那么这个差异就是合理的，并不存在不公平的问题。如果这个差异并非个体之间能力、素质的高低造成的，而仅仅因为性别，那么造成男女就业差异的结果就是不合理的，也意味着歧视的存在。因此，本书所涉及的"性别差异"指作为自然意义上的男女两性，在社会文化制度环境影响下，在就业流动过程中表现出来的资源占有的多寡、机会的优劣、地位的高低等方面的对比情况。

四 研究的内容与方法

（一）研究的主要内容

本研究旨在推进性别平等和谐发展，在批判性地继承女性主义的方法论传统的同时，借鉴教育学、社会学和人口学等学科的研究成果，结合中国性别研究的本土经验，特别在社会性别视角的审视下，对毕业生的就业

---

① 沈奕斐：《被建构的女性——当代社会性别理论》，上海人民出版社，2005，第 1 页。

流动问题进行现状分析、调查访谈，以探究毕业生就业流动性别差异的分析机理，并结合我国的社会特征提出适切的政策措施。

首先，本研究围绕高校毕业生"就业流动"所带来的空间位置的迁移变化和身份地位的变迁这两方面的内容，将阶层流动、行业流动、城乡流动和省际流动等作为表征就业流动内涵的主要分析维度，其中城乡流动和省际流动对应的是高校毕业生就业流动的地理空间变化，阶层流动和行业流动对应的是高校毕业生的身份变迁。同时，对毕业生的就业流动的收益——首次就业的月收入等级分布进行了对比。由于现状的获得需要所涉及的变量比较多，变量之间的关系也相当复杂，如果不开展宏观的描述统计，难以从整体上获得对毕业生就业流动性别对比情况的基本认知。因此，本研究将通过选取若干所高校，并且基于上述的就业流动维度对调查所得的新时期的高校毕业生就业流动的整体情况进行描述性的分析和呈现。

其次，接受高等教育的毕业生群体与其他群体的重要区别在于，在前一群体身上凝结了高等教育的投入，甚至打上了高等教育的烙印。本研究还把高校毕业生群体放置于高等教育分流的视角下，通过基于不同的高等教育分流的维度变量，把毕业生群体划分为多种就业亚群体进行内部的对比和分析，即从高等教育的内部异质性视角进一步分析高校毕业生就业流动的性别差异，实现对高校毕业生就业流动性别图景的另一种呈现。

再次，由于两性在就业流动中的性别差异是多种因素交互作用形成的，特别是性别文化对男女毕业生的就业流动选择有着不可忽视的影响，而文化的影响是内化的，是个人的心理认知、情感体验和道德规范的内心体验过程，因此仅仅通过问卷的方式，难以深入个体内心世界去了解在就业流动中性别选择背后的动机、原因等。因此，本研究还将运用访谈和叙事相结合的质性研究方法，通过目的性抽样、三级编码、资料分析等手段解读他们在就业流动中的行动逻辑，进行毕业生就业流动行为的性别追问，并以典型个案的形式呈现了特殊群体——农村女大学生的另一种性别镜像，揭示了结构限制和性别文化对这一群体行为选择的隐性不公。

最后，结合调查结果和思辨研究，分析了综合因素作用下的毕业生就业流动的机理，提出传统性别文化、市场经济制度的性别偏好、高校的性别教育以及女大学生个体的性别觉醒等多重因素相互形塑和联合，作用于毕业生的就业流动进而固化为性别分层差异，形成作用机理，并描绘了毕业生就业流动不同因素作用的关系图式，从不同因素的作用大小、影响程度进行立体化的剖析和解读。在此基础上，从先进性别文化的构建、政府的责任要求、高校的教育使命以及毕业生个体意识四个方面，提出实现毕业生就业流动性别困境突围的举措和建议。

基于以上的问题研究设计，本书的章节安排如下。

"绪论"主要对研究的基本情况进行概述。首先，从新时期高等教育的变迁以及毕业生就业流动问题的性别分层现象入手，提出高校毕业生就业问题面临前所未有的、更为复杂的现状和挑战，简述了问题背景以及研究的理论价值和现实意义。其次，对本研究的国内外情况进行梳理，对掌握的研究情况进行述评，以便"站在前人的肩膀上"进一步明晰该问题研究的意义和价值，找准研究的着力点。最后，对研究中涉及的基本概念进行内涵和外延的厘清，并尽可能说明研究对这些核心概念界定的缘由和依据。同时，提出了本研究的研究内容与方法，并对研究的重点、难点以及可能的创新之处进行阐述。

第一章"理论基础和分析框架"包括两节内容。第一节主要分析高校毕业生就业流动性别差异的理论基础，特别对本研究所依据的社会性别理论、推拉理论进行理论阐释，使得研究在理论深度和广度上能够得到支撑，增强研究的严谨性和增加理论厚度。第二节分析了理论和研究问题的适切性，重点解释了推拉理论对大学生就业流动的研究适切性，社会性别理论在解释毕业生就业性别差异方面的理论优势。在此基础上，对全书的理论分析框架进行系统的说明和解释。

第二章"量化研究：高校毕业生就业流动的性别呈现"共四节。第一节为调查设计，分析、说明调查样本的基本情况，对样本的代表性和规范性做必要的交代，并提出了就业流动维度的设计说明。第二节为高校毕业生就业流动的性别差异的总体性分析，主要围绕"就业流动"即地理位置的迁移和身份的变迁，设计了阶层流动、行业流动、城乡流动和省际流动等作为主要分析维度，结合调查所得的数据情况，得出两性在就业流动的差异的总体性特征。第三节分析了高校毕业生就业流动性别差异的内部异质性特征，分析不同学历层次、不同高校类别、不同学科专业毕业生就业流动的性别差异，并用数理分析的方式对性别、高校教育分流以及毕业生就业流动质量三者的关系进行解释。第四节则对调查结果进行总体评价，对研究结论和问题进行反思。

第三章"质性研究：高校毕业生就业流动的性别追问"主要是采取质性研究的深度访谈方法，对毕业生就业流动进行性别追问。首先，以目的性抽样和理论抽样两种方式选取 11 名高校毕业生作为样本，通过深入访谈获得毕业生就业流动的访谈资料，对访谈所收集的资料文本进行类属分析，建立开放式编码、轴心编码和核心编码，提炼"本土"概念。其次，从毕业生就业流动的"性别隐喻"和"性别规制"两大方面，还原毕业生在就业流动中的真实故事和心路历程，再现了男女毕业生在就业流动过程中的内心体验和感悟，得出结论——男女毕业生就业流动差异背后的社会文化、市场经济、高校以及毕业生个体等结构性因素再制了男女毕业生在就业流动中的性别差异格局，使得这种不平等得以存在和再生产。

第四章"影响机理：高校毕业生就业流动的性别省思"共三节。第一节主要对高校毕业生就业流动性别分化的影响因素进行分析。从宏观的角度考察，影响因素包括二元的社会经济文化制度、大众化背景下社会功能的弱化以及多元价值观的冲突。从微观的角度看，影响高校毕业生就业流动性别差异的因素主要包括学科专业的性别属性、家庭的禀赋要素以及个体的性别意识。第二节综合分析高校毕业生就业流动性别差异的作用机理，提出了社会性别下的高校毕业生就业流动性别差异的四条形成路径：其一，传统性别文化的作用是毕业生就业流动产生性别差异的最根本原因，这种根本原因体现在它弥漫地渗透到产生毕业生就业流动性别差异的其他作用路径中，包括市场经济体制、高校乃至毕业生个体；其二，市场经济制度以效益优先的原则形成了雇主对男性的偏好，成为高校毕业生就业流动性别差异的主要因素；其三，高校人才培养中存在专业性别隔离以及学科的性别规训现象，形成了对毕业生性别流动的隐性作用；其四，女大学生的性别意识缺失是毕业生就业流动性别差异的直接原因。第三节内容进一步分析了综合因素作用下的毕业生就业流动的机理，提出传统性别文化、市场经济制度、性别意识教育以及女大学生个体的性别觉醒等深层次的因素相互塑和联合，并最终作用于毕业生的就业流动进而固化为性别分层差异。

第五章"研究结论与对策建议"，第一节通过对定量研究、质性访谈的综合分析，得出本研究的基本结论。第二节在对毕业生就业流动性别差异机理分析的基础上，从先进性别文化的构建、政府的责任要求、高校的教育使命以及毕业生群体意识等四个方面，提出对毕业生就业流动性别困境突围的举措和建议。第三节对本研究存在的不足进行检视和反思，并且提出了今后的展望。

总体上，本书的框架结构可用图 0-2 来表示。

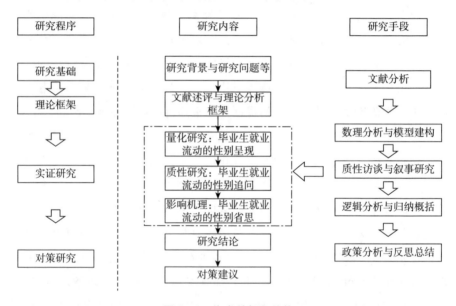

图 0-2　本书的框架结构

（二）研究方法

本研究综合运用文献研究、数理分析和质性访谈以及对比研究等方法，达到规范研究和实证研究相统一，问卷调查和案例剖析相适切、分类和对比研究相比照、定量与定性相结合，以期更好地满足本研究的需要。

1. **文献分析和理论思辨法**

大学生的就业流动的性别差异问题作为教育社会学研究领域的内容，长期以来备受学者们的关注，在国内外都积累了一定的研究成果。因此，文献法作为本研究最基本的研究方法，将重点查阅国内外在此方面的研究成果。在梳理国内外社会性别理论、推拉理论相关文献的基础上，运用演绎和归纳相结合的方法进行理论思辨，提出理论分析框架和概念模型；同时对就业流动的维度设定进行阐释，对核心概念进行厘清，掌握并分析当前高校毕业生就业流动的性别差异的研究特征和发展趋势。可以说，这部分理论文献的梳理、解读是开展本研究必须做足的功课。

2. 数理分析和模型建构法

为进一步掌握和了解新时期高校毕业生就业流动的基本情况，本研究将采用问卷调查的方法，获得调查的基本数据。在建立相应的数据库基础上，运用描述性的统计分析高校毕业生就业流动的性别差异的总体性特征和不同学历层次、高校类型和学科专业的毕业生就业流动的内部异质性特征；运用独立样本 T 检验的方法进一步验证就业流动性别差异的显著性表现；运用 SPSS 软件进行多元回归分析，从而揭示性别、高等教育分流以及毕业生就业流动质量的深层关系。

3. 质性访谈和案例分析法

男女大学生在就业流动的过程中所呈现的性别差异，既有着群体的总体性特征，又有着个体的个性化经验感受。新时期的女大学生失去了高等教育精英阶段"天之骄子"的光环，但是"女大学生"的身份所带来的自我认知在流行文化不断传递的"女人回家"的召唤中，会呈现怎样的性别体验？而作为男大学生，面对日益复杂化的性别环境，他们又会形成怎样的性别认知和就业流动感受？本研究用目的性抽样选取典型样本进行深度访谈，用质性研究的三级编码、提炼本土概念、资料微分析等方法实现研究者和资料的不断对话，获得置身于社会经济文化多重因素框约下的高校毕业生就业选择中的体悟，对他们进行就业流动的性别追问，揭示就业流动中的性别规制效应。同时，此部分还以两个农村女大学生作为典型的个案，对这一基于城乡和性别文化交互作用下农村女大学生真实的就业状态进行个案深描，并以人类学叙事研究的方法解读个案行动的逻辑和隐喻，呈现高校毕业生就业流动中特殊群体的另一种性别镜像。

4. 对比研究和总结归纳法

本研究以性别差异作为研究的逻辑起点，将运用对比研究的方法，一方面对男女毕业生就业流动的整体性差异进行对比，呈现他们差异的外部性特征；另一方面把高校毕业生放置于高等教育学的视角下，探究基于性别和学历层次、高校类型和学科专业毕业生就业流动的内部差异。通过比较总结群体间的差异归纳群体内部的特征，并基于此提出促进毕业生就业流动性别和谐的举措建议。

五　研究重点与难点

（一）重点解决的问题

本研究重点解决的问题主要包括以下几个方面。

第一，呈现高校毕业生就业流动的性别图景。性别图景的呈现包括三大方面。首先，通过调查分析数据获得高校毕业生就业流动的总体性特征，特别是由空间流动和身份变迁所衍生的男女毕业生在城乡流动、省际流动、阶层流动和行业流动方面的差异情况。其次，把高校毕业生群体置于高等教育分流的视角下，基于不同的高等教育分流的维度变量，把毕业生群体划分为多种就业亚群体进行内部的对比和分析，即从高等教育的内部异质性视角进一步分析高校毕业生就业流动的性别差异，实现对高校毕业生就业流动性别图景的另一种呈现。最后，通过访谈与叙事的质性研究方法，获得置身于社会经济文化多重因素框架下的高校毕业生就业选择中的体悟，揭示就业流动中的性别规制效应。除此之外，对毕业生典型个案进行深描，呈现毕业生就业流动的另一种性别镜像。通过对不同研究方法下不同维度的毕业生就业流动的描述与分析，多维度、立体式地再现高校毕业生就业流动的性别图景，为后续的机理分析和对策探讨提供研究依据。

第二，探寻高校毕业生就业流动性别对比的理论基础和研究视角。毕业生的就业流动是一项较为复杂的行为，学界也形成了各种不同的分析框架和理论诠释，散见于各项研究中。诚然，对该问题进行多视角的理论聚焦，可以突破单一的学科范式，但也正是由于多学科的理论阐释，对该问题的认识往往陷入多学科之间的迷思，因此有必要对各学科运用的层次关系做一个梳理。在对毕业生就业流动的性别差异问题的探究中，本书将性别差异作为研究的逻辑起点和最终的落脚点，将社会性别理论作为研究的主体理论框架。就业流动作为本研究的中心内容，是性别差异分析的主要维度，因此本书同时结合推拉理论进行分析和解读。这样，在运用多学科的理论进行研究分析的同时，也形成了研究的主要理论分析框架，既为本研究奠定坚实的学术基础，又为今后学者的探索研究提供一个可能的新的学术起点。

第三，探究形成毕业生就业流动性别差异的机理。产生毕业生就业流动性别差异的影响因素是多元的，包括传统性别文化因素、市场经济因素、女大学生自身的主体意识因素、高校人才培养的理念潜移默化作用的因素等。基于较大规模的数据调查和深入的质性访谈，探讨这些因素之间如何发生相互作用、最终如何影响毕业生就业性别差异，也是本研究重点探索的问题。具体而言，本研究希望通过高校毕业生就业流动性别差异的实证研究，分析出影响毕业生就业流动的宏观、微观因素和作用路径。

第四，对高校毕业生就业流动的未来发展做出前瞻性的思考，并从人文关怀、公共政策服务和建构和谐社会的角度，在个体、家庭、社会三个层面提出引导两性就业合理化流动的政策体系，深化对两性和谐这一价值目标的认识。本研究以性别对比作为研究的逻辑起点，通过定量和定性相结合的调查方式，获得对两性在就业流动中的性别差异表现。一方面从广度上呈现我国毕业生就业流动的性别差异现状，另一方面从深度上了解两性在就业流动与社会分层中的差异，剖析产生两性差异的深层原因。从对比研究视角进一步反思我国当前在毕业生就业流动中的不足和问题，本研究希望通过这种多维度立体化的思考和建构，引导人们深化对高等教育发展的价值目标的认识。

（二）难点分析

本研究是一项在基础理论指导下的应用型研究，在理论和实践操作方面，需要突破的难点如下。

1. 理论层面需要突破的难点

如前所述，关于毕业生就业流动理论视角丰富，虽有助于拓宽研究思路，克服以偏概全的缺点，但就业流动与分层现象具有复杂性，男女大学生的就业流动和形成的社会阶层差异以不同的理论来解释，其机理和原因各不相同，各理论解释现象的着力点和出发点不一，甚至会出现理论解释之间相互冲突的可能。因此，如何厘清理论解释的适用范围，建构科学的理论体系，是理论方面需要突破的难点。

2. 实践操作层面需要突破的难点

实践操作的难点主要在于毕业生数据采集过程及其有效性。从高校的教学环节看，多数高校学生在就学期间的最后一年处在找工作、实习的流动状态，学生的就业情况也因个体的选择而变化。选择哪个时间段进行问卷调查面临两难：如果选择在学生实习的时间段进行调查，会由于学生就业情况还在变化，统计数据的真实性存疑；如果按照国家规定的9月份初次就业率统计情况来看，虽然这个时间的数据比较准确，但是不论是进行问卷调查还是开展深度访谈，都会因为学生已离校难以配合，造成调查样本失效。

毕业生就业调查的特殊性还在于，如果错过了当学年的毕业季，那么并没有办法在当学年的其他时间段进行弥补，必须再等一年，这极大地影响了研究的时效性。因此，在数据收集中，要达到科学性和可操作性的有效结合，这不仅考验研究人员的研究素养，还考验研究人员资源获取的能力。

3. 研究方法层面需要突破的难点

本研究力图突破质性研究与量化研究的樊篱，采取"先量化后质性"的研究设计。一方面，通过量化手段研究毕业生就业流动的总体表现和亚群体之间异质性特征，建构模型分析各种因素之间的关联。另一方面，克服量化研究专注于数据、忽视个体经验的弊端，采用质性研究对典型的个案进行生动立体的描述和刻画，形成多元的性别镜像，构建毕业生就业流动的性别图景，实现研究方法上的突破。这种混合研究的方法有助于更科学、系统地对该问题进行研究，但是也对研究者的研究方法的运用提出了挑战，需要不断提升方法的熟练程度，并在研究中规范使用。

六　研究的创新之处

本书通过对就业流动研究维度的剖析，进行就业流动性别差异的理论建构，利用实证研究和对比分析的多重研究方法，力图实现对毕业生就业流动的性别差异问题进行系统性的研究探索。作为一项较为系统的研究议题，本研究力图在以下几个方面实现创新。

（一）全景式展示高校毕业生就业流动的性别图景

目前关于毕业生就业流动性别差异的研究，研究的着力点更多在"流动"和"性别"两个相对独立的层面，突出对影响这两个问题的因素考量，研究更多呈现碎片化的特点，鲜见把二者结合起来进行系统性、全方位的论证，缺乏对毕业生就业流动性别差异的全景式描述和深入分析。

对此，本书针对这一议题进行了系统性研究，一方面从广度上增加对毕业生就业流动性别对比的维度，通过较大规模的调查数据，从多个维度对就业流动进行剖析，使得研究的维度得以拓展；另一方面，加强毕业生就业流动的性别追问，特别是采用质性访谈的方法，深入毕业生的内心世界，倾听他们的心声，对他们在就业流动选择中的故事进行深度描述，从而增加整个研究的厚度。通过这种多维度、立体式的调查、分析和解读，全景式再现了毕业生就业流动的性别图景，并且对以往研究中的碎片化结论进行了修正和完善，提升了本研究的学术价值和现实意义。

（二）探究毕业生就业流动形成性别差异的机理

如前所述，高校毕业生就业流动性别差异的影响因素是复杂多元的，既有着来自传统性别文化的根深蒂固的作用，也有着当前在市场经济发展中效率优先带来性别歧视的影响。对毕业生个体而言，女大学生自身主体意识的缺乏直接导致在就业流动中的主动退让、发展乏力等问题，而毕业生就业流动作为高等教育人才培养的一个重要内容，其又在某种程度上折射出高等教育在性别平等教育方面的缺位。这些错综复杂的文化、制度、经济和个体等原因是怎样作用于毕业生就业流动的？如何对男女大学生产生作用？形成了一个怎样的作用机理？本书深入挖掘了不同因素对毕业生就业流动性别差异的作用机制，形成影响因素之间的关系图式，揭示了父权制文化下男女大学生就业流动差异，并基于两性和谐发展的时代诉求，对政府、高校、社会文化制度的更新和毕业生主体进行了富有性别意义的思考并提出了对策建议。

（三）凸显女性学的学科价值诉求

长期以来在学术界形成的学术惯性使得在对社会现象和社会问题的解读上，总会不自觉地基于男性的学科视角，特别是宏大叙事的研究视角、富含理性张力的阐释解读。在这样的价值体系中，女性的很多社会活动难以找到其应有位置，忽视女性的主体性和能动性以及现有制度体系对女性的解构和女性自身的弱嵌入性。这样的视角较难准确、深入地把握两性在就业流动中基于性别传统观念、父权制文化、性别角色期待、社会性别话语等方面所产生的多重因素带来的性别差异，也难以从性别文化、现有的社会背景和经济制度结构相结合的层面给出有说服力的解释和适切性的政策体系建构。本研究运用社会性别的视角，对高校毕业生就业流动的性别差异问题给出全景式的描述和立体化的思考，更能凸显女性学的学科价值诉求，彰显较为专业的学科品质。

|第一章|
理论基础和分析框架

　　理论是概念、原理的体系，是系统化了的理性认识。人类的历史文化博大精深，经过人类历史大浪淘沙而存留至今的经典理论，是圣贤先哲的思想认识，更是人类的集体智慧结晶。这些理论知识的运用，不仅是通向真理的路标，更是探索问题的理论武器。

　　高校毕业生就业流动的性别差异研究是一项以实践为基础的社会科学研究，既需要运用理论对这一现象做出诠释，又需要对既有的理论进行实践的检视。本章将对高校毕业生就业流动的性别差异这一问题进行理论建构，对理论与研究问题的适切性做出解释，奠定本研究的理论基础，从而使得本研究在对实际问题的思考和探寻上，体现出科学的思考，彰显一定的理论厚度。

第一节　相关的理论依据

一　关于推拉理论及其运用

　　推拉理论（Push and Pull Theory）作为最早解释劳动力人口流动行为发生原因的重要理论之一，发端于古典经济学，由其代表人物威廉·配第从经济学的视角对人口迁移的原因进行解释而产生并发展起来。他认为，人口之所以存在迁移和流动，主要是不同生产部门之间存在比较经济利益，这种利益之差驱动人口从经济效益较低的农业部门往经济效益较高的工业部门流动。这一理论的提出对经济学界"流动"概念的发展有着很大的影响。之后，英国人口学家列文斯坦（E. G. Ravenstein）把流动概念引入人口学的学科领域，并发表了"人口迁移规律"的文章。其中，在"经济目的的支配"论述中首次对推拉规律进行了阐释，认为人口迁移的动因主要在于产生人口推拉的作用力不同，当拉力强于推力时，将产生流动和迁移。

1938 年，赫伯拉具体阐述了列文斯坦提出的推拉规律，认为导致人口迁移的"力"包括促使一个人离开一个地方的推力和吸引他到另一个地方的拉力；1946 年，赫伯拉正式提出了推拉理论。[①] 该理论强调，发生人口迁移主要是原住地和迁入地不同的经济条件、就业计划和发展水平引起的。当原住地存在缺乏就业机会、失业严重、耕地不足、基本生活设施的匮乏、自然灾害频发等问题时，就会形成原住地的推力（push force），促使人们向外迁移；同时，迁入地区充足的就业机会、可观的工资、良好的教育和卫生设施条件，对要迁入的人口就构成了一种拉力（pull force）。

1950～1960 年，计量方法开始被引入人口流动的研究，注重空间特征和数量模型的分析。学者们以发展经济学为基础，关注发展中国家的人口迁移和数量模型的分析，特别是农村劳动力向城市流动的理论模型，并被不同时期的学者不断修正和完善。1954 年刘易斯在《无限劳动供给下的经济发展》提出二元经济结构发展理论，并形成了发展中国家由农业人口向城镇工业人口流动的模型；19 世纪 60 年代，费景汉和拉尼斯在接受刘易斯关于农业部门和工业部门形成的二元结构这一观点的基础上，认为刘易斯模型中关于农业劳动力转移的一个重要的条件是农业生产率的提高和农业剩余产品的增加，提出加入时间这个变量，进行了新的阐释和模型的优化，并提出了费景汉－拉尼斯模型。

与此同时，唐纳德·巴格内（Bagne）开发了推动人口迁移的系统而全面的推拉力因素量表，即产生推力的十二个方面的推力因素和产生拉力的六个方面的拉力因素，不断深化对推拉理论的认识。该理论在之前推拉原理的基础上系统地阐述了产生人口迁移和流动的双方作用力大小、方向

① 阿瑟·刘易斯、储玉坤：《发展中国家经济增长的新的"发动机"》，《现代外国哲学社会科学文摘》1982 年第 10 期。

和结果，并认为在市场经济和人口自由流动的情况下，人们试图通过就业流动实现经济生活的改善。该研究还提出，无论是流入地还是流出地都同时具有反拉力和反推力两种作用力。这也被认为是较为系统的迁移理论，即研究人口迁移和流动最有影响的"人口推拉理论"。[①]

1966 年，卡林斯顿提出人口迁移过程模型，结合了经济学和人类学的研究方法，探讨移民在城市中寻找工作的过程、做出迁移决策时的前瞻性思考以及移民过程中的区位和社区选择。

1979 年，迈克尔·皮奥里提出"二元劳动力市场理论"，这一理论区别于以往理论建构的特点在于其把迁移的动力放置于宏观背景下，认为城市和农村存在比较经济利益的差异；一般情况下，在城市和工业部门集聚着工资待遇好、发展前景优越的岗位，而在农村和农业部门，薪酬待遇和工作条件甚至职业前景与工业部门都相去甚远，在个体追求职业声望高、发展前景好的职业发展诉求下，劳动力单向度地流向城市和工业部门，甚至个体宁可失业也不愿意在低层次的岗位或非正规的部门就业。[②] 长此以往，农村地区或人口流出地将产生"智力流失"，而在城市或者人口流入地则集聚了大量白领群体，形成了资金、技术、知识的"聚宝盆"，使得地区之间的差距逐渐扩大并形成"极化效应"。从 20 世纪 80 年代开始，人口迁移研究加入了新的时代主题，侧重于新劳动地域分工、经济全球化和资本全球流动的宏观考量。

经过经济学、人口学学者们不断探究、深化，形成了用于解释人口就业流动的经典理论——推拉理论，在流入地中那些使移民生活条件改善的因素就成为拉力，而流出地中那些不利的社会经济条件就成为推力。人口迁移就是在这两种力量的共同作用下完成的。

二 社会性别理论及其运用

20 世纪 80 年代以来，随着妇女研究深入发展，"性别"研究一改之前

---

① 转引自李强：《影响中国城乡流动人口的推力与拉力因素分析》，《中国社会科学》2003年第 1 期。

② 转引自严静：《就业流动中的生存图景和影响模型：南日女的个案研究》，社会科学文献出版社，2015，第 17 页。

边缘化的学科地位，逐渐以一种全新的姿态进入了人文社会科学领域乃至人类生活的各个方面，甚至从过去的"玄学"变成了显学、热学。经过 20 多年的探索，性别研究已经超越了对性/女性的对象化，摆脱单一性别立场的纠缠，从代表部分群体利益的政治运动，走向具有普遍意义的学术研究。随着社会性别理论的发展，社会性别逐渐被视为与阶级、种族并列的一个分析范畴，被政治学、社会学、历史学、文学等各个学科引用、借鉴和推广，成为各个学科认识社会的一个重要切入点和不可缺少的工具。[1]

（一）社会性别的含义

"社会性别"这一概念最早起源于 20 世纪 70 年代的美国女权运动。20 世纪 90 年代初，海外中华妇女学会的学者将 gender 翻译成社会性别。社会性别概念的提出，对传统意义特别是生物学意义的"性别概念"进行了颠覆。学术界把社会性别认为是相对自然性别或生理性别而产生的，关于社会性别的含义学术界有很多的解释：如琼·斯科特（Joan W. Scott）认为，社会性别首先表现为一种权力关系的体现方式，这种方式是基于性别差异基础的社会关系的构成要素。《牛津社会学词典》把社会性别放置在社会结构性背景下，而非限定在个体的差异上进行考察，认为社会性别关注男女之间由社会结构性因素所形成的差异，不仅是个体层次上的认同和个性，而且是结构层次上的文化预期和模式化预期下的男性气质和女性气质。国内女性学学者王政博士指出，性别指的是人的期望特点以及行为方式的综合体现。[2]

尽管以上概念没有形成对"社会性别"的统一解释，但是有一个共同观点，就是目标都指向了性别不平等的社会制度和文化，[3] 认为性别是由文化制定、分配的，它是描述社会地位、角色、服装服饰、行为等作为性别身份存在的标志。它主要有两个特征，一为社会性，社会性别本身作为社会文化的一个组成部分，并以一种社会文化力量建构和规训着男女两性的群体特征和行为模式。可以说，其社会性特征是由社会文化所生成、所

---

[1] 李小江：《女性/性别的学术问题》，山东人民出版社，2005，第 2~3 页。
[2] 韩贺南、张健主编《女性学导论》，教育科学出版社，2005，第 45 页。
[3] 韩贺南、张健主编《女性学导论》，教育科学出版社，2005，第 45 页。

赋予的。二是可变更性，与来自自然禀赋的生理性别不同，社会性别不是自然生成的，而是可建构的。作为一种社会建构，社会性别终有一天可以被消除，还原到人的自然性别差异。① 实际上，在女性主义看来，社会性别理论的相关学说并不仅仅是为了说明人们的性别是由社会文化建构的产物，而是实际上存在一个价值预设的，即在现存的社会性别体制下，女性一直处于从属的地位，是被压迫者。长期以来，社会性别理论及其相关学说竭尽全力试图解决这一根本性的问题：女性为什么要受到压迫，这种压迫如何开始的，如何继续存在？这是任何一个研究和实践社会性别理论的人所不能回避的问题。②

（二）社会性别制度

社会性别制度最早是美国学者盖尔·卢宾提出的，她针对性与性别的不同之处，在分析批判马克思主义的政治经济学、弗洛伊德精神分析学、列维－斯特劳斯的结构人类学三大学术理论的基础上提出"性/社会性别制度"，即"一套社会将生理的性转化为人类行为产物的机制"。③ 在她看来，社会性别制本身就是一种历史文化建构的产物，它不仅仅是精神的、人际交往层面的心理学术语。这一概念的提出，在西方女权主义和妇女研究中具有重要的意义，也为探究性别压迫何以形成和性别的解放找到了一条可能路径。④

受卢宾的启发，美国历史学家、女权主义学者琼·斯科特在《社会性别：历史分析的一个有效范畴》一文中拓展了对社会性别制度的理解，并把社会关系和社会权力的内涵融入对社会性别制度的理解。她认为，社会性别制度是表示权利关系的一种基本方式，其内涵包括四个相关因素：第一，文化象征的多样化；第二，规范化概念，这些概念大多反映在宗教、教育、法律、科学和政治教义中，通常它们以固定的两极对立的形式出

---

① 周小李、杜时忠：《社会性别视角下的教育传统及其超越》，《教育研究》2008 年第 10 期。
② 韩贺南、张健主编《女性学导论》，教育科学出版社，2005，第 46 页。
③ 盖尔·卢宾：《女人交易——性的"政治经济学"初探》，生活·读书·新知三联书店，1998，第 30 页。
④ 司晨、金鑫：《性别压迫中的政治经济学——论盖尔·鲁宾的"性/社会性别制度"》，《南昌大学学报》（人文社会科学版）2008 年第 1 期。

现，按部就班地描绘男性/女性、男性气质和女性气质的含义；第三，与人有关的政治、社会组织，包括家庭和亲属系统，劳动力市场、教育与政体等场所；第四，主体身份的构成与认同。①

社会性别和社会性别制度是两个相互关联又有所区别的概念。社会性别作为女性主义理论的核心概念，它的价值和意义主要在于提出了一个新的理论视角和分析范畴，和阶层、种族等一样，成为人们观察和认识问题的一个理论工具。社会性别制度是基于社会性别这一概念而提出的、调节男女之间社会关系的一系列机制，是依据社会习惯和需要，基于男女的生物性性别差异而形成的社会中的文化、道德、历史和种种人为的话语机制。可以说，社会性别制度作为一个较为中性的词被越来越多的学派所接受并运用，成为一个描述两性地位和性别关系的社会体系的重要术语。

在对毕业生就业流动问题进行性别解读的时候，有必要充分了解社会性别制度包括哪些要素，即关系体系、规范制度和权力机制，这些要素又怎样作用于社会中的两性，成为社会性别文化的一部分。

(三) 男性气质与女性气质

性别气质是稳定地存在人们头脑中的被社会所认可的性别特征，或者说，人们的脑海里主观地把不同性别的表象、行为和性格等区分为不同的两类，并形成对应的性别特征。性别气质一般分为男性气质和女性气质。

性别气质也是社会性别理论重要的分析工具。本研究试图通过它来解析在高校毕业生就业流动中所蕴含的复杂关系和寓意，换言之，把性别气质作为一种"隐喻"来解读，男性气质和女性气质具有不同的社会文化寓意。其中，男性代表统治的、支配的地位，而女性代表被统治、被支配的地位。要分析为何存在这样的文化隐喻，有必要从社会性别视角中的男性气质和女性气质的内涵谈起。性别气质在一般情况下用来形容男性或女性，但是也可以脱离男性和女性而存在。在大多数情况下被认为的男性气质是父权制度理想化了的男性气质，指向具有成就取向和关注完成任务的行动取向的一系列性格心理特点，比如独立性、主动、理性、高效等。可

---

① 李银河：《妇女：最漫长的革命——当代西方女权主义理论精选》，生活·读书·新知三联书店，1997，第168页。

以说，男性气质其实是一个相对女性气质而形成的概念，它并非真正建立在男性的特点和性别差异上，而是建立在文化界定的"理想差异"上。受父权制意识形态文化的影响，对于女性气质的描述倾向于消极的和软弱的，比如"非理性""被动的""软弱的""服从的"等。一般来说，性别气质的划分也导致了男性和女性性别气质的对立，具有褒扬男性价值、贬低女性价值两极分化的倾向。表1-1中，美国学者Peterson等人列出了两性气质的表现。[①]

表1-1　社会性别文化中刻板的两性气质

男性气质/主体	女性气质/客体
认知主体/自我/独立性/主动性	认知客体/他者/依赖性/被动性
主体性/理性/事实/逻辑/阳刚	客体性/情感/价值/非逻辑/阴柔
秩序/确定性/可预见性/控制性	无序/模糊性/不可预见性/服从性
精神/抽象/突变性/自由/智力	肉体/具体/连续性/非自由/体力
文化/文明/掠夺性/生产/公众性	自然/原始/被掠夺性/生殖/私人性

（四）性别刻板印象与性别敏感

性别刻板印象和性别敏感是社会性别理论衍生出的又一组概念。鉴于这两组概念在本书的分析视角和理论解读中起到重要作用，在此对这组概念做必要的解析。

性别刻板印象又称性别角色定型、性别陈规，它是针对不同性别群体的简单概括表征，常常用来说明人们对男性或女性特征固化的、僵化的看法。性别刻板印象有几个重要的特征：第一，抹杀个体差异，以偏概全，将有关性别的"一般性的看法"等同于对每一个人的看法；第二，思维定式，用同一个标准和尺度衡量同一性别，不符合标准的则被认为是另类、不正常的；第三，缺乏发展的眼光，常常用一成不变的性别观点看待已经变化的性别现象。例如传统农业社会给我们留下了"男耕女织"的印象，但是随着中国城镇化和工业化的发展对农业生产的冲击，男性转移到城市打工，留守农村的妇女接替了原来以男性为主的农业劳动，成为农业生产

---

① V. Spike Peterson, Anne Sisson Runyan, *Global Gender Issues*, Westview Press, CO., 1993.

的主力军，"男耕女织"已经被"女耕男工"所取代。① 刻板印象常常是过度地类别化的结果，它抽取了特定群体的某些生理、心理和社会行为特征，通过社会权力的运作强化人们对两性的认识，形成一种不可言喻的常识，普及于社会、根植于人心，从而失去了对性别角色的审视能力。

性别敏感是当代国际发展教育的重要理念，这一理念主张关注不同文化背景中的社会性别，引导受教育者反思、批判性别刻板印象或歧视性的社会性别。教育哲学家简·罗兰·马丁认为，西方教育存在两个极端，即要么完全无视性别要么唯性别论，这两种"极端"给男女两性尤其是女性带来了严重的伤害和不平等，为了避免这种伤害和不平等，可替代的办法就是在教育中保持性别敏感。② 提倡性别敏感，就是要打破传统的性别刻板印象，正视性别差异而不为其所束缚，赋予女性发声的权利，采取灵活的教育组织形式，引导男女两性成长为"完整的人"。关于性别敏感的主要内涵应该注意把握好以下几个方面：第一，要重视性别差异的存在，但不被性别差异所牵制，要灵活适度地把握性别差异，而不产生性别刻板印象；第二，在性别差异把男女两性平等、全面而自由发展相关联的时候重视性别差异，反之，则忽视性别差异；第三，要在实现人的自由、全面发展的高度上敏锐地把握女性和男性共同的发展权利和需求，从性别的视角敏锐地把握两性在发展中的差异性问题和独特的需求；第四，赋予男女两性在社会性别方面同等的价值判断，消除其等级化的性别歧视空间，最终实现男女两性平等、自由而全面的发展。③ 换言之，性别敏感就是在充分尊重并且肯定男女享有社会平等发展权利的这一前提条件下，既要重视两性差别，又要强化性别意识，从而使男女两性在发展中受益，最终达到社会性别平等的目标。

性别刻板印象是认识论的范畴，指人们在两性社会角色和功能认识上的固化和偏见。性别敏感是当代国际教育所秉持的一种理念。这一组概念也将渗透到对高校毕业生就业流动现象的解读、反思中。可以说，性别刻

---

① 李慧英：《性别刻板定型与"文化陷阱"》，《妇女研究论丛》2014 年第 3 期。
② Jane Roland Martin, *Changing the Educational Landscape*: *Philosophy*, *Women*, *and Curriculum*, Psychology Press, 1994.
③ 周小李：《社会性别视角下的教育传统及其超越》，教育科学出版社，2011，第 235 页。

板印象用来解读高校毕业生就业流动中固化在人们头脑中的两性的就业角色期待，由此形成的职业性别隔离等就业失范现象。性别敏感理念作为一种对性别刻板印象的矫正、反思的理念，将为我们在实践层面重构促进两性和谐发展的就业模式提供重要的理论视角。

（五）性别差异与性别平等

性别差异和性别平等是一对紧密相关的概念。从获得生命的那一刻开始，性别就天然地和我们的生命融合在一起。"性别虽然是天生和自然的，却预示着不同性别的人可能有着完全不同的社会角色和生活道路，这是历史事实，也是社会现实。迄今为止，不管我们是否愿意正视，性别身份中的自然性和社会性是同时并存、客观存在的。"[1] 强调性别平等并不等于漠视性别之间的自然差异。历史的经验表明，如果漠视男女性别差异、一味追求性别平等，强调男女都一样，用男性的标准和话语来武装女性，最终常常是让女人"在和男人一样的社会实践中，累了生命，让我们远离了自己……在丢失了女'性'的同时也丢失了自己"。[2] 因此，追求"性别平等"是要反对和铲除一切造成男女不平等的社会差异，尊重个体生命价值的自然差异，或者说，社会生活中的平等是必要和必需的，却并不能改变性别的自然差异这一客观事实。[3]

关于性别平等的本质，李小江教授认为："平等只服从于自由的目的，它是自由选择的基础，没有选择自由，平等就失去意义。"[4] 这种选择自由包括三个方面的含义：首先，个体可以在自由的环境中做出自己的选择，社会应该提供人们做出自由选择的宽松环境；其次，对于个体做出的每一种选择不应该给予等级化的价值判断，甚至可以不带价值判断；最后，消除性别刻板印象。以家庭主妇这一分工为例，性别平等的内涵应该是：女性可以当家庭主妇，也可以选择社会职业，社会应该提供个体选择不同分工的宽松环境。同时，家庭主妇的价值并不应该被认为比担任其他社会职

---

① 李小江：《女性/性别的学术问题》，山东人民出版社，2005，第162页。
② 李小江：《女性/性别的学术问题》，山东人民出版社，2005，第163页。
③ 李小江：《女性/性别的学术问题》，山东人民出版社，2005，第176页。
④ 李小江：《反思中国妇女解放与男女平等》，载林聚任主编《社会性别的多角度透视》，羊城晚报出版社，2003，第237页。

业的价值低，而且这种劳动的分工方式不应该限制在女性群体，男性的选择也同样应该得到尊重和理解。性别平等就是要给予充分自由的选择权，创造不带价值判断的性别关系和性别文化。

绝大多数人都承认大学生就业中普遍存在性别差异，但对差异的认知却存在两种不同观点：一种观点认为，现实中存在的性别差异基本上是正常、合理的，这种合理是基于市场中"理性经济人"的正常选择，对于特殊工作需要的或区别对待或排斥或特殊照顾，都是合情合理的而不应视为歧视；[1] 另一种观点则认为，大学生就业市场中的性别差异存在诸多结构性不合理，特别是与性别不平等乃至性别歧视密切相关。[2] 就业问题是教育、经济领域的问题，它是一个复杂的系统工程，需要关注的是，差异并不一定代表歧视，但是须进一步明晰：哪些差异是合理的，哪些差异是歧视导致的，对大学生就业性别差异进行分析时，特别不能以性别差异作为合理、合法的借口而阻碍性别公正，尤其要警惕那种以"差异政治"取代"平等政治"的话语。[3] 本书所指的性别平等，是指男性和女性的不同行为、期望和需求均能得到同等考虑、评价和照顾，而不应该受到各种成见以及各种歧视的限制。这种平等不是建立在形式上的平等和保护性平等，而是建立在充分考虑男性与女性差异的基础上，打破传统的角色定型，通过营造一种支持性的环境，让男女平等地行使权利和分享发展的成果。[4]

三　就业流动的性别分化

本研究对就业流动的剖析主要基于空间地域的身体流动和身份地位的阶层职业分化这两个基本层面。有必要对空间地域结构、社会阶层与就业流动的性别分化之间的交互影响做进一步学理上的梳理，形成更系统、立体的分析思路。

---

① 文东茅：《我国高等教育机会、学业及就业的性别比较》，《清华大学教育研究》2005 年第 5 期。
② 潘锦棠：《性别人力资本理论》，《中国人民大学学报》2003 年第 3 期。
③ 王俊、郭梦珂：《两岸大学生就业状况的性别差异探讨——基于大陆 7 所 211 高校与台湾10 所高校的调查数据》，《教育与经济》2015 年第 6 期。
④ 刘伯红、李亚妮：《中国高等教育中的社会性别现实》，《云南民族大学学报》（哲学社会科学版）2011 年第 1 期。

（一）二元的城乡地域结构与就业流动性别分化

尽管中国的现代化发展是现代、后现代和传统社会多元并存、共时的发展状态，但是依然没有摆脱"传统—现代"二分法的窠臼。可以说，传统和现代不仅是时间分隔的代名词，同时被赋予不同等级价值含义。乡村往往有着"封闭""传统"的意蕴，城市成为现代、开放的代名词。我国依托行政体制的力量，赋予城市更多的发展资源，使得城市实现经济的腾飞和跨越式发展，并获得文明和发达的现代风貌，而广大农村由于资源的匮乏和贫瘠，"积贫积弱"，长期处在滞后状态，由此形成了城乡发展的两极化趋势，城乡的"推—拉"格局开始形成。

由于城镇化发展不断调整传统农业结构的布局，也进一步扩大了不同地域、部门、行业之间的比较利益差异，并形成了二元分割结构。城乡间的交往和沟通推动了现代和传统的碰撞、交融，驱动农业人口突破制度樊篱融入城市。与此同时，城市或者主要劳动部门为了实现可持续发展，对高素质、处在成长期的优势群体表现出偏好，提供准入的绿色通道，并形成有力的拉力作用，而处在弱势地位的个体则在一定程度上被限制流入。在这种推拉力作用下，毕业生群体产生优势与劣势、农村生源和城市生源、男性和女性的分化，形成了不同的利益主体。与此同时，雇主和用人单位往往采用基于效益和成本的考量标准，而女性受限于性别的角色期待所带来的家庭—工作冲突，难以产生更具竞争力的效益，因此在就业流动中，在经济发展的二元结构中，往往形成了城乡和性别交互作用下的不同利益群体的分化，来自农村、女性的劣势群体往往成为利益的受损者和相对利益的被剥夺者，而来自城市优势阶层的男性群体往往成为受益者。

（二）社会阶层与就业流动中的性别分化

现代社会存在明显的社会分层，在这个分层体系中，女性分布在每一个层级中，是一个受各种社会等级分割的同质性群体。[①] 职业是个体社会分层的指示器，根据其所占有的组织资源、经济资源和文化资源，将个体归入不同的社会阶层。

---

① 郑杭生主编《性别社会学》，华中师范大学出版社，2007。

　　结构功能主义代表帕森斯关于就业流动中的男女性别分工与社会结构关系的阐述，是性别社会学的代表观点，表明了社会阶层与就业中的性别分工问题。他在《美国社会结构中的性别作用分析》一书中指出，男女传统的性别分工最终是为了维护社会系统的稳定和家庭的团结，其中，男性扮演工具性的角色，即承担家庭供养的责任，这种责任主要通过参与社会公共领域的劳动实现；而女性作为表意性的角色，主要任务在于养老抚幼，即通过从事低级的、无价值的家务劳动，或者在职业选择上从事女性化的职业类型，把自身活动的场所和空间主要限制在家庭私领域。这种对男女职业选择上的限定，直接指向了男女性所从事职业的价值等级差别。费孝通先生在《生育制度》中所言"男做女工，一世无功"，人类学家曾说"无论男子的工作有多么严格的限制，其中多数都被看成是高贵的工作"，说明了男女所从事的职业，在人们看来，依然存在不同的价值。

　　经典社会学家们所建构的对性别社会分工的理解往往站在男性立场，并基于男性的价值取向。换言之，是借由男性所掌握话语权建构对性别分工的见解。在现存的社会结构中，男性运用所掌握的话语权保持在政治资源、经济资源和文化资源拥有方面的优势地位；女性由于传统的性别结构和性别观念，以及职场性别歧视等因素的存在，向上流动的机会较少、频率较低，常遭遇"玻璃天花板"。所谓公领域和私领域的区别，男性与女性的性别角色区隔，预示着男女在社会阶层结构中的不合理地位，并让女性心甘情愿地接受被支配者的角色，认同现在的制度安排和社会定位。与此同时，这种性别的角色分工在把女性限定在被支配社会地位的同时，也强化了对男性的工具性价值要求，如果男性不能发挥养家糊口的工具性功能，就会自觉角色失败，陷入角色期待的困境。

　　建构主义的两性分工论认为，性别分工是人们有意建构的衍生物，其最终的目的在于规范人们的选择意识和行为模式、使之符合社会的结构和秩序，重塑个体的特征。法国存在主义女权主义者西蒙娜·德·波伏娃在《第二性Ⅰ：事实与神话》中指出，"女性所拥有的身体和心理是被建构出来的，所面临的社会与文化也是被建构出来的"。[①] 男女在社会结构中的不

---

① 　西蒙娜·德·波伏娃：《第二性Ⅰ：事实与神话》，郑克鲁译，上海译文出版社，2011。

平等地位并不是自然或者生物使然，而是由于男性长期主导着主流话语从而建构男性中心的符号体系。因此，只有进行社会文化的重新建构，才能为女性在社会结构中的重新定位寻找出路，从而获得平等的阶层地位。

在就业流动与性别的考察中，存在这样一个价值的预设，无论是空间迁移还是身份变迁，男女的就业流动具有不同的价值判断标准和行为方式，这种价值判断驱动着男女就业流动的距离、方向，形塑着不同的社会地位。反过来，男女在就业流动中形成的性别分化和结构分层，又进一步强化了男女在就业流动中的价值选择与判断。

四 就业流动的维度设定

基于地理空间位置的变化和个体身份地位变迁的流动构成了毕业生就业流动的两个基本面。它们可以进一步划分为不同的就业流动的维度。

(一) 基于地理空间变化而产生的就业流动

1. 城乡流动

关于"城""乡"的概念，有不同的认定标准：因政治、经济和文化上的差异而区分为中心城市与非中心城市；因房地产价位高低不同而区分为一线城市和二线城市；再从农村内部的结构变化来看，因城市化和新农村建设而演化出县级市、县城、城乡接合部、乡镇和乡村等新的形式即城市、县城和农村。[①] 为更好地区分城市、县城、农村这三个区域在资源配置方面的差异性，结合研究需要，本书将城乡区域界定为：①"农村"包括乡村和城镇；②"县城"包括县城、县级市；③"城市"包括地级市、计划单列市、省会城市、直辖市。城乡流动就是指毕业生在城市、县城和农村三个区域间的流动情况。为了表述的方便，本研究用城乡流动来指代城市、县城和农村三个区域的流动情况，而在实际的分析中，则体现出不同地域等级的就业流动情况。

长期以来，我国实行的是计划经济和市场经济共同发展的经济体制，在计划经济体制向市场经济体制转型的发展过程中，由于所有制改革、户

---

① 武毅英、洪文建：《劳动力市场分割视阈下的大学生就业流动》，《高教发展与评估》2013年第3期。

籍制度改革以及社保制度改革等相对滞后，加上地方保护主义盛行，我国的城乡、区域经济长期处于二元分割的状态。这种城乡二元社会经济结构被认为有如下的表现：城市经济以现代化的大工业生产为主，而农村经济以典型的小农经济为主；城市基础设施先进、思想观念相对开明，农村基础设施则相对落后、传统文化根深蒂固；城市的人均收入远远高于农村，消费能力和消费水平相对于农村更高。"当前急剧加速的农村人口向城市流动不仅表明了我国的城乡关系发生了重大的变化和调整，也表明我国社会结构的变迁和重组。从某种意义上说，发生在中华大地上的农村社会流动是我国城乡之间、地区之间不平等的产物，也是我国现代化不可避免的社会结果。"① 有效的城乡流动可以实现人力资源和物质资源的优化配置，实现人与位的合理配置。城市和农村分别体现了现代化程度不同的两种社会发展状态，而城乡流动的差异情况也是个体在就业流动过程中优劣对比情况的重要表现。因此，基于城市和农村地区经济发展的差异性以及城乡差异性所体现的结构性问题，考察毕业生在城乡之间的流动情况，是分析毕业生基于地位空间变化的就业流动的重要维度。

2. 省际流动

地域之间比较利益的差别是地域流动产生的直接动因。对于区域而言，一方面，高校毕业生的流入意味着更多的知识和技术人员的进入，将提升该区域的技术含量和智力水平；另一方面，区域经济发达和智力提升必将吸引更多的人才流入，从而形成区域和人才流动的马太效应。高校毕业生区域流动行为是指高校学生从就学到就业相关的一系列空间关系的特征，这是个体基于区域差别和比较利益的关系而做出的流动行为选择，更加细化了基于空间地理位置的变化而产生"就业流动"的特征，丰富了区域流动样态。因此，跨地区流动被纳入本研究对就业流动的考察维度。

本研究借鉴英国学者菲戈安对就业流动行为研究的成果，根据大学生家庭所在地、学校所在地和工作所在地的各种可能的组合情况，并以省作

---

① 彭拥军：《走出边缘——农村社会流动的教育张力》，华中科技大学出版社，2011，第 2 页。

为流动的基本单位,将高校毕业生的跨省流动分为五种类型,① 以此作为考察毕业生在空间流动的分析维度。

继续流动（Repeat Migrant），指毕业生通过就学流动从生源地流动到高校所在地,毕业后又从高校所在地流动到生源地或者高校所在地以外的地方就业,其间总共发生了两次流动。

返回流动（Return Migrant），指毕业生通过就学发生了由生源地到高校所在地的流动,毕业后通过就业选择从高校所在地返回生源地就业。

前期流动（Sticker），指毕业生通过就学从生源地流动到高校所在地就学,毕业后就留在高校所在地就业。

后期流动（Late Mover），是指学生在生源地就读大学,未发生就学流动,但毕业后通过就业流动到其他地方。

不动（Stayer），指学生在生源地就学,毕业后也留在生源地就业,未发生就学和就业流动。

表1-2将五种流动类型的流动时点、流动次数进行了比较。

表1-2　高校毕业生就业流动的五种类型

流动	继续流动	返回流动	前期流动	后期流动	不动
从生源地到院校地是否发生了就学流动	是	是	是	否	否
从院校地到工作地是否发生了就业流动	是	是	否	是	否
流动次数	2	2	1	1	0

资料来源：岳昌君：《大学生跨省流动的特点及影响因素分析》，《复旦教育论坛》2011 年第2 期。

在对高校毕业生就业流动的性别差异进行考察的过程中,本书将借鉴这一分类方法,把基于生源地、高校所在地、就业地三个地区流动的组合方式确定为高校毕业生就业的行为模式,以此进一步考察跨地区流动情况即省际流动。在本研究中,就业流动的五个类型是通过对每个毕业生个体的生源地、高校所在地以及就业地这三个变量的变化情况进行统计获得的。"毕业生就业流动"在统计口径上存有差异,如跨行业领域流动、跨

---

① Alessandra Faggian, Philip McCann, Stephen Sheppard, "An Analysis of Ethnic Differences in Uk Graduate Migration Behaviour," *The Annals of Regional Science* 2（2006）：461–471.

职业部门流动、跨岗位流动等，由于这里关注的是地理位置上的流动，且考虑到省际流动更能体现流动的区域特征，本研究主要是以省作为就业流动的参考单位，也就是说，毕业生只有进行了跨省流动才视为产生流动，否则视为"不动"。

（二）基于身份变迁而产生的就业流动

高校毕业生的就业流动，不仅意味着地理空间的变化，还意味着高校毕业生突破原有的阶层归属和身份限制，从而实现身份的变迁和阶层的流动。这种变化既是社会活力的表现，也是社会发展中最重要的推动力之一。阶层流动是这种基于身份变迁而产生就业流动的最直接体现。

1. 阶层流动

阶层流动是指人们在社会结构中身份改变和地位的对比关系的变化，即按照一定的标准，将社会成员分成地位高低不同的具有等级序列的阶层结构，处于同一序列等级的人形成了一定的社会阶层。合理的阶层流动是社会矛盾的减压阀，因为它使得个体的社会位置处在动态变化之中，打破了社会阶层固化的身份壁垒，从而使得社会所积累的不公平张力得到释放。① 因此高校毕业生在社会阶层中相对位置的变化是衡量基于身份变迁而产生就业流动情况的重要指标。

在有关阶层流动的研究中，按照阶层流动的参照系，可以分为代内流动和代际流动。代内流动是指个体一生中社会地位的变化，代际流动是指父辈和子辈两代人在社会地位上的对比变化。②

本研究的考察对象是高校毕业生初次就业情况，对于未涉足社会的高校毕业生而言，初次就业是他们确定阶层的起点。高校毕业生接受高等教育的一个根本性的诉求就是通过高等教育实现他们在社会阶层中的合理分布，改变他们固有的来自父辈的阶层弱势地位或者维持既有的优势阶层的精英地位。本研究主要使用毕业生各阶层的分布率以及父子阶层的流动对比率两个指标来分析高校毕业生阶层流动的基本情况。

在高校毕业生父子阶层的界定方面，主要借鉴陆学艺五大社会经济等

① 彭拥军：《走出边缘——农村社会流动的教育张力》，华中科技大学出版社，2011，第14页。
② 陆学艺主编《当代中国社会流动》，社会科学文献出版社，2004，第2页。

级划分标准，分为上层、中上层、中层、中下层、下层。由于涉及父子的阶层代际对比，从数据指标上看，必须选择那些在调查中已事实就业且在调查问卷中填写父辈和子辈职业阶层情况的样本，在排除了升学、出国出境等无法体现职业阶层指标的数据后，得到社会分层的有效样本数据。

由于职业发展累积性效应，也就是子辈需要经过相当时间的积累才能达到父辈的职业地位，在同一个时间点上我们不能用同样的标准来衡量父子的阶层地位。本书借鉴五大经济等级的理论，将初次择业的高校毕业生群体划分为相应的五大阶层：一是社会上层，为沿海经济发达地区或大城市的公务员、大企业管理人员、大私营企业主的继承者；二是中上层，为一般省市的公务员、中小企业经理人员、中级专业技术人员及中等企业主继承者；三是中层，为初级专业技术人员、小企业主（自主创业初期主要负责人）、办事人员、中高级技术工人、中小型农业经营户；四是中下层，为个体服务者，无固定收入的灵活就业者；五是下层，为生活处于贫困状况并缺乏就业保障的就业者、失业人员。这样，在进行父子阶层流动情况代际对比时，可以尝试如下类比推断：如果处于同一个等级阶层，则认为是平行流动；如果子辈所处的阶层比父辈的阶层高，则认为毕业生个体是向上流动；如果子辈所处的阶层比父辈的阶层低，则认为毕业生个体是向下流动。[1]

2. 行业流动

《新华汉语词典》对"行业"的解释是：行业就是指各种职业。也可以说，行业是职业的基础。新中国成立后，在个体身份"认证"上，政治标准一度压倒其他一切成为首要的社会分层标准。当前，职业专业化的趋势日益增强，个体通过掌握更多的文化技术，可以进入更专业的行业和领域，实现对组织资源、社会资源和文化资源的占有。对于毕业生个体而言，就业过程就是通过一系列的职业选择而变迁身份的过程，职业的流动与个体的社会身份之间存在密切的关系，职业充当着衡量经济水平的可直接观察的外在尺度。由于具体的职业种类从外延上难以穷尽，而行业的分

布却有较为明晰的说明，本研究用行业作为个体身份变迁的表现，进而作为就业流动的分析维度。

一般来说，行业分类因标准而异，通常按照行业性质和行业类型的标准进行划分。本书主要根据行业类型进行划分，在国家统计局行业分类标准的基础上，根据研究需要分为十六类，分别是①制造业；②建筑业；③交通运输、仓储和邮政业；④信息传输、软件和信息技术服务业；⑤金融业；⑥房地产业；⑦住宿和餐饮业；⑧批发零售贸易业；⑨教育业；⑩文化、体育和娱乐业；⑪租赁和商务服务业；⑫居民服务、修理和其他服务业；⑬公共管理、社会保障和社会组织；⑭医疗卫生业；⑮科学研究技术服务业；⑯其他行业。

这一划分基于以下考虑：第一，该行业的分类情况和高校毕业生就业统计上的信息相一致，因此相对于其他的分类标准，高校毕业生作为调查对象对此分类标准更加熟悉和易于理解，可以避免因不理解分类标准意义而降低问卷调查的有效性；第二，这种分类标准几乎涵盖了我国社会生产生活的各个部门，也可以说，高校毕业生的就业情况基本在这些行业中能够得到体现；第三，这个分类标准和我国的产业结构分类对接，有利于在研究设计中，把行业分类情况和毕业生就业流动的收益结合起来考察。

（三）高校毕业生的就业流动收益

高校毕业生就业流动作为个体重要的行为选择，其就业流动的过程也可以理解为其在向劳动市场流动的过程中，分配到什么阶层、行业和选择哪些地方、产生何种流动行为模式、获得怎样的就业收入。因此，在考察毕业生就业流动中，本书也把毕业生就业流动收益情况作为考察毕业生就业流动的参考指标。

高校毕业生在发生就业流动时将获得一定经济回报、社会认可等，这种收益可以包括很多内容，既有经济层面的，也有社会环境和心理因素方面的。既可能以货币的形式体现，也可能以精神激励的方式存在。在本研究的问卷设计中，在就业收益的考量上，主要考虑经济方面的因素，且主要采用毕业生初次流动时的薪资水平作为测量的指标。原因为：第一，毕业生就业流动获得的薪资是毕业生从学生走向社会人的第一笔收入，更多是基于毕业生所拥有的资本含量，是没有经过社会的再教育和投入的，这种站在同一起跑线上的起薪情况更能体现毕业生的就业能力；第二，虽然从就业流动的收益来看，个体对工作的满意程度、幸福体验也是一个重要的方面，但是基于调查的可操作性考虑，本研究暂以月收入水平作为测量指标。

总之，本书基于"就业流动"的内涵，将基于空间位移的流动维度即城乡流动、省际流动以及基于身份变迁的阶层流动和行业流动作为主要的流动分析维度，综合考虑就业流动收益这些嵌入就业流动中的相关因素，将其纳入性别对比的考察范围。

第二节 理论分析框架

一 推拉理论解释大学生就业流动的适切性

推拉理论以流动人口发生为主要的研究对象，并据此探究发生流动的成因、机理等。高校毕业生的就业流动是人口流动中的一种特殊的社会景观。自1999年中国高校实行扩招后，我国的高等教育由"精英教育"走向"大众教育"，相应的，高校毕业生就业市场从"卖方市场"转向了"买方市场"。与此同时，经济发展的二元分割状态带来了区域经济、城乡经济发展的不平衡，在不同利益格局的分化、重组等多重因素的作用下，形成了不同的拉力因素和推力因素。在高校毕业生就业形势日趋严峻的同时，也带来毕业生流动方向和流动收益的性别差异和分化。也可以说，在这种二元分割状态的经济社会制度结构中，在性别文化、市场效率以及高校毕业生所拥有的专业技能、个体意识多重因素的交织作用下，男女毕业生在城乡、阶层、区域、行业中流动形成了泾渭分明的差别。高校毕业生就业流动是多因素推拉力量最终形成合力的结果，因此，结合我国市场经济制度现状，在毕业生就业流动的性别比较中，主要以"推拉理论"为解释框架。

就业流动是本研究进行性别对比依托的重要内容。大学生就业流动作为人口迁移流动的一种重要形态，和其他人口流动一样，是希望凭借"流动"来获得更高的经济收入、提升阶层地位、实现自我的发展。由于个体的流动条件存在差异，流动中的推力和拉力对个体的作用程度也不一样。总体上，推拉理论对高校毕业生的就业流动有较好的解释力，也是本研究重要的理论基础。

二 社会性别理论解释就业性别差异的适切性

关于高校毕业生的就业流动问题，学界也形成了各种不同的分析框架和理论诠释。本书以探究男女毕业生在就业流动中的性别差异情况为研究的主体，通过分析获得高校毕业生在就业流动中性别差异的关系机理，深化人们对高等价值目标的认识、最终促进两性的和谐发展。基于这样的研究愿景，本书以社会性别理论作为主要理论基础。

"社会性别"概念的提出，具有鲜明的理论意义。首先，它反对"生理决定论"，强调两性之间的差异是非自然的，是社会建构的结果。关于性别差异的研究，早期的女性主义理论立足于女性的立场，强调男人是女人的敌人，女人是男权文化或者父权制度下的被压迫者。但是，"性别问题并不是一个女性问题，女性并不是孤立存在的，而是生活在社会和家庭之中，镶嵌在性别关系中"。① 社会性别概念的提出让人们重新审视了性别差异和两性的问题。

其次，它提供了一个全新的理论视角和研究分析框架，并对原有的以男性为核心建立的人类知识体系持一种批判的态度。一般来说，社会性别分析要遵循这样的路径：社会性别在某一历史时期、某一现象中，呈现了怎样的状况？制造这样的社会性别的主体是谁，其反映了怎样的社会关系（权利关系）？它与社会政治、经济、文化处于怎样的关系中？它如何影响我们的生活，又应该如何改变？社会性别的这两种特征为改造不合理、不平等的社会性别秩序和两性关系提供了理论依据。② 当社会性别有碍社会进步与男女两性平等、全面自由发展的时候，怀疑、否定这样的社会性别，并对其予以改造、重构便有了理论上的合法性。

① 韩贺南、张健主编《女性学导论》，教育科学出版社，2005，第7页。
② 韩贺南、张健主编《女性学导论》，教育科学出版社，2005，第7页。

运用社会性别理论来解读毕业生的就业性别差异现象,是随着女大学生就业难问题发展起来的。既有的关于毕业生就业流动过程的经济学阐释,实际上是以一个抽象的无性人作为概念基础的,女大学生的性别身份在就业流动选择过程中被遮蔽、淡化,很少去检讨机会是否平等、权利和保障的缺失是否对人造成伤害,更忽视了社会性别作为社会歧视现象的一种制度性基础起着重要作用。① 男女大学生就业流动中的差异会拉大两性社会经济地位的差距,最终导致整个社会的性别不平等程度的上升,运用社会性别理论来分析大学生就业流动的性别差异问题有天然的理论优势。

三 本研究的分析框架

通过对理论基础的梳理,本书形成了高校毕业生就业流动性别差异的理论分析结构图(见图1-1)。图1-1展示了就业流动和性别差异是本研究的两个基点,其中就业流动是研究的重要的横切面,是性别差异研究的主要内容;性别差异是研究的主线,贯穿全书。

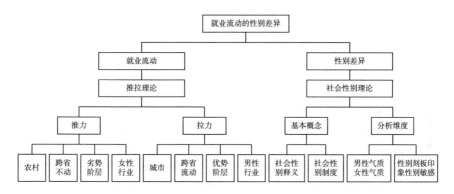

图 1-1 毕业生就业流动形成性别差异的理论分析结构

在理论结构方面,推拉理论为就业流动问题的理论基础。"推力"和"拉力"是毕业生就业流动的作用力因素。其中,农村、跨省不动、劣势阶层和女性行业对应的是毕业生就业流动中的推力因素,而城市、跨省流动、优势阶层和男性行业则构成了毕业生就业流动中拉力因素,二者共同形塑了毕业生的流动行为。

---

① 叶文振主编《女性学导论》,厦门大学出版社,2006,第209页。

性别差异对应的是社会性别理论。对社会性别概念的释义和社会性别制度的解读，为在研究中运用社会性别原理来解释性别问题奠定了学理基础。在运用社会性别理论进行分析时，特别注重对两组概念即"男性气质和女性气质""性别刻板印象和性别敏感"的阐释与应用。

总之，社会性别理论和推拉理论构成了本研究理论分析的两个基本层次，对应着研究中的最为重要的核心概念，形成了本书的理论基础。但是由于毕业生就业流动性别差异的复杂性，在具体的研究中，本书也将结合人文社会科学的相关研究结论，形成层次明晰、点面结合的理论分析框架。

本章小结

高校毕业生就业流动是嵌入中国复杂的市场经济改革和社会转型中，受传统社会性别文化规范深刻影响的一道社会景观。对于高校毕业生就业流动差异这一重要问题，本章主要进行了历史发展脉络的整理与理论基础的探讨，完成量化研究、质性访谈及机理研究等后续研究的理论铺垫。本章的内容主要是对研究的理论基础进行阐释，并在此基础上提出了本研究所适用的理论分析框架。

第一节主要阐述本研究所探究的问题域即"高校毕业生就业流动性别差异"所依托的理论基础。在这一问题域中，高校毕业生的"就业流动"作为本研究的中心内容，是分析性别差异所依托的研究主体。高校毕业生就业流动作为人口迁移流动的一种重要形态，是不同作用力产生合力的结果，这种合力来自二元的社会经济、政治和性别所产生的推拉因素综合作用。推拉理论对毕业生的就业流动有较好的解释力。

性别差异是贯穿本书的基本线索，因此本研究以社会性别理论作为最重要的理论基础。既有的其他学科视角对高校毕业生就业流动过程审视，常常是以一个抽象的、无性人作为概念基础的，女大学生的性别身份在就业流动选择过程中被遮蔽、淡化。实际上，男女大学生就业流动中的差异会拉大两性社会经济地位的差距，最终导致整个社会的性别不平等程度的加剧，而就业市场中的性别格局真实体现了两性的竞争。因此，选择社会性别理论对此问题进行阐释具有天然的理论优势。

在对社会性别理论进行阐述的过程中，首先对社会性别、社会性别制度的含义进行历史追溯，解读这一概念的内涵。特别是对社会性别理论中重要的几组概念进行了解析，包括男性气质和女性气质、性别刻板印象和性别敏感。同时，对性别平等和性别差异的关系进行理论思辨。这几组概念都是社会性别理论所衍生的性别问题理论分析工具，为后续研究中的运用做好理论铺垫。

在此基础上，还对就业流动的维度设定进行了阐释和说明。说明本研究选取的就业流动是基于地理空间位置的变化和个体身份地位变迁的，这构成了毕业生就业流动的两个基本面。在此基础上，确定基于空间位移的流动维度即城乡流动、省际流动以及基于身份变迁的阶层流动和行业流动作为主要的流动分析维度，综合考虑就业流动收益中这些嵌入就业流动的相关因素，将其纳入性别差异的考察范围。

第二节主要确立了本书的理论分析框架。在充实理论依据的基础上，分别对推拉理论解释高校毕业生就业流动问题的适切性、社会性别理论阐释高校毕业生就业流动性别差异问题的适切性进行阐释，并在此基础上，构建出本研究的理论分析框架图，以更直观地展示本书的理论依据。

第二章

量化研究：高校毕业生就业流动的性别呈现

问题是策略的靶子和目标，现状是决策的基础和依据。随着我国毕业生人数的剧增，劳动力市场入口处的毕业生就业难的现状逐步引起社会各界的关注。因此，把研究问题放置在中国就业现实情境中进行分析，有助于更深刻地了解和认识就业领域的性别差异、性别歧视、男女平等和社会公平的真正内涵。因此，本章主要在调查获得的数据基础上，通过对"就业流动"的维度分析和设计，以性别作为逻辑线索，进行现状的描述性统计和分析，在内容设计上，主要分成两个方面，一方面是用描述性的统计方法分析了高校毕业生就业流动性别差异的总体性特征，另一方面，把高校毕业生放置于高等教育的视角下，探究不同学历层次、高校类型和学科专业的毕业生亚群体的就业流动性别差异的内部异质性特征，再用独立样本 T 检验和建构模型的方式进一步解释了性别、高等教育分流（不同学历、专业）和毕业生就业流动三者的关系。本部分主要试图通过"量化研究"的视角，获得对毕业生就业流动整体的、宏观的把握，立体式地展示毕业生就业流动性别差异的现实图景。

第一节　调查设计

一　问卷的设计与使用

本研究的问卷参考笔者的博士生导师主持的国家社会科学基金"十二

五"规划（教育类）一般课题项目"高校毕业生就业流动的社会分层案例研究"。该项目是基于高校毕业生就业流动社会分层的案例研究，从各方面的指标看，问卷的科学性、规范性和可操作性都较强，内容效度和结构效度都比较理想，且问卷所设计的二级指标的涵盖面较广。本研究所面向的调查对象和内容，在该项目的调查问卷中基本涵盖。因此，本研究主要使用同一份问卷文本开展新的调查，与该课题现有的科学的研究成果共同构成连续、系统、规范的系列研究。问卷文本详见"附录一：高校毕业生就业状况调查问卷"。

二　调查样本与调查时间

本研究结合笔者的社会资源，最终确定了厦门大学、厦门大学嘉庚学院、厦门理工学院、宁波财经学院、浙江工商大学、广西电子科技大学、龙岩学院、华侨大学、厦门软件职业技术学院、福建工程学院共10所高校进行抽样调查。

按照高校课程体系设计以及毕业生的学习特点和规律，大四时毕业生基本处在流动状态，很难找到。在开展调查的过程中，根据调查的"信息饱和"原则，高校毕业生毕业离校前的这个时间窗是获取就业信息最为完整的节点。因此笔者拟定了在毕业生返校参加毕业典礼及办理离校手续短暂的几天内开展调查的方案，以获得符合要求的完整信息。为确定各个学校的具体情况，笔者多次前往相关院校进行沟通协调。在集中调查的时间窗内，笔者尽量做到现场了解和跟进，并发动课题组成员、在各院校任教的同学等各方力量帮助发放问卷，基本顺利完成问卷的调查工作。

本次调查共发放问卷1800份，回收问卷1717份，其中有效问卷1641份，从样本所表现出来的男女样本特征看，其中男生占48.1%、女生占51.9%，基本符合当前高校毕业生男女的人口学比例，满足本研究所重点考察的性别对比的要求，因此样本具有较好的代表性。样本的二级指标情况见表2-1。

表 2 - 1 调查样本及二级指标的基本情况

单位：%，人

样本指标	二级指标	男	有效百分比	女	有效百分比
学历层次	专科	100	12.11	105	11.78
	本科	710	85.96	770	86.42
	研究生	16	1.94	16	1.80
高校类型	民办高校	69	8.35	83	9.32
	一般高校	421	50.97	650	72.95
	重点高校	336	40.68	158	17.73
学科专业	人文类	110	13.32	240	26.94
	社科类	313	37.89	494	55.44
	工学类	276	33.41	77	8.64
	理学类	127	15.38	80	8.98
地区分布	农村	379	45.88	398	44.67
	县城	347	42.01	383	42.99
	城市	100	12.11	110	12.35

第二节　高校毕业生就业流动的性别差异的总体性特征

性别视角下的毕业生就业流动的总体性差异分析旨在从整体性的视角刻画毕业生就业流动的基本情况，从而能够形成新时期高校毕业生就业流动的性别特点、基本趋势。因此，研究以城乡流动、省际流动、阶层流动、行业流动和月薪等级五大维度，对性别和就业流动的交互状态下的毕业生就业流动的整体状况给予呈现。

一　毕业生城乡流动的性别对比分析

我国在工业化建设初期采取优先发展工业的策略，这种以牺牲农村发展为代价的模式导致了中国城乡人均收入、社会保障和公共服务等方面的巨大差异，进而呈现明显的体制性隔离或城乡二元分割的状态，并直接造成了资源分配的不均衡，城市和农村被赋予不同的价值认同："出于文化的考虑，人们把城市作为现代化成果的纪念丰碑和民族骄傲的象征；出于政治的原因，大多数的政治家都倾向于在城市尤其是在首都发挥其政治能量；从经济角度考虑，人们总是把工业化和城市化直接关联起来，从而把城市作为文明发展的象征。"① 这种资源分配不均的局面和对城市和农村的不同价值认同，对毕业生的就业流动形成了互相作用的推拉作用力，即优质资源成为毕业生涌向城市就业的重要吸引力，对毕业生的就业流动形成拉力作用，而资源稀缺的农村则被高校毕业生排斥在选择的就业范围外，资源稀缺成为毕业生向外就业流动的"推力"的因素。由于城市、县城和农村代表着不同的资源等级，资源等级低的农村人口向资源等级高的城市流动，在某种意义上，意味着向"上"流动。此部分通过毕业生生源地和工作所在地的城乡、县城和农村的流动对比情况，进一步考察毕业生在城乡流动中的表现情况。

（一）高校毕业生生源地—工作地城乡流动的共性

1. 高校毕业生表现出向县城及以上的地域流动的偏好

表2-2呈现了男女毕业生的城乡流动的总体情况，来自农村的毕业生，不管男女，都呈现向县城及以上地域流动的趋势，即向县城及以上城市集聚，广大农村呈现社会流动的逆差。其中，来自农村地区的男毕业生有75.43%往县城及以上城市流动，仅24.57%继续流向农村地区；来自农村的女毕业生则有69.77%流向了县城及以上城市。也就是说，对于农村生源来说，高等教育为他们从"农民"向"市民"的转化提供了重要的条件。对于来自农村地区的毕业生来说，实现从农村地区向城市地区的空间转移，在城市哪怕找到的是暂时的栖身之所，也是他们人生重要的分水岭。这种流动可能是他们十几年寒窗苦读的动力，甚至是整个家族不惜代价支持他们的动力。

表2-2　男女毕业生的生源地—工作地城乡流动率比较

单位：%，人

家庭所在地	男毕业生就业所在地				女毕业生就业所在地			
	农村	县城	城市	合计	农村	县城	城市	合计
农村	72	145	76	293	94	161	56	311
行流出率	24.57	49.49	25.94	100	30.23	51.77	18.00	100

① 彭拥军：《走出边缘——农村社会流动的教育张力》，华中科技大学出版社，2011，第137页。

续表

家庭所在地	男毕业生就业所在地				女毕业生就业所在地			
	农村	县城	城市	合计	农村	县城	城市	合计
列流入率	69.23	50.52	44.44		79.66	51.60	35.00	
县城	24	120	63	207	16	135	64	215
行流出率	11.59	57.98	30.43	100	7.44	62.79	29.77	100
列流入率	23.07	41.81	36.84		13.56	43.26	40.00	
城市	8	22	32	62	8	16	40	64
行流出率	12.90	35.48	51.61	100	12.50	25.00	62.50	100
列流入率	7.69	7.66	18.71		6.78	5.12	25.00	

2. 城市、农村生源地的学生呈现"复制性流动"

图 2 - 1 和图 2 - 2 呈现了毕业生生源地—工作地城乡流动的性别对比情况。尽管农村出身的多数毕业生摆脱了生源地的束缚，实现了向县城和城市的流动，但各阶层内部的流动情况表现出性别和家庭生源地的再次分化。以生源地作为毕业生流动起点进行考察发现，城市和农村出身的学生"复制性流动"表现突出：一方面，来自农村的毕业生到农村工作的比例远远高于来自城市的毕业生，其中农村男生到农村工作的比例是城市男生的 1.9 倍，农村女生流动到农村工作的比例则是城市女生的 2.4 倍。另一方面，来自城市的男毕业生有 51.61% 继续留在城市，62.50% 的女毕业生选择继续留在城市。上述数据显示，城市、农村生源地的毕业生复制性流动更强，也就是说，对于城市出身的毕业生来说，他们固守在城市内部，

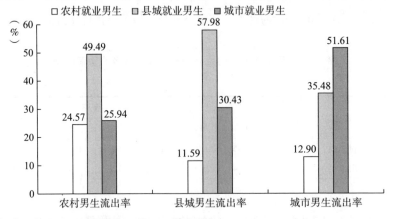

图 2 - 1 男毕业生生源地—工作地城乡流动率

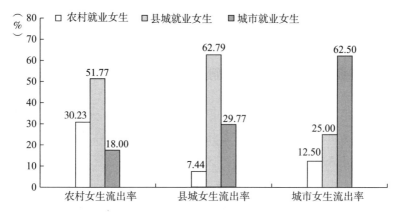

图 2-2　女毕业生生源地—工作地城乡流动率

不肯"下嫁"到县城和农村，而农村毕业生则表现为向同等级别的农村地域流动的比例高于城市毕业生。

（二）毕业生城乡流动的性别比较

1. 农村地区的女毕业生复制性流动比男生明显

在对毕业生城乡流动的性别差异这一维度的考察中可以发现，表现最为明显的是生源地为农村的男女毕业生群体在流动中的分化和差异。从图2-1和图2-2的数据对比来看，来自农村的女毕业生回到农村的比例要比男毕业生高出7.51%，也就是说，农村女毕业生的城乡地域流动选择比男生更容易受到家庭出生地的影响，农村、城市对女毕业生就业流动中的"推""拉"合力作用相对更小；而对于农村的男生而言，他们则更可能摆脱家庭背景因素的不利影响。

2. 农村男毕业生向县城、城市的流动能力强于女生

在不同生源留在城市这个考察的维度上，生源地为农村的男女毕业生差异更为明显，即来自农村的男毕业生留在县城及城市就业的比例比来自农村的女毕业生高出5.66个百分点。对于"山沟里飞出的金凤凰"——来自农村的男毕业生来说，他们承载着族群改变命运的集体期待，"好男儿志在四方"的传统文化的性别期待给予了他们"回不去"的最好的理由，"回乡"在某种程度上是对家庭教育投资失败的一种阐释，这些都使得来自农村的男毕业生想尽一切办法在城市找到自己的立足之地。当然，在城市以何种方式生存、获得怎样的发展际遇，则是另外的话题。但是，从他们的流动状态看，农村男毕业生表现出更为强劲的向城市流动的能力。

二 毕业生省际流动的性别对比分析

高校毕业生是一种特殊的人力资源。把高校毕业生从生源地、就学地到就业地的流动看成一个连续的整体进行考察，可获得某个地区人力资本的流入与流出情况，探究其流动与区域之间的关系和规律，因此省际流动是衡量毕业生就业流动重要的参考指标。[①] 根据前文对省际流动模式的界定和分类，以毕业生生源地、就学地和就业地三个地理位置作为参照，分为继续流动、返回流动、前期流动、后期流动以及不动五个类型。

（一）共性："不动"类型占主导地位

图2-3显示，已经就业的854位高校毕业生中，继续流动的有87人（占10.2%），返回流动的有78人（占9.1%），前期流动的有91人（占10.7%），后期流动的有39人（占4.6%），不动者有559人（占65.5%），这说明多数大学生在生源地就学同时在生源地就业，没有进行跨省流动的人数接近总人数的三分之二。异地就业——非生源地就业状况不显著，即毕业生从生源地流出，在就学地或者其他地方就业，其就业表现为继续流动、前期流动、后期流动三种就业流动类型的，合计占比为25.5%。

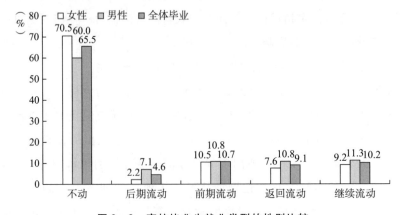

图2-3　高校毕业生就业类型的性别比较

① 马莉萍、潘昆峰：《留还是流？——高校毕业生就业地选择与生源地、院校地关系的实证研究》，《清华大学教育研究》2013年第5期。

如果说"不动"的流动类型在前期主要受到我国高校各省定额招生的政策影响的话，那么在后期，政策的影响已经极为弱化，此时高校毕业生普遍存在跨省流动的惰性。这表明，大学毕业生在就业环节的跨省流动动力并不充足。

（二）差异：男毕业生的跨省流动性强于女生，以后期流动最为明显

表 2-3 显示，女毕业生"不动"的类型占比高达 70.5%，男毕业生的比例为 60.0%，女性比男性高 10.5 个百分点，即女毕业生的流动性明显弱于男毕业生，表明女毕业生的流动惰性更为明显。在继续流动、返回流动、前期流动、后期流动四种流动类型中，男性流动比例均高于女性，以后期流动（男毕业生为 7.1%，女毕业生为 2.2%）最为明显。后期流动是指留在生源地就读大学，而毕业后流动到其他地方就业的流动类型。这意味着，相对于女毕业生来说，男生更多会因为就业问题离开生源地和就学地，选择跨省就业的流动类型。

表 2-3　高校毕业生就业跨省流动五种类型的比较

单位：%，例

流动类型	全体毕业生		男毕业生		女毕业生	
	频数	有效百分比	频数	有效百分比	频数	有效百分比
继续流动	87	10.2	46	11.3	41	9.2
返回流动	78	9.1	44	10.8	34	7.6
前期流动	91	10.7	44	10.8	47	10.5
后期流动	39	4.6	29	7.1	10	2.2
不动	559	65.5	244	60.0	315	70.5
合计	854	100	407	100	447	100

三　毕业生阶层流动的性别对比分析

从教育的视角看，高校毕业生的就业阶层流动，是毕业生个体通过高等教育渠道被纳入国家的制度性框架，从而获得制度所带来的相关资源和相应的法定身份的过程。这种身份变迁最终是通过毕业生在就业市场上获得就业岗位、确定阶层的归属而实现的。在实现阶层的跃升中，教育尤其

是高等教育常常作为一个重要的文化资本在个体阶层流动中扮演着重要的角色。接受高等教育从而掌握优势的知识信息和技能资源，是获得较高社会地位、实现阶层向上流动的主要路径，也是现实生活中不少个体不计代价选择接受高等教育这一行为逻辑的合理性基础。[①]

教育社会学常用代际流动表直观地描述出毕业生阶层流动的具体情况。通过统计父亲与子女的职业地位的代际流动频率（总流动率），显示什么阶层有更多机会向上流动，什么阶层更难向上流动或者不流动甚至向下流动等。[②] 本研究借鉴这一方法对毕业生与其父亲社会阶层流动情况进行交互对比，并进行代际流动的性别对比分析，探究代际流动尤其是阶层跃升与阶层固化方面的性别差异。

由于考察的是父子（女）的阶层对比情况，此处仅选取问卷中父子（女）阶层成对数据完整的样本，剔除未填答的、未就业的、出国留学和考研等样本，共有男生 517 例、女生 589 例，共计 1106 例符合本处统计条件。这些样本的父子职业阶层代际流动情况见表 2-4 与表 2-5。

表 2-4 男毕业生父子阶层代际流动对比

单位：%，例

父辈阶层	男毕业生就业阶层					
	上层	中上层	中层	中下层	下层	总计
上层	4	6	13	3	1	27
行流出率	14.81	22.22	48.15	11.11	3.70	100.00
列流入率	5.80	6.00	4.96	4.41	5.56	
中上层	13	27	36	8	2	86
行流出率	15.12	31.40	41.86	9.30	2.33	100.00
列流入率	18.84	27.00	13.74	11.76	11.11	
中层	19	18	75	16	5	133
行流出率	14.29	13.53	56.39	12.03	3.76	100.00
列流入率	27.54	18.00	28.63	23.53	27.78	

---

① 郑育琛、武毅英：《我国高等教育社会分层功能的再审视——基于对某省两所高校毕业生的调查》，《现代教育管理》2014 年第 6 期。

② 李春玲：《断裂与碎片——当代中国社会阶层分化实证分析》，社会科学文献出版社，2005，第 430 页。

续表

父辈阶层	男毕业生就业阶层					
	上层	中上层	中层	中下层	下层	总计
中下层	25	38	103	30	6	202
行流出率	12.38	18.81	50.99	14.85	2.97	100.00
列流入率	36.23	38.00	39.31	44.12	33.33	
下层	8	11	35	11	4	69
行流出率	11.59	15.94	50.72	15.94	5.80	100.00
列流入率	11.59	11.00	13.36	16.18	22.22	
总计	69	100	262	68	18	517

表 2-5　女毕业生父女阶层代际流动对比

单位：%，例

父辈阶层	女毕业生就业阶层					
	上层	中上层	中层	中下层	下层	总计
上层	6	6	12	4	1	29
行流出率	20.69	20.69	41.38	13.79	3.45	100.00
列流入率	8.96	6.82	3.54	5.06	6.25	
中上层	16	21	59	15	1	112
行流出率	14.29	18.75	52.68	13.39	0.89	100.00
列流入率	23.88	23.86	17.40	18.99	6.25	
中层	16	27	94	14	4	155
行流出率	10.32	17.42	60.65	9.03	2.58	100.00
列流入率	23.88	30.68	27.73	17.72	25.00	
中下层	22	27	144	38	8	239
行流出率	9.21	11.30	60.25	15.90	3.35	100.00
列流入率	32.84	30.68	42.48	48.10	50.00	
下层	7	7	30	8	2	54
行流出率	12.96	12.96	55.56	14.81	3.70	100.00
列流入率	10.45	7.95	8.85	10.13	12.50	
总计	67	88	339	79	16	589

（一）男女毕业生的阶层流动的共同特点

图 2-4、图 2-5 较为直观地显示了男女毕业生阶层流动的中间阶层扩充、劣势阶层跃升、优势阶层复制三个方面大致趋同的整体态势。

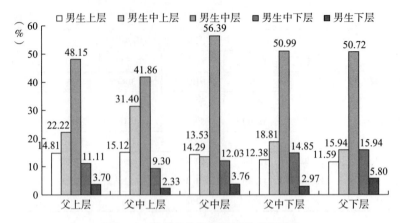

图 2 - 4　男毕业生阶层流动的代际对比

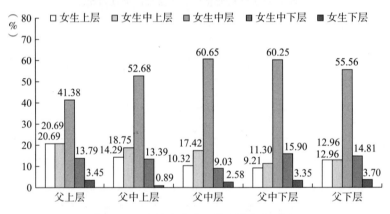

图 2 - 5　女毕业生阶层流动的代际对比

1. 中间阶层的扩充

来自不同阶层的子辈都出现了一定的流动，其中最为明显的是子辈在中间阶层的扩充。位于中间阶层的男性子辈（262 例，占 50.68%）是位于中间阶层的父辈（133 例，占 25.73%）的 1.97 倍，位于中间阶层的女性子辈（339 例，占 57.56%）则是位于中间阶层的父辈（155 例，占 26.32%）的 2.19 倍。

"中间阶层的扩充"是男女毕业生在初次阶层流动中表现的共同特征。这是当前我国阶层结构从"金字塔形"向"橄榄形"转变的重要力量，也是社会稳定的标识。由此可以推断，男女毕业生通过初次就业实现中间阶层的扩充，有利于社会结构的优化。

2. 劣势阶层的毕业生在一定程度上实现了阶层的向上跃升

从劣势阶层（中下层和下层）流动频率看，处在劣势阶层的子辈频数比父辈出现了大幅的下降。其中，男毕业生在下层的频数（18 例）比父亲（69 例）下降 73.9%，女毕业生的（16 例）也比父亲的（54 例）下降 70.4%。

这意味着劣势阶层的子女通过接受高等教育在一定程度上实现了向中层及以上阶层的流动，表明高等教育作为社会流动的一种动力机制，促进了劣势层社会群体的子女提升社会地位，在一定程度上改善了他们的代际劣势。

3. 优势阶层的代际复制依然显现

高等教育改善了劣势阶层的子女的阶层代际地位。与此同时，以上图表还表明，优势阶层内部的复制和再生产现象（即代际继承）明显增强、代际流动明显减少，表现出"多进少出"的趋势。表 2-4 和表 2-5 显示，以父辈处在中层为界限，父辈为上层、中上层的子辈在上层、中上层就业的比例（男毕业生共 50 例，占 44.25%；女毕业生共 49 例，占 34.75%），远远高于父辈为中下层、下层的子辈在上层、中上层就业（男毕业生共 82 例，占 30.26%；女毕业生共 63 例，占 21.50%）的比例。

这表明处在优势阶层的家庭，借助高等教育实现了子女在较高社会阶层的再生产，其子女优势阶层继承性明显增强。在打破社会阶层代际传递方面，高等教育还是无法突破来自社会阶层的限制。教育除了具有促进阶层流动的功能之外，还具有优势阶层再生产的功能，从这个意义上说，教育作为一种代际传递的主要机制，通过子辈教育的获得而实现自身优势的代际传递。而处于较低阶层的子女要想进入高社会阶层，依然存在较为明显的阶层壁垒。

（二）高校毕业生阶层流动的性别差异

1. 女毕业生突破阶层困境实现向上流动的能力弱于男毕业生

从阶层流动的角度看，个体接受高等教育重要的价值旨归是改变阶层代际困境，实现向上流动。以父子（女）阶层的对比看，当个体处在父辈的劣势阶层（中下层与下层），实现个体向优势阶层（中上层与上层）流动的状态，比较典型地实现了阶层的向上流动和阶层困境的改善。

以中层为区隔线，以"优势阶层"表示父辈处于上层和中上层，"劣势阶层"表示父辈处于中下层和下层，表2-4和表2-5中各阶层向优势阶层流动的情况可以重新统计为表2-6。

表2-6　分性别分阶层群体向优势阶层的流动率

单位：%，人

分性别分阶层群体	人数	向优势阶层流动率
劣势阶层的男毕业生	82	30.26
劣势阶层的女毕业生	63	21.50
优势阶层的男毕业生	50	44.25
优势阶层的女毕业生	49	34.75

表2-6显示，男毕业生突破父辈劣势阶层的困境、实现向优势阶层流动的有82人（占30.26%），而女生仅63人（占21.50%），男生比女生高出8.76个百分点。男毕业生比女毕业生有着更强的突破阶层代际困境、实现阶层跃升的能力。在这一典型的向上流动现象中，较之女毕业生，男毕业生具有明显的流动优势。

2. 男毕业生优势阶层的继承性更为明显

表2-6还显示，毕业生在阶层代际的继承方面存在性别差异。其中，男毕业生在优势阶层的继承和获得上，比女生更有优势。父辈处于优势阶层的毕业生继续在优势阶层就业的，男生有50人，占44.25%，女生有49人，占34.75%。男生比女生高出了9.5个百分点。

我国传统的儒家文化在家庭地位中强调的"男尊女卑"，形成了男女在父辈资源继承上的差别，或者说在资源的继承上，"传男不传女"一直是我国传统伦理和文化沿袭中特有的规律。因此，家庭资源的代际传承是以男性作为纵轴的，以"父—子—孙"的模式进行。在这种根深蒂固的文化逻辑下，女生不时被排除在优势资源继承之外。

四　毕业生行业流动的性别对比分析

（一）就业中的行业性别隔离指数与性别友好行业

男女在行业分布中出现的性别隔离问题已逐渐引起学界的关注。"职业性别隔离"指在劳动力市场中男女被分配或集中到不同行业引起从业者性别分布的失衡状态。[①] 为对毕业生初次就业数据中的性别差异做更有针对性的分析，本书借鉴这一概念，提出"初次就业性别隔离指数"，并据此划分相关行业在初次就业中的性别友好类型。

初次就业性别隔离指数（D），指在初次就业中，某一行业中就业的女毕业生占女生总数的比值（简称女生占比，用 Fp 表示）与男女毕业生占比之和（用 Fp + Mp 表示，其中 Mp 表示男生占比）的百分比。公式为：

$$D = Fp / (Fp + Mp) \times 100\% 。$$

根据初次就业性别隔离指数，可以界定特定行业对于不同性别的毕业生是否友好。结合调查的结果，我们确定了如下数值范围：当某行业中 $D \geq 60\%$ 时，该行业为"女毕业生就业友好行业"；当某行业中 $D < 40\%$ 时，该行业为"男毕业生就业友好行业"；"两性就业友好行业"则处于二者之间，即 $40\% \leq D < 60\%$。

（二）毕业生就业行业分布的性别差异

在调查样本中，符合本次要求的男毕业生样本为 503 例，女毕业生样本为 604 例。对毕业生的初次就业性别隔离指数（D）及性别友好行业的统计见表 2 - 7。

表 2 - 7　毕业生初次就业性别隔离指数与性别友好行业

单位：%，例

行业分布	男生样本数	男生占比（Mp）	女生样本数	女生占比（Fp）	初次就业性别隔离指数（D）	性别友好行业
制造业	122	24.25	74	12.25	33.56	男性友好
建筑业	64	12.72	50	8.28	39.42	男性友好
交通运输、仓储和邮政业	55	10.93	30	4.97	31.24	男性友好
信息传输、软件和信息技术服务业	56	11.13	43	7.12	39.00	男性友好
金融业	49	9.74	72	11.92	55.03	两性友好

[①]　易定红、廖步宏：《中国产业职业性别隔离的检验与分析》，《中国人口科学》2005 年第 4 期。

续表

行业分布	男生样本数	男生占比（Mp）	女生样本数	女生占比（Fp）	初次就业性别隔离指数（D）	性别友好行业
房地产业	19	3.78	18	2.98	44.10	两性友好
住宿和餐饮业	14	2.78	29	4.80	63.30	女性友好
批发零售贸易业	12	2.39	32	5.30	68.95	女性友好
教育业	24	4.77	106	17.55	78.62	女性友好
文化、体育和娱乐业	9	1.79	20	3.31	64.92	女性友好
租赁和商务服务业	13	2.58	13	2.15	45.44	两性友好
居民服务、修理和其他服务业	17	3.38	28	4.64	57.84	两性友好
公共管理、社会保障和社会组织	22	4.37	29	4.80	52.33	两性友好
医疗卫生业	4	0.80	3	0.50	38.45	男性友好
其他	23	4.57	57	9.44	67.36	女性友好
合计	503	100.00	604	100.00		

表2-7显示，男性的友好行业主要集中在制造业，建筑业，交通运输、仓储和邮政业，信息传输、软件和信息技术服务业，医疗卫生业五个行业类别中。而女性友好行业则包括了住宿与餐饮业，批发零售贸易业，教育业，文化、体育和娱乐业，其他。金融业，房地产业，租赁和商务服务业，居民服务、修理和其他服务业，公共管理、社会保障和社会组织等为两性友好行业。

这表明行业的性别隔离确实明显存在。这种隔离从表面上看，是不同性别人口在不同行业的分布情况，但是行业并非独立存在的，而是和收入等密切关联的，选择何种行业还往往意味着获得怎样的收入水平和职业地位。我们试图通过行业的性别分属和行业收入做进一步匹配，以期获得新的发现。

（三）男性行业的收入水平高于女性行业

表2-8列出了国家统计局发布的关于2014年各行业城镇单位就业人员的平均工资水平的统计。在前五名的行业平均收入水平中，男性友好行业有2个，分别是信息传输、软件和信息技术服务业和交通运输、仓储和

邮政业。分别位列第 2 名和第 4 名，其中信息传输、软件和信息技术服务业的平均工资水平是 100845.0 元，而交通运输、仓储和邮政业平均工资水平是 63416.0 元。从收入排名靠后的五个行业看，女性友好行业中住宿和餐饮业收入排名最低，平均工资水平为 37264.0 元。

表 2 - 8   各行业 2014 年的城镇单位就业人员平均工资情况

单位：元

行业分布	行业分类	2014 年度城镇单位就业人员年平均工资
住宿和餐饮业	女性友好行业	37264.0
居民服务、修理和其他服务业	两性友好行业	40752.0
建筑业	男性友好行业	45804.0
制造业	男性友好行业	51369.0
房地产业	两性友好行业	55568.0
批发零售贸易业	女性友好行业	55838.0
租赁和商务服务业	两性友好行业	55971.0
医疗卫生业	两性友好行业	63267.0
交通运输、仓储和邮政业	男性友好行业	63416.0
教育业	女性友好行业	64375.0
信息传输、软件和信息技术服务业	男性友好行业	100845.0
金融业	两性友好行业	108273.0
公共管理、社会保障和社会组织	两性友好行业	暂无
文化、体育和娱乐业	女性友好行业	暂无
其他	女性友好行业	暂无

注：本表按照工资水平由低到高进行排列。其中个别行业的数据未查询到，标示为"暂无"。

资料来源：国家统计局，http://data.stats.gov.cn/search.htm？s＝工资％20 行业，根据 2014 年各行业城镇单位就业人员的平均工资整理获得的。

上述数据中的男性友好行业和女性友好行业的分布情况，进一步表明了男女在行业流动中存在性别隔离。而这种性别隔离不仅是性别人口在行业中的简单区隔，在男女性别结构的作用下，性别隔离驱动高校男女毕业生流向了不同的行业，形成了所谓的男性友好行业和女性友好行业，这种行业的分布背后实质上进一步再造了男女在行业中的差序格局，强化了女性在行业流动中的劣势地位。

五　毕业生月薪等级的性别对比分析

人力资本理论认为，正如接受教育一样，"流动"是个体产生人力资本的一种信号机制，通过流动可以增加就业机会和就业选择，产生收益。或者说，人们通过劳动力市场的流动，驱动自身人力资源和就业市场岗位的相互匹配，从而获得更加丰厚的就业回报。这种回报形式尽管是多样化的，但是货币形式的工资是基本的表现形态，因为"工资是一种经济关系或经济地位的象征，它是大学生就业流动优先考虑的因素之一"。① 工资是指用人单位依据国家有关规定和劳动关系双方的约定，以货币形式支付给员工的劳动报酬。在政治经济学中，工资本质上是劳动力的价值或价格，同时也是生产成本的重要组成部分，它是一个劳动者对于用人单位价值的直接衡量指标。本书主要通过初次就业的月薪水平衡量毕业生就业流动收益。北京大学市场与媒介研究中心发布了 2014 年毕业生平均起薪水平，② 借鉴其划分标准，笔者将毕业生就业工资数据进行划分：1000～2000 元为低收入、2001～5000 元为中等收入、5001 元以上为高收入。

（一）共性：毕业生初次就业在低收入层次聚集

图 2-6 显示，男女毕业生在初次就业时，低收入层次所占比例最高，随着收入层次上升，占比依次递减，呈现金字塔状的结构。这与毕业生的阶层流动的纺锤形结构并不一致。

这一现象表明，虽然毕业生在阶层流动中总体上表现得较为理想，但不少毕业生的阶层流动优势未能立即转变为收入优势，六成的毕业生初次就业月工资仅在 2000 元以内，处于收入金字塔的底端。结合毕业生在城乡流动中向县城及以上地域流动的偏好，以及当前的城市住房价格高企、房租昂贵的情况，初入职场的毕业生，无论男女都面临较大的经济压力。

（二）差异：女毕业生的初次就业收入整体上低于男生

图 2-6 显示，从初次收入的等级结构方面看，较之男毕业生，女生呈

---

① 武毅英、刘莹：《多学科视域下的高校毕业生就业流动与社会分层之关系》，《现代大学教育》2013 年第 2 期。

② 北京大学市场与媒介研究中心，报告说明：应届本科毕业生的平均起薪为 2443 元。http://hr. yjbys. com/xinchouguanli/538267. html。

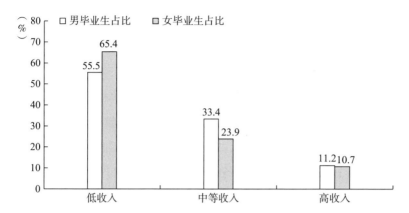

图 2 - 6　毕业生就业流动收益等级的性别比较

现"低多、中少、高持平"的层次分布。在低收入层次中，女毕业生的比例（65.4%）高出男毕业生（55.5%）近 10 个百分点；在中等收入层次中，比男毕业生低了近 10 个百分点；而在高收入层次方面，男毕业生略高于女生，两性基本持平。

从聚集的层次方面看，近三分之二（65.4%）的女毕业生初次就业收入水平集中在 1000～2000 元这一档，在初次就业的收入结构中整体上处于十分不利的地位。

第三节　高校毕业生就业流动性别差异的内部异质性特征

第二节基于毕业生就业流动空间和身份变迁的维度，分析了高校毕业生的城乡流动、省际流动、阶层流动、行业流动和月薪等级五大维度的性别差异，获得了新时期高校毕业生就业流动的总体性特征。但是，接受高等教育的毕业生与其他群体的重要区别在于，在这一群体身上凝结了高等教育的投入，甚至打上了"高等教育"的烙印。因此，有必要把毕业生群体放置于高等教育分流的视角下，把毕业生群体划分为就业亚群体进行内部的对比和分析，即从高等教育的内部异质性视角进一步分析高校毕业生就业流动的性别差异，实现对高校毕业生就业流动性别图景的另一种呈现。

一　性别、高等教育分流与高校毕业生就业流动

（一）关系阐释

教育分流即对人才实行区别培养的行为，是指学校教育系统根据社会的需要和学生个体的意愿与条件，把完成一定阶段教育的学生，有计划、分层次、按比例地分成几个流向，使他们分别接受不同类型、不同层次的教育，以培养社会发展所需要的各级各类人才的活动。[①]

高等教育分流是教育分流的一种高层次的流动样态。中国高等教育在社会声誉的规制下形成了不同的高校类型、学科专业和学历层次，由此建构起具有等级差序的高等教育格局。在大学生所就读的高校类型方面，从高到低，可以划分为重点高校、一般高校以及民办高校。在大学生的学科专业方面，形成了工科学科群、理科学科群、人文学科群和社科学科群，以对应具有学科群差异性的人才培养目标和规格。在大学生的学历层次方面，形成了学历层次由高到低的研究生、本科生和专科生等。高校分流中的层级结构决定了嵌入其中的个体在教育资源获取过程中的优先次序，因此高等教育的分流以及个体在其中资源获取的差异性将进一步区分高校毕业生在就业流动中的位置。

那么，性别与高等教育分流和毕业生就业会产生怎样的交互关系？从教育对个体流动的作用看，高等教育是这样的一个社会筛选装置，通过高等教育的出口对接受不同知识资源和具有不同能力的毕业生进行筛选。由于不同类型和层次的学校在某种程度上反映了学生的职业技能和人力资本存量，并为就业市场提供不同层次的劳动者，从这个意义上讲，教育的分流情况决定了毕业生职业分化和流动情况。高等教育分流制度背景下的高校层级结构可以规制性别结构对大学生就业流动的影响，高校的层级结构包括学校声望、学科专业以及学历层次等。性别与人力资本理论认为，"性别标签"是劳动力市场衡量大学生市场价值、分配劳动职业的重要依据，对于人力资本存量高的毕业生，这会消解"性别标签"对个体就业的

---

① 董泽芳：《高等教育分流问题研究》，《高等教育研究》2003 年第 4 期。

挤压作用，减小就业质量的性别差异。

　　基于这样的理论阐释，本节内容试图从以下三个方面进一步探究：第一，不同高校类别、不同学历层次以及不同学科专业的毕业生就业流动呈现怎样的性别图景；第二，高校类别、学历层次和学科专业对高校毕业生就业流动的性别群体产生怎样的影响，这种影响的性别对比表现如何；第三，性别、高等教育分流以及毕业生就业中会产生什么样的交互作用。

　　（二）变量的筛选与赋值

1. 采样设计

　　此部分的调查数据主要依托全国教育科学"十二五"规划 2015 年度教育部青年课题——高校毕业生就业流动的社会分层机理研究的调查数据，该数据的选取涵盖了重点高校、一般高校、民办高校等不同类型的高校的 2015 届毕业生调查数据，在专业分布上基本涵盖了中国高等教育的13 个不同的专业，在学历层次上选取了研究生、本科生和专科生三大学历层次的样本，学历层次有梯队、专业涵盖面较广、性别比例符合高校在校生人口学特征，具有较好的代表性。样本的二级指标情况见表 2-9。

表 2-9　调查样本及二级指标的基本情况

单位:%，人

样本	二级指标	人数	有效百分比
性别	女	604	52.84
	男	539	47.16
学历层次	专科生	309	27.03
	本科生	813	71.13
	研究生	21	1.84
高校类型	重点高校	217	18.99
	一般高校	836	73.14
	民办高校	90	7.87
学科专业	人文类	269	23.53
	社科类	343	30.01
	理学类	323	28.26
	工学类	208	18.20

在本书中，对大学生就业流动的研究主要是基于空间流动和身份变迁两大基本流向展开的，在具体的维度设定上，分别有城乡流动、省际流动、阶层流动、行业流动以及月薪等级等。由于就业流动质量的考察是对高校毕业生流动优劣情况的评价，因此选择流动区域、职业所有制类型和月薪等级作为测量的指标，说明如下。

2. 因变量的选择

首先是关于月薪等级，即大学生在毕业后找到的第一份工作的工资收入。在调查问卷中设置了七个等级的工资薪酬区间，为进一步掌握毕业生月薪等级的具体表现，本研究借鉴北京大学市场与媒介研究中心发布的关于 2014 年毕业生平均起薪水平①的划分标准，将毕业生就业工资数据进行划分：1000～2000 元为低收入、2001～5000 元为中等收入、5001 元以上为高收入。

其次是就业流动区域。由于我国经济发展的不平衡，区域等级形成不同的标准，但是城乡是最常使用的一种标准。近年来，由于城镇化的推进，城乡结构与以往相比发生较大的变化。从城市内部结构的变化看，根据政治、经济和文化上的差异而区分为中心城市与非中心城市；从农村内部结构的变化看，因城镇化和新农村建设而演化出县级市、县城、城乡接合部、乡镇和乡村等新的形式。因此，本研究中涉及的毕业生流动区域的质量据此分为两大类型，一种是经济社会发展较为成熟的就业区域，包括直辖市、计划单列市、省会城市、地级市，统称为"城市"；另一种是经济社会发展较为不成熟的就业区域，即县城或县级市、乡镇、农村，统称为"非城市"。

最后是职业所有制类型。新中国成立初期我国在社会主义公有制基础上实行计划经济，并在此基础上形成了体制内就业和体制外就业的模式，虽然传统的计划经济体制走向瓦解，体制内单位越来越少，以不完全竞争的行政机关、事业单位及国有企业为主，体制外劳动力市场则是以接近于完全竞争的私营经济、外资经济、个体经济为主。由于体制内就业岗位少

---

① 北京大学市场与媒介研究中心，报告说明：应届本科毕业生的平均起薪为 2443 元。http://hr.yjbys.com/xinchouguanli/538267.html。

带来的稀缺性和竞争性，体制内工作往往被认为社会地位高、稳定性强、福利保障好，体制外工作则相对劳动强度大、风险高。这种体制内外的职业分割往往带来毕业生就业的差异性，形成了毕业生个体对体制内就业的偏好和认同，因此把体制内外的就业类型作为就业质量的评价指标之一。在统计分析中，把"党政机构、科研/事业单位、国有企业"归类为体制内就业，"中外合资/外资/独资、民营企业、个体、非政府/非营利组织"归类为体制外就业。

3. 自变量的选择

此部分探讨的是性别、高等教育分流对毕业生就业流动的影响，因此在变量的选择上主要有两大类，一类是个体的性别变量，另一类是影响高等教育分流的因素变量。

性别变量分为男生和女生两大类。

按照高等教育分流的定义，在高等教育分流变量的选择上，主要考虑三个核心变量，即学历层次、高校类型和学科专业。首先是学历层次，由于样本中研究生的占比偏低，仅选择本科生和专科生两大类分别赋值。其次是就读的高校类型，分别按照重点高校、一般高校、民办高校进行赋值。最后是学科专业，主要参考学科大类，分别以人文类、理学类、社科类和工学类进行赋值。

因变量和自变量的具体赋值情况详见表 2 - 10。

表 2 - 10　各因素变量的赋值情况及说明

变量分类	变量名称	变量取值	均值	标准差
因变量	月薪等级	高 = 3，中 = 2，低 = 1	1.85	0.592
	职业所有制类型	体制内 = 1，体制外 = 0	0.58	0.494
	流动区域	城市 = 1，非城市 = 0	0.59	0.492
自变量	性别	男性 = 1，女性 = 0	0.46	0.499
	学历层次	本科生 = 2，专科生 = 1	1.80	0.441
	高校类型	重点高校 = 3，一般高校 = 2，民办高校 = 1	2.14	0.473
	学科专业	工学类 = 4，社科类 = 3，理学类 = 2，人文类 = 1	2.73	1.156

（三）研究方法

本研究在开展过程中，采用"多种研究方法 + 同一理论分析框架"的模式，即在同一理论视角下通过采用不同的研究方法因应不同的研究问题，用多种方法验证这一问题域，从而提高本研究的可信度。研究方法、研究内容和研究目的对应情况如表 2 - 11 所示。

表 2 - 11　研究方法及其运用情况

序号	研究目的	研究方法	研究内容
1	为进一步验证高校毕业生就业流动的性别差异情况	独立样本 T 检验	以毕业生性别（男生或女生）为实验分组变量，分别对毕业生的城乡流动、职业所有制类型以及月薪等级进行差异性检验
2	不同高校类型、学历层次以及学科专业的毕业生就业流动呈现怎样的性别差异状况	描述性的统计分析	分析基于性别和学历层次、高校类型和学科专业交互关系下的高校毕业生月薪等级差异情况
3	验证性别、高等教育分流对毕业生就业流动的影响程度	控制变量分析法	以性别、高校类型、学科专业、学历层次为自变量，以城乡流动、职业所有制类型和月薪等级作为因变量，逐一选取自变量并控制其他变量进行回归分析

二　我国高校毕业生就业流动内部异质性特征分析

（一）对毕业生就业流动性别差异数据的显著性检验

在对毕业生就业流动分维度进行分析的基础上，为进一步验证高校毕业生就业流动的性别差异情况，本研究使用独立样本 T 检验进行分析。独立样本 T 检验主要包括两个核心概念，一是"独立样本"，即两个样本是从两个总体中独立抽取的，一个样本中的元素与另一个样本中的元素相互独立；二是"T 检验"，指用于检验两组非相关样本被试所获得的数据的差异性，即用于分析分组数据（X）与因变量（Y）之间的差异情况。在具体实践中，要求因变量（Y）符合正态分布，如果不符合，可考虑使用非参数检验，即 Mann Whitney 检验进行研究。调查数据主要根据 sig 值 p 进行区分，$p \leqslant 0.1$ 表示差异不显著，$p \leqslant 0.05$ 表示差异显著，$p \leqslant 0.001$ 表示差异非常显著。

对调查所得到的样本数据进行描述统计和差异性分析后，由于样本在性别、学历层次、高校类型的所有表现均符合正态分布，适用此检验方法。在调查中，以性别作为毕业生就业质量的分组依据，分别对就业流动质量的三个表征维度即城乡流动、职业所有制类型以及月薪等级进行了独立样本 T 检验，结果如表 2 - 12 所示。

表 2 - 12　毕业生流动质量的独立样本 T 检验

就业流动类别	男生		女生		F 值	p
	平均数	标准差	平均数	标准差		
流动区域	0.56	0.497	0.63	0.483	19.300	0.000
职业所有制类型	0.60	0.490	0.56	0.497	6.310	0.012
月薪等级	1.76	0.586	1.95	0.582	20.697	0.000

表 2 - 12 显示，在流动区域方面，p = 0.000；在职业所有制类型方面，p = 0.012；在月薪等级方面，p = 0.000。这些检验结果表明，男女毕业生在流动区域、职业所有制类型以及月薪等级方面存在差异。

在对毕业生的就业流动情况进行独立样本 T 检验之后，本研究将采用描述性的统计分析，探究基于性别和学历层次、高校类型、学科专业交互关系下的高校毕业生月薪等级差异情况。

（二）毕业生月薪等级的性别差异

不同学历层次、高校类型和学科专业的毕业生，其月薪等级呈现不同程度的性别差异效应。

1. 学历效应：高收入层次本科、专科毕业生月薪"男高女低"差异显著

不同学历层次的男女毕业生的月薪等级统计分析见图 2 - 7。在高收入层次中，本科男生的所占比例比本科女生的高出了近一倍，性别差异最为显著。在中收入层次中，男本科生比女本科生高出 10% 以上。

在专科生这一群体中，高收入层次男生占比比女生高出了 8.07 个百分点。在中收入层次，女生比男生高出 6.34 个百分点，在低收入层次，两者基本持平。

总之，在不同学历层次的高校毕业生中，处于高收入层次的本科、专

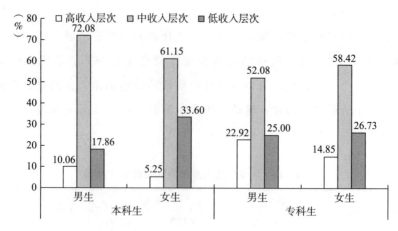

图 2-7　不同学历层次毕业生月薪等级的性别差异

科毕业生都表现出"男高女低"的显著差异，呈现男生的月薪收入高于女生的总体性特征。

2. 学校效应：高校声誉越好，男生月薪优势越显著

对不同类型高校的毕业生月薪等级进行性别对比可以看出，高校类型的差异也带来了毕业生月薪等级的性别差异，具体如图 2-8 所示。

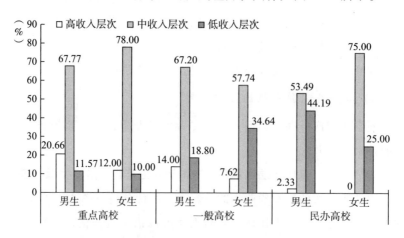

图 2-8　不同高校类型毕业生月薪等级的性别差异

从图 2-8 中可以看出，不同的收入层次中，不同的高校毕业生表现出如下特点。

首先，在高收入层次，三类高校的毕业生都表现出"男高女低"的特征。其中，重点高校的男女差异最为明显，男生的占比比女生高出 8.66 个

百分点，一般高校的差异性略微低一些，即男毕业生占比比女毕业生高出
6.38 个百分点。

其次，在中收入层次，重点高校的女生显示出一定的优势，女生占比比
男生高出 10.23 个百分点。在一般高校中，男女生的分布情况和重点高校刚
好相反，呈现"男高女低"的特点，男生占比比女生高出近 10 个百分点。

值得关注的是，在重点高校低收入层次，男女毕业生占比基本持平，
未表现出显著差异性。一般高校则表现出"女生高于男生"的特点。民办
高校的女生在中收入层次有一定的优势，但是在低收入层次，男生占比显
著高于女生。

3. 学科效应：各学科的男生占据高收入层次的优势地位

学科专业与性别这两个维度交互下的毕业生月薪等级的性别差异情况
如图 2-9 所示。不同维度的观测分析显示，一方面，从收入层次的横向对
比看，在高收入层次，各学科男生占据优势地位，即都表现出"男高女
低"的特点。

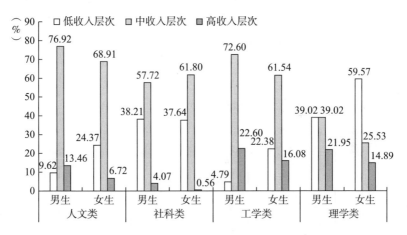

图 2-9 不同学科专业毕业生月薪等级的性别差异

另一方面，从不同学科之间的性别差异看，从高收入层次看差异大小
依次为理学类（7.06 个百分点）＞人文类（6.74 个百分点）＞工学类
（6.52 个百分点）＞社科类（3.51 个百分点）。

另外，从各学科的性别差异表现来看，理学类的毕业生在高、低收入
两级呈现反向发展的特点，也就是说，在高收入层次男生所占比例明显高

于女生。在低收入层次，则呈反向发展——女生高于男生，可见，男女生在这一学科中的性别差异相对其他学科呈现扩大化趋势。

（三）毕业生城乡流动的性别差异

此部分主要以城乡流动的性别差异为分析对象，以学历层次、高校类型和学科专业作为观察点进行交互对比分析，得出如下基本结论。

1. 学历效应：学历层次越低，向城市流动的性别差异越明显

对不同学历层次的男女毕业生进行城乡流动状态的统计对比发现，不同学历层次的毕业生城乡流动状态存在一定程度的性别差异（见图 2 - 10）。

首先，无论学历层次高低，男生都表现出向城市流动的明显趋势，本科的男生向城市流动的比例（69.81%）比女生的（51.97%）高出 17.84 个百分点，同样的，专科男生向城市流动的比例比女生的高出 19.10 个百分点。由此可见，学历层次越低，则向城市流动的性别差异越明显。

其次，从非城市流动的趋势来看，本科女生相对于专科女生来说，向非城市流动的比例更低一些，即本科女生向非城市流动的比例为 48.03%，专科女生向非城市流动的比例为 53.47%，即本科女生低于专科女生 5.44 个百分点，这从另外的角度进一步证实了学历层次越低，女生越多地流向了非城市区域。

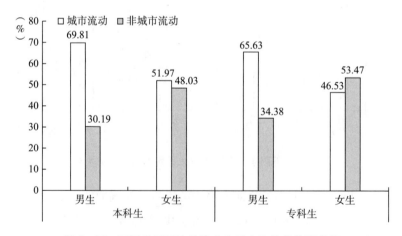

图 2 - 10　不同学历层次的毕业生城乡流动的性别差异

2. 学校效应：学校声誉和男生向城市流动互相补强

如图 2 - 11 所示，对不同高校类型的男女毕业生这一亚群体进行对比分析可以发现以下特点。

第一，从向城市流动的绝对数量看，重点高校的男生向城市流动的趋势最为明显，并呈现学校社会声誉越高，向城市流动的比例越高的态势。从数据表现看，重点高校的男生向城市流动的比例为78.51%，大于一般高校的男生比例（59.60%），也大于民办高校的男生比例（41.86%）。可以说，学校的声誉与男生向城市流动趋势之间形成补强的效应。

第二，从各类高校的性别差异程度看，在对比中，此部分研究用"男生向城市流动占比/女生向城市流动占比"这一比值作为性别差异的程度，比值越大，说明差异的程度越高。从毕业生的城市流动的性别差异程度看，一般高校的性别差异程度为1.11，重点高校的为1.06，民办高校的为0.84，据此，根据性别差异程度的强弱，三类高校性别差异情况依次是一般高校 > 重点高校 > 民办高校。

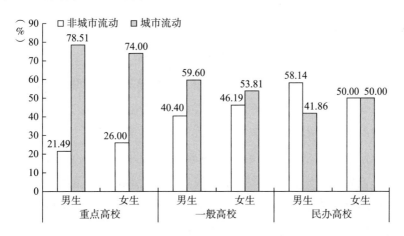

图2-11　不同高校类型的毕业生城乡流动的性别差异

3. 学科效应：工学类男生向城市流动比例具有绝对优势

图2-12显示了不同学科专业的毕业生在城乡流动中的性别差异情况。将男女毕业生的城市流动、非城市流动进行组合，在四大学科群中，在向城市流动这一模式中，性别差异大多表现为"男高女低"。进一步对比他们的差异情况，发现程度不一。具体来看，工学类的差异程度最为明显，即男生向城市流动的比例远远高出其他学科，说明工学类男生占据着向城市流动的主导地位。

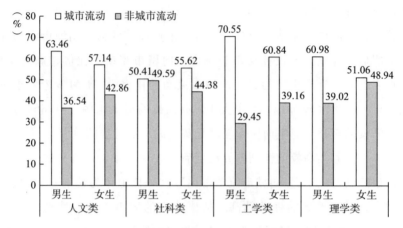

图 2 - 12　不同学科专业的毕业生城乡流动的性别差异

（四）毕业生职业所有制类型的性别差异

这一部分主要是基于高校毕业生职业所有制类型的维度分析，即对不同学历层次、高校类型和学科专业的毕业生职业所有制类型（以下简称职业类型）进行逐一对比和交互分析，研究的分析过程和结果呈现如下。

1. 学历效应：体制内就业的性别差异随着学历层次的递减而增强

从图 2 - 13 可以看出，不同学历层次的毕业生职业类型的差异程度并不是特别明显，在体制内就业这一组数据中，差异最为明显的是专科层次的男女毕业生。从本科层次的体制内就业情况看，男生占比略微高于女生，但是差异并不显著；但是在专科层次，则表现出显著的性别差异，具体为专科男生在体制内就业的比例为 75.00%，专科女生的为 35.64%，男生是女生的两倍多。由此可见，毕业生体制内就业的性别差异情况随着学历层次的递减而显著增强，且都表现为男生高于女生的特点。

2. 学校效应：学校声誉越高，男生在体制内就业优势越明显

首先，从不同类型的高校毕业生的职业类型来看，重点高校和一般高校的毕业生在体制内就业表现出"男高女低"的特征，而民办高校的毕业生在体制内就业则表现出"男低女高"特征（见图 2 - 14）。

具体来说，如果以差异程度进行比较的话，在重点高校中，男毕业生在体制内就业的比例是女毕业生的近两倍；在一般高校中，男生在体制内就业的比例比女生高出了 6.14 个百分点。但是在民办高校中，这种差异呈

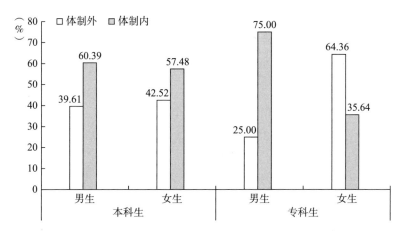

图 2 - 13　不同学历层次的毕业生职业所有制类型的性别差异

现相反的特征，也就是说，民办高校的女生在体制内就业的比例比男生高出了 16.86 个百分点。

从这一趋势可以看出，学校的声誉越高，则男生在体制内就业的优势越明显。

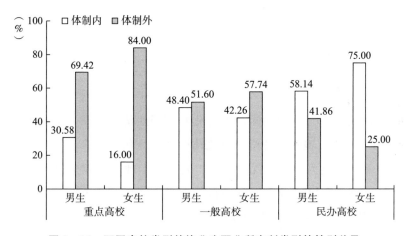

图 2 - 14　不同高校类型的毕业生职业所有制类型的性别差异

3. 学科效应：就业前景越差的学科，男女生在体制内就业差异越明显

学科和性别交互对比下的毕业生职业所有制类型的性别差异情况如图 2 - 15 所示。

从各学科在体制内就业的优势情况看，理学类男生的优势最为明显，达到 78.50%，人文类、社科类和工学类三个学科大类的男生在体制内就业的比例总体差别不大，集中在 54% ~ 59% 。

从男女生在体制内就业的性别差异来看，理学类、社科类毕业生在体制内就业表现为"男高女低"，而人文类和工学类的表现为"男低女高"。从差异的程度进行对比发现，理学类的毕业生在体制内就业的性别差异程度最大，男女所占比例差值达到了 16.8 个百分点，其次为社科类，男生的所占比例比女生的高出 4.86 个百分点。人文类和工学类的性别差异并不明显，基本持平。

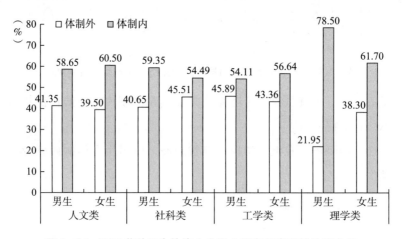

图 2 - 15　不同学科层次的毕业生职业所有制类型的性别差异

（五）性别、高等教育分流与毕业生就业流动的控制分析

如前所述，由于劳动力市场的分化和市场经济的发展，市场机制冲击男女平权的实践，高校毕业生就业流动的性别分化现象日益凸显，形成的"性别标签"影响大学生的就业流动。人力资本理论的相关研究表明，学校层级、学历层次和专业具有优势的毕业生，亦凝结了更有优势的人力资本存量，从而有利于提高毕业生的就业流动质量。但是，性别和高校类型、学历层次和学科专业对毕业生就业流动的作用力有多大，这会在一定程度上消除"性别标签"对女生的挤压作用，削弱就业流动的性别差异吗？

为进一步了解性别、高等教育分流与毕业生就业流动的相互作用关系，本研究将通过构建模型的方式，对不同变量间的关系进行验证，以核心变量即性别、高校类型、学科专业、学历层次作为自变量，以城乡流动、职业所有制类型和月薪等级作为因变量，控制变量进行模型建构，结果如表 2 - 13 所示。

首先，以学历层次、高校类型和学科专业作为控制变量，对性别与毕业生的月薪等级进行单因素分析，结果表明，性别与月薪等级呈现极其显著的正相关。也就是说，排除了高校类型、学科专业和学历层次后，性别依然对毕业生的月薪等级有着显著的正向影响。

表 2 - 13 毕业生就业流动的控制变量分析

控制变量	自变量	分析结果		
		月薪等级	职业所有制类型	流动区域
高校类型 & 学科专业 & 学历层次	性别	0.163 ***	- 0.051	- 0.019
高校类型 & 学科专业 & 性别	学历层次	- 0.19	0.082 **	0.110 ***
学科专业 & 性别 & 学历层次	高校类型	0.180 ***	0.173 ***	0.178 ***
性别 & 学历层次 & 高校类型	学科专业	- 0.076 *	- 0.026	0.398

注：* 表示 p≤0.1，** 表示 p≤0.05，*** 表示 p ≤0.001。

其次，在控制高校类型、学科专业和性别后，对学历层次与毕业生职业所有制类型进行单因素分析发现，学历层次与毕业生职业所有制类型的相关系数为 0.082，呈现显著相关；从学历层次与流动区域的相关性来看，呈现非常显著的正相关。

再次，对学科专业、性别和学历层次进行变量控制，以高校类型为自变量，毕业生就业流动的区域、职业所有制类型和月薪等级作为因变量，进行单因素分析发现，高校类型与毕业生的月薪等级、职业所有制类型以及城乡流动都存在极其显著的相关性，尽管相关性的系数不算特别高，但是影响程度很显著。

最后，在考察学科专业对毕业生月薪等级的影响时发现，学科专业对月薪等级的相关性分析通过验证，表明了学科专业与毕业生月薪等级有较为显著的相关性。

三 研究的基本结论

借助描述性的统计分析对不同学历层次、高校类型和学科专业的毕业生就业流动质量的性别差异情况进行分析发现，性别与高等教育相互形塑，关系盘根错节，毕业生就业状况的性别差异并没有因为学历层次、高校声誉的提高而减小。具体来说，高校类型、学历层次与性别优势形成互相补强的效应，越是有竞争力、高学历、热门专业出身的高校男毕业生就业流动的优势越明显。

运用独立样本 T 检验的方法，对高校毕业生在就业流动情况方面进行分析发现，男女毕业生在流动的月薪等级、职业所有制类型以及流动区域等方面的差异性进一步得到验证。此外，T 检验的系数表明月薪等级的差异性最为显著。

通过控制变量分析验证了在其他因素保持不变的前提下，性别对毕业生月薪等级有着一定的影响。同时，高等教育分流对高校毕业生就业流动亦存在显著的影响，表现为高校类型对毕业生就业流动的月薪等级、职业所有制类型以及城乡流动状态的影响，学历层次对流动的区域也存在显著影响，学科专业在一定程度上影响着毕业生初次就业的月薪水平。

第四节 结果讨论与问题反思

一 毕业生就业流动整体性评价

在以"性别"作为切入点，对调查所得的关于毕业生就业流动相关维度的数据进行总体性的统计和分析之后，得出了以下一些基本的研究结论。

（一）女大学生的"流动惰性"

流动作为一种人力资本的投资形式，毕业生通过就业流动获得更高的预期收益，表现为获得职业地位、增加经济收入，实现社会阶层的向上流动，实现了个体的社会价值和自我价值。从统计数据来看，毕业生的就业流动存在性别上的差异，表现为男毕业生的流动性显著强于女毕业生，女毕业生存在更为明显的"流动惰性"。

尽管改革开放以来中国的政治、经济都发生了极大的变革，社会从之前相对凝固的状态向日益开放、流动的趋势转变，但几千年来传统的儒家思想根植于国人的伦理观念之中。这种传统的性别观念相对于当下的性别角色是一套完全不同的逻辑。传统社会理念对男性是鼓励向外的，倡导的是"好男儿志在四方"，这意味着不能囿于固有的空间；对于女性的价值导向则是向内的，体现为限制向外张扬。在这种社会角色期待的影响下，女生倾向于"留"而不是"流"。这种期待根深蒂固地成为一种文化表达，并内化成男生向外流动的"推力"作用，而向外流动所能获得的收益则形成了对男性的"拉力"作用，使得他们更加积极主动地寻求向外发展。

把毕业生的就学流动和就业流动结合起来考察，可以发现从继续流动和前期流动两种发生就学流动的所占比例看，男性发生流动的比例比女性高出2.4个百分点。在大学毕业生从就学地到就业地这一流动中，更明显地表现出流动的性别差异，从发生就业流动的表现形态——返回流动和后期流动的比例可知，男毕业生的比例高出女毕业生8.1个百分点。这说明社会性别角色的期待使得两性依然存在不同的流动偏好，女生偏好于"留"，而男生趋向于"流"。与此同时，劳动力市场也为男生提供了有利于流动的外部条件，包括雇主劳动力选择的男性偏好，提供更具有竞争力的工资水平，这形成了对男生向外流动的吸引力。而女生在进入劳动力市场后，仍然面临不平等待遇。如从就业机会看，不少用人单位限制女生招聘名额或根本不招，这种被雇用机会的相对剥夺客观上也造成了女毕业生就业流动机会的丧失，弱化了其就业流动的可能性。因此，劳动力市场为男毕业生创造更加充分、有效流动的外部环境，也带来女毕业生在流动中的障碍和壁垒。在这种内因和外因的交互作用下，男女两性表现出就业流动差异。

当前，我国高校为解决毕业生就业区域流动过度集中的问题，出台了一系列政策，引导和鼓励高校毕业生报效祖国，主动到落后的、经济欠发达地区就业，实现人生理想和社会价值。这些政策的出台在一定程度上推动了毕业生的合理流动，但是这种政策的制定出于对毕业生"理性经济人"的思考，却没有考虑到性别文化对个体选择所产生的作用力，实际上造成了就业政策的良好预期和客观效果之间的落差，因此政府在制定相关政策引导毕业生就业流向时，应充分考虑政策对象的特点以及可能产生的影响，而"性别"显然是一个重要的考量因素。

（二）"性别—性别专业—性别友好行业—性别收入"的演变

从前述关于毕业生行业流动的性别差异对比调查中，可以发现男女毕业生在行业的分布方面存在结构性的差异。这种差异在行业的性别隔离方面尤为明显，呈现为性别分明的女性友好行业和男性友好行业。这种性别友好行业对应的是不同的行业经济地位，最直接的表现就是男性友好行业的收益高，而女性友好行业的收益低。

为什么会出现这样的行业性别隔离？性别隔离背后折射的是什么？当前我国经济处在产业结构转型升级中，一些技术性、高科技的行业如信息传输、软件和技术服务业等处在发展阶段，就业弹性大、经济回报率比较高，这些行业正是男毕业生群集的专业门类，女毕业生所占的比例相当低。而如教育、医疗卫生等第三产业服务业，经济发展的就业弹性较小，不仅市场需求趋于饱和，相对来说行业的经济效益比较差，显然，从统计中可以发现这些多属于女性友好行业。

那么，毕业生是怎么进入这些行业的呢？潘懋元教授认为："高等教育是建立在普通教育基础上的专业教育，以培养专门人才为目标。"这是对高等教育本质特征的描述，也体现了高等教育区别于基础教育的一个根本特点：高等教育是"专业教育"，意味着高等教育的毕业生在进入劳动力市场寻找职业岗位的时候，首先凭借的是"专业"。中国高等教育领域在过去三十多年获得了跨越式的发展，其中最大的成果之一便是女性获得了空前的就学机会。但在优势专业的学习机会获得上，依然存在明显的性别隔离现象。从专业分布调查可以发现，女性集中在传统的人文社会学科，而男性在自然科技类专业集聚。在毕业生向就业市场流动的时候，专业驱动他们向对应的行业流动，不同性别行业对应不同的收入水平，这实际上在性别、专业、行业、收入之间形成了一种内在逻辑：男性—男性专业—男性友好行业—行业收入高；女性—女性专业—女性友好行业——行业收入低。虽然这四者之间也还存在交互分配的情形，但是这种分布态势构成了相对稳定的发展规律。这种从性别到学科专业内部再到就业、行业分布和收入都显著存在的性别隔离，维持和复制着社会秩序中一直存在的传统类别分化的格局，所以有学者说："女生在高等教育学科和专业上的分布，是她们在劳动力市场上和收入上的缩影。"①

（三）"故事重复"假说依然在城乡、不同阶层的毕业生中存在

在中国城乡经济发展二元区隔和社会利益格局日益分化的背景下，在城乡和不同阶层等级之间，可以划分出四个利益特征不同的群体：来自农村或者低社会阶层的男性、来自农村或者低社会阶层的女性、来自城市或者高社会阶层的男性和来自城市或者高社会阶层的女性。

首先，从城乡角度考察，由于我国城乡社会经济文化发展不均衡的二元结构和阶层的分化，成为城里人、"实现向上流动"成为来自农村或者低收入阶层家庭"凤凰男、凤凰女"们的最初梦想。虽然我国高等教育历经从精英教育到大众化教育的变革，大学文凭的"含金量"不断降低，高等教育推动阶层向上流动的功能随之弱化，但是对于贫困家庭来说，通过接受高等教育实现身份的转变成为城里人，实现阶层的代际流动依然是他们的共同期盼。而对于来自高社会阶层的城市毕业生，优越的生活环境、有效的社会关系资源以及开放多元的城市文化和理念在他们成长的过程中已经影响至深，甚至成为个体生命的一部分，因此，他们希望通过就业流动保持既有的阶层地位，实现优势地位的复制和再生产。

表2-2显示，在城乡流动中，虽然来自农村的男大学生具有最强的流动性（75.43%），但流入城市的比例（25.94%）并不高，远低于来自城市的男毕业生（51.61%，二者相差25.67个百分点），更远低于来自城市的女毕业生（62.50%，相差36.56个百分点）；而来自农村的女毕业生流入城市的比例则处于垫底的位置。从这个意义上讲，来自农村的女毕业生成为利益的最大缺失者。

其次，从阶层角度考察也得出相似的结果。表2-6显示，性别和阶层交互下的差序格局由高到低分别是：优势阶层的男毕业生、优势阶层的女

① 王俊：《论高等教育中学科专业的性别隔离》，《高等教育研究》2005年第7期。

毕业生、劣势阶层的男毕业生、劣势阶层的女毕业生。

毕业生的就业流动实际就是通过"就业"这一载体，重构毕业生个体或家庭关系和利益格局，并从中获得各种资源。但毕业生的就业流动在很大程度上带着来自家庭、社会阶层的形塑和规制。虽然我国历经四十多年的改革开放，社会经济得到巨大的进步和发展，城乡流动日益频繁，阶层流动也更加开放，但是长期以来形成的城乡发展不平衡依然存在，同时城乡之间、阶层之间的隔阂依然较为严重。这种城乡之间的隔阂和阶层固化障碍甚至超过了男女在就业流动中的性别隔离，表现为农村毕业生被排斥在城市之外，优势阶层的毕业生维持着精英阶层的复制和再生产。由于制度和结构性因素的制约，不论是优势阶层还是劣势阶层，在某种程度上依然重复续写并传递着既有的社会分层故事。

因此，要突破男女毕业生在就业流动中的性别壁垒，实现男女毕业生在城乡之间、阶层之间充分有效的流动，那么缩小城乡差距，打破利益格局固化的局面是必不可少的前提。

（四）性别与高等教育相互形塑，并持续对毕业生就业流动产生影响

借助描述性的统计分析对不同学历层次、高校类型和学科专业的毕业生就业流动质量的性别差异情况进行分析发现，首先，运用独立样本 T 检验获知在高校毕业生就业流动的质量上，男女存在显著的差异性。此外，T 系数表明月薪等级的性别差异性最为显著。其次，通过控制分析验证了在其他因素保持不变的前提下，性别对毕业生月薪等级有着一定的影响。同时，高等教育分流对高校毕业生就业流动质量亦存在显著的影响。结果说明，由于性别歧视等因素存在，性别结构对高校毕业生就业流动质量有显著影响；反之，高等教育分流制度造成的高校毕业生内部的分层分化导致性别结构的影响效应依然显著存在。性别与高等教育相互形塑，关系盘根错节。具体来说，性别差异并没有因为学历层次的提高而减小，高校类型与性别优势形成互相补强的效应，越是有竞争力的高校男毕业生就业流动的优势越明显。学科之间的性别差异显著，专业间表现出"强者恒强、弱者恒弱"的马太效应，这些都进一步验证了性别文化对高校教育人才培养影响的弥散性和广泛性。

毕业生在接受高等教育的过程中，专业作为人才培养的最重要载体，形成了一套学科专业规训的性别文化，并与就业领域联合起来支配着劳动分工和角色分配，建立起一套"男主女从""男强女弱"的社会秩序。当毕业生持有这样的"文化符号"进入就业流动时，文化符号就像一种筛选机制，指引着毕业生就业流动的性别归属。

二 问题反思

性别差异是反映社会差异的重要指标。在本研究中，我们主要用定量方法来描述男性和女性高校毕业生在城乡、省际、阶层、行业等方面的就业流动样态和流动收益的差异情况，推断出在就业流动中整体上所表现的"男强女弱"的格局。这种差异就是男女毕业生在就业流动中的真实状况的反映，这种差异的背后将带来哪些更深层次的社会影响，值得做进一步的分析和探索。

（一）女性优质的人力资源未能有效开发和利用

《国家中长期教育改革和发展规划纲要（2010—2020 年）》提出了教育改革和发展的战略目标：到 2020 年，基本实现教育现代化，基本形成学习型社会，进入人力资源强国行列。人力资源开发和利用已经成为我国一项重要的国家发展战略。占比超过大学生人口一半的高校女大学生，不仅是女性群体中优质的人力资源，更是我国宝贵的人力资源。人力资本相关的研究已经证明，人力资本投资的收益率高于物质资本的收益率。而在男女两性经济收益相等的情况下，对女性人力资本的投资也具有较为突出的社会效益。

但当前在毕业生就业流动中，女毕业生却呈现较低的流动效益，不仅体现为向上的阶层流动中阻力更大，难以融入城市的发展，还表现为行业的性别隔离明显、月薪水平在低层次聚集等。低质量的就业流动一方面使女大学生人力资源利用不充分，弱化了她们的成就动机，从而进一步影响她们在就业岗位效能的发挥，在整体上造成了女性人力资源的浪费。另一方面，女大学生作为女性群体中的优质人力资本，在政府决策层面应该被纳入更高的战略规划。但就业流动的低效益水平使得社会和政府对于女大学生就业问题的关注更多停留在基本的就业要求及"饭碗"的考量上，对与女性相关的中等层级以及高层政策开发的关注十分不够，"直接导致的后果是女性在经济领域、科技领域乃至政治领域高层话语权的缺失，而这种话语权的缺失反过来又影响女性人力资源整体性开发"。[1]

（二）两性平等就业意识和价值观的迷失

经过十数年寒窗苦读的女大学生，在毕业季本应该积极投入就业市场，通过选择就业岗位获得教育投资的回报、社会的期许回应以及个人的人生价值的实现。一方面，当前日益严峻的女大学生就业难的现实，女大学生在就业流动中面对的城乡壁垒、阶层障碍以及收入低下等问题，加重了她们在就业中的畏难心理，弱化了成就动机，甚至把诸如独立性、竞争意识、事业心看成男性化的品质。另一方面，由于用人单位对女大学生的性别歧视，甚至在招聘时出现男女生"捆绑销售"等现象，强化了女大学生"男强女弱"的意识。同时，我国社会转型期利益格局的分化带来价值观的裂变对大学生产生了强烈的冲击，一时间在女大学生群体中催生了一系列"奇特"现象，如"毕婚"（毕业马上结婚）、"急嫁"、"非常态恋爱"等现象，使得"女大学生"这一本来意蕴"美好、优秀"的概念在内涵上发生了微妙的变化，甚至被"污名化"。产生这种非常态的现象最直接的原因就是就业流动中的性别不平等造成了社会转型期高校女大学生就业价值观的扭曲。

女大学生就业价值观的扭曲也给男性群体带来了价值观方面的影响，加重了男性背负的社会经济压力。时代和社会将积极上进、不甘平庸、功成名就等看起来颇具正面含义的价值附加在男性身上，但过分强化这些属性则带给了男性扭曲的价值观，女性在婚恋观上对物质利益的过分追求使得男性常常为了眼前的经济收入而放弃人生的长远规划，"在社会性别文化挤压下"，男大学生社会性别观念的冲突和矛盾，也进一步反映了就业流动中的性别不平等造成的两性在就业价值观的扭曲和自身认知的迷失。

---

[1] 鹿立：《人力资源开发战略性别视角分析——我国女性人力资源开发现状的基本判断及战略思考》，《中华女子学院山东分院学报》2008 年第 1 期。

（三）高校专业间客观上的性别隔离和强化

高校毕业生在行业流动中存在性别隔离，这种性别隔离背后的"性别—性别专业—性别友好行业—性别工资"发展逻辑对应的是：男性（女性）—男性专业（女性专业）—男性友好行业（女性友好行业）—高收入（低收入）。实际上，从当前世界的普遍情况看，"女性主导"的学科与"男性主导"的学科相比，在就业市场上总体处于劣势地位。从女性接受高等教育与个体就业选择的相关性这个意义上讲，女性接受高等教育的状况，实际上限制了她们参与社会生产与分配的条件、资格和能力，这决定了她们在社会中普遍处于低下的地位。

在大学生进入专业学习时，一般来说，男女毕业生根据自身兴趣偏好和家庭经济能力选择不同的学科、接受学科训练，然后在社会分工体系中谋取不同的位置，进入不同的行业、获得相应的职业地位。这既是个体的理性选择，也是社会分工发展对毕业生就业流动的要求。但是，当来自就业市场的性别差异的信号向外传递时，势必引起社会公众的关注，包括男女性别差异就业压力传导到高校，也会使得高校做出相应的应对策略。

由于就业市场存在对男性的性别偏好，高校为更好满足市场的需求，在高等教育的入口处——招生方面，就会做出相应的调整。例如，2005年北京大学"小语种"专业招收男生的录取线，文科要比女生低8分，理科则要低17分。学院对此所做解释是"为缓解男女生比例严重失调"，更重要的原因是满足市场的需要。[①] 无独有偶，2012年某重点大学招生办公布录取结果，首次在提前批"小语种"录取时，区别男女分数线。这说明根深蒂固的父权制文化仍影响着人们的思想，以致把数量上的男多女少（无）视为"正常"，反之就视为"不正常"或"失调"。这种性别设限更像是通过吸纳更多的男生来提升专业的吸引力，最终还是强化了女性学科的弱势地位，制造了学科之间的性别隔离。这种高校学科之间性别文化与就业市场中的行业性别隔离互相建构、相互影响，形成了恶性循环。

---

① 《北大招生涉嫌性别歧视》，新浪网，http://news.sina.com.cn/c/2005 - 09 - 22/09127007091s.shtml。

（四）中国传统性别文化的某种复位与回归

性别文化作为社会文化的子系统，是社会经济制度在意识形态的体现，在不同的历史时期有着不同的发展和变化。我国几十年的女性解放运动与社会发展确立了男女平等的法律地位，政府积极地宣传妇女与男子具有同等的人格和尊严、同等的权利和地位，以增进全体公民对妇女合法权益的认识，在制度层面保障了女性在政治、经济、生活等方面与男子享有平等的权利。自中华人民共和国成立以来，在"时代不同了，男女都一样"的社会舆论环境中，女性不仅提高了社会劳动参与率，在劳动力市场上也在一定程度上实现了男女的同工同酬。当经济体制从计划经济向市场经济转型后，市场经济在"效率优先"的发展逻辑下，男女产生的经济效益差异也逐渐明显，这种市场的效率逻辑成为性别差异在就业市场广泛出现的堂而皇之的理由。两性在就业流动中的性别差异在很大程度上是市场经济发展逻辑的结果。

行走在高校校园里的女大学生作为女性中的精英群体，也是知识女性之中接受教育程度最高的人群，她们应该拥有比其他女性更为先进的社会性别意识和文化。但是，女性自身受教育程度的提高，并没有提升女性的自强与自信，构建起更为健康的社会性别模式。虽然她们认为男女在社会地位上应该是平等的，但是毕业生就业领域的性别差异，却使得她们对"男强女弱、男主女从"规则有着较强的认同。有学者调查显示，当前女性对这种传统性别观念不仅没有反抗反而有增强认同的趋势，认为"创业打拼闯天下是男人的事""女人不应做争强好胜的女强人"的不在少数；不少女大学生趋向于依附男性，以嫁个好老公、找份安稳工作以便于将来"相夫教子"为满足，① 这种调查结果显示了传统的"妇女回家"思想的某种复位。

更重要的是，这种性别文化的回归不仅在女大学生身上体现，家庭和社会也加入了对女性本质主义回归的建构潮流。不少家庭在毕业季不是焦虑孩子的就业问题，而是忙着帮孩子寻找合适的婚恋对象。婚介所更是投

---

① 李敏智：《当代女大学生择业观存在的问题及原因分析》，《大学教育》2012 年第 12 期。

其所好，各种征婚广告满天飞，高校 BBS、贴吧、QQ 交友平台俨然成了女大学生竞相追逐优质男友的战场，互联网平台上的公开征婚也毫不避讳。据上海徐汇区民政局婚姻科统计，仅 2005 年一年，前来办理结婚登记的 22 周岁到 24 周岁高校本科毕业生有 809 人，这个数字到 2006 年直接飙升到 1221 人，增幅超过 50%；2007 年该人数又有大幅度的增加。这类刚毕业就结婚的人中，女性比男性要多 2~3 倍。[①] 这足见在当前就业压力和社会价值观裂变下，传统的性别文化的某种复位和回归。

本章小结

本章主要是通过量化研究来分析毕业生就业流动的性别差异现状。首先，把就业流动界定为基于地理空间迁移、身份地位变迁而产生的两种基本的流动样态，在此基础上，通过较大规模的就业调查统计和数据分析，从阶层流动、行业流动、城乡流动、跨省流动以及流动收益等多个维度进行男女性别差异的对比，得出以下基本结论。第一，男毕业生的流动率高于女毕业生，女毕业生存在"流动惰性"，女毕业生不动的比例明显高于男生。男生更倾向于通过流动来提升就业的竞争力和收益、获得更好的发展空间、提高自身在社会阶层结构中的位置。第二，男女毕业生进入不同行业时，受到性别角色的规范作用，男女毕业生的行业分布呈现行业隔离或者聚集现象，这种隔离从毕业生进入劳动力市场处所持有的专业文凭开始就明显存在，当毕业生进入行业后，形成了"性别—性别专业—性别友好行业—性别收入"的链条，女生对应的是"女性—女性专业—女性友好行业—低收入工资水平"，男生则刚好相反。第三，在城乡和阶层流动中，虽然来自农村家庭和劣势阶层的毕业生实现了一定的向上流动，但是这种流动依然存在阶层和区域等级的结构性和制度性的壁垒，表现为来自农村地区和劣势阶层的毕业生在劣势地位的复制性流动依然明显存在，故事重复的假说依然重演，并且来自农村地区和劣势阶层的女大学生位于流动利

---

① 程远芳、叶玲弟：《从"毕婚族"到"急嫁族"看当代女大学生价值观的变化》，《广西青年干部学院学报》2008 年第 5 期。

益链的最低端。第四，性别与高等教育相互形塑，关系盘根错节，具体来说，性别差异并没有因为学历层次的提高而减小，高校类型与性别优势形成互相补强的效应，越是有竞争力的高校男毕业生就业流动的优势越明显。学科之间的性别差异显著，专业间表现出"强者恒强、弱者恒弱"的马太效应，这些都进一步验证性别文化对高校教育人才培养影响的弥散性和广泛性。

　　基于量化对比分析的结论，我们进一步探讨了性别不平等造成的社会后果，包括以下几点。第一，女性优质的人力资源未能得到有效开发和利用。特别是政府把注意力仅仅放在对就业领域中机会缺乏、收入低下等关注点时，必然导致高层和中等层次女性人力资源开发的规划、实施战略及相关政策的缺乏，进一步影响了女性在经济、政治乃至科技文化等领域主流地位话语权的缺失，而主流地位话语权的缺失又进一步弱化了女性的社会地位。第二，带来了两性就业意识和价值观的扭曲。就业流动中的性别不平等使得经过十数年寒窗苦读的女大学生在面对日益严峻的就业难的现实时，弱化了成就动机，把诸如事业心、经济独立、参与竞争看成男性应有的责任和品质，把自己的人生幸福建立在依附男性或者婚恋的基础上，催生了一系列如"毕婚"（毕业马上结婚）"急嫁""非常态恋爱"等现象。这种非常态的现象的背后是高校女大学生就业意识和价值观的扭曲。另一方面，女性在经济上对男性的依附也加重了男性背负的社会经济压力，形成了社会性别文化挤压下男女大学生社会性别观念的冲突和矛盾。第三，强化了高校专业之间的性别隔阂。来自就业市场的性别差异在某种程度上是女性学科弱势地位的显现，使得高校学科之间性别文化与就业市场中的行业性别隔离互相建构、相互影响，难以形成良性的学科发展循环。第四，毕业生就业领域的性别差异，强化了女大学生对"男强女弱、男主女从"的认同。这种性别文化的回归不仅在女大学生身上体现，家庭和社会也加入了对女性本质主义回归的潮流建构，使得社会呈现传统性别文化的某种复位和回归。

　　当前，国家大力推进乡村振兴的战略，迫切需要知识型、复合型的人才，接受高等教育的农村女大学生既是政策的受益者，也是乡村振兴战略的生力军，应该鼓励农村女大学生选择从"农村来"到"投身农村"发展路径，发挥自身优势，根植农村广袤的土地，做出一番事业，政府应积极引导女大学生返乡创业，为她们提供更广阔的就业平台，女大学生特别是农村女大学生可以借助这一政策"东风"，结合自身的特长优势，积极投身到就业创业之中，从而真正实现就业困境的突围，在积极投身乡村振兴的事业中分享性别红利，避免在向城市流动的过程中受到性别挤压。

第三章

质性研究：高校毕业生就业流动的性别追问

第一节　质性研究的设计

一　社会性别研究方法解读及其在本研究中的应用

在研究女大学生就业问题的诸多文献中，学者们倾向于把焦点放在经济学视角下进行考量，运用传统的计量方法，从男女毕业生个体所包含的变量因素进行分析，通过描述统计和数学模型，探究男女毕业生在就业流动相关问题方面的表现情况和影响因素的大小。

诚然，在大体量样本的调查以及需要以数据作为立论基础的研究中，定量研究具有比较明显的优势。它注重对调查数据的处理，力求从事物发展过程中的数量变化方面来掌握事物的状态、特点、变化规律。本研究在前一章节中也采用这一研究范式，获得了关于男女毕业生在就业流动方面的宏观数量特征和表现情况，也掌握了不同学历层次、高校类型和学科专业的毕业生就业流动性别差异的内部异质性特征，并得出了关于男女毕业生就业流动方面的相应结论。在此基础上，结合相关的文献研究，对高校毕业生就业流动的性别差异问题做出剖析和解读，进一步探究并掌握了就业流动性别差异的规律。

但是，社会现象的复杂性决定了社会科学研究方法的多样性，过于倚重某一研究方法而忽视另一种研究方法可能会带来研究结论的失当和不严谨。定量研究强调精确、真正、可验证的"客观事实"，是"硬科学"，并因此强调研究者的价值中立和立场客观，不主张研究者把本人的价值判断带入研究过程。与定量研究大异其趣的是，质性研究注重被研究者的"主体性"，从被研究者的经验、知识出发来分析被研究者及与其相关的事件和事物。它往往从文化、动机、态度、观念等视角去回答"为什么"的问题，而定量研究只能回答"是什么"。① 而批判主义、女性主义及后现代主义等理论认为事实陈述与价值判断无法完全割裂，研究者在研究过程中实际上是无法真正做到价值中立和完全客观的。女性在传统的以"男性为主"的社会理论中被忽视的事实，促使女性主义更强调个人的经验和主观体验，强调女性群体的声音。②

由于分析方法的单一和分析理论的贫乏，在关于大学生就业流动问题上，不少研究倾向于把女大学生作为"客体"待之，而未能研究女大学生个体在就业过程中的真实想法，从主体建构的角度建立女性可以言说的研究范式。因此，在研究的结论上，更多地对呈现的材料进行研究者的个人经验式的解读，难以探究隐藏在背后的研究对象的体验和感受，也就难以探究性别差异现象的深层文化内核。

大学生在就业流动和发展的过程中所呈现的性别差异，作为一种复杂的社会现象，既有着群体的总体性特征，又有着个体的经验感受，他们在就业发展和流动过程中到底遇到何种困境和障碍？他们在就业选择和职业发展中面临的机遇是否平等、存在怎样的差异，在行业的准入上有何区别，是否遭遇不公平的对待？他们在阶层流动和城乡流动之间，到底存在哪些壁垒？对于这样的问题，女生是如何认识的，体会是怎样的？她们在求职过程中受到的外界（父母、婚恋对象）影响如何？这些复杂的感受和内心的体验，仅仅用计量统计的方式进行描述、统计，更多呈现的是男女毕业生在就业流动选择中所表现出来的"实然"状态的分析，难以从根本上去探究和了解男女毕业生在就业流动中认知差异、行动选择背后的制度性和结构性的影响因素。甚至很多研究总是把女性作为弱势群体来看待，

① 陈向明：《质的研究方法与社会科学研究》，教育科学出版社，2000，第149～153页。
② 韩贺南、张健主编《女性学导论》，教育科学出版社，2005，第22页。

女性经验作为人类经验的一半并没有得到足够重视，反被当作"非常态"来进行障碍研究和行为矫正，这本身就是不理性和不科学的。[①] 少了来自两性群体的发自内心的"声音"，研究的厚度和人性的色彩就会有所缺失，这些不能不说是就业性别公平审视的一个缺憾。

事实上，在如火如荼的经济建设中，在"效率逻辑"和"产业逻辑"的引导下，当今绝大多数研究者并没有把当代中国社会出现的种种性别歧视当成需要严肃对待的议题，即使曝光某些事实，人们也更习惯于把它解释成文化习俗的问题，这样的处理方式实际上就是把性别不平等的问题转化成"观念改造"和"思想教育"问题，而不是社会制度的问题，也使得"性别公正"的议题不会成为社会正义理论讨论的对象。[②]

基于此，本研究在对高校毕业生进行实证分析的基础上，着重于运用社会性别的视角，充分关注女毕业生作为主体并展示她们的主体性，用艾德里安娜里奇的话来说，就是"我们不再是由别人问及的妇女问题，我们是提问题的妇女"。同时为了形成两性访谈的有效参考，本研究选取部分男生作为访谈对象。通过与高校毕业生进行深入的访谈，探究在就业流动过程中不同性别角色的大学生所秉持的文化资本、角色认知、职业发展的关系以及导致女大学生在就业流动中所处边缘化地位的结构性因素，试图提供一个职业发展的性别隐喻，分析出就业市场存在性别等级秩序的根本原因并制定应对策略。

二 调查样本选择及资料分析说明

（一）关于样本的选择和研究的信效度

1. 样本来源及特征

样本的遴选是开展质性研究必须面对的第一个资料来源问题。质性研究的"样本"并不像量化研究一样，在样本数量上必须达到一定的标准，而主要取决于研究者自己的经验判断。质性研究的基本要求是必须深入研究对象群体中以获得更详尽的信息，尽可能对研究的整个过程进行细致地

① 曹爱华：《女博士生成就价值观的质性研究》，《中国高教研究》2007 年第 12 期。
② 王俊：《遮蔽与再现：学术职业中的性别政治》，华中师范大学出版社，2011，第 151 页。

阐述，因此质性研究的样本数量一般较少。"质性研究的深刻性和详尽性，是来自小数量的典型的个案研究，甚至对个案的数目的要求，可以小到不足以进行类推。选择个案的研究方法，完全是由质性研究的特殊目的决定的。"① 其抽样重点是："样本一般都很少，甚至只有一个个案，但需要有深度的'立意'抽样，因而质性研究抽取的样本，须是能提供'深度'和'多元社会现实的广度资料'为标准，而非量化研究的以'广度'为抽样原则。"② 质性研究在抽样时遵循的是"目的性抽样"的饱和原则，即根据具体情境抽取可以为研究问题提供最大信息量的人和最有代表性、普遍性意义的人、地点和事件，也就是到样本的信息不能再重复提供为止。③

在质性研究部分，确定合适的访谈样本是质性研究成功的关键。为了找到合适的研究对象，本研究主要从两个渠道入手。一是工作渠道，研究者兼职高校毕业生就业指导与咨询服务工作，与高校从事毕业生就业工作的相关工作人员一直保持密切的工作关系，并负责及时跟踪了解毕业生的就业去向、协助提供就业政策的解读和为毕业生进行心理辅导等工作。同时，在开展工作的过程中，经常和学生进行一对一的个性化指导和服务，通过谈话、沟通、指导、反馈等互动环节，及时了解学生在就业选择过程中的问题、掌握相关的就业信息，为学校有关业务部门提供统计数据和决策参考。在此过程中，能够比较准确地获得调查对象的整体性资料，一些值得特别注意的现象和个案也自然而然地呈现。

二是拓展渠道，由于笔者掌握的样本有学历层次和学科专业的局限性，需要社会关系资源来寻找更多的样本，笔者依托工作关系所形成的毕业生就业指导工作的信息资源，拓展研究所需要的样本量。在样本采集中，先通过工作伙伴和业界的朋友提前做好相关的沟通工作，然后对他们推荐的样本进行访谈。另外，由于被调查对象具有一定的同质性，限于时间精力，没有必要也不可能对每个对象进行追踪和深入访谈，因此从诸多

① 彭秀平：《质的研究访谈法评介》，《社会科学家》2005 年第 S1 期。
② Michael Quinn Patton, *Qualitative Evaluation and Research Methods*, Sage Publications, inc., 1990.
③ Michael Quinn Patton, *Qualitative Evaluation and Research Methods*, Sage Publications, inc., 1990.

样本中挑选出符合研究目的和要求的典型样本进行深度挖掘，并最终确定共 11 个高校毕业生样本的深度访谈资料作为质性研究的资料来源。

在研究过程中，笔者从微观的角度，深入倾听部分个案在就业流动过程中真实的心路历程，试图从这些特殊的个案中抽取一些可以验证和引起共鸣的事实，同时注重从宏观社会文化的角度揭示制度、文化、社会等因素对毕业生群体的就业流动的影响。

有必要说明的是，在进行这一议题研究的过程中，笔者自始至终遵从"开放性"原则，对访谈者所提供的信息保持较高的敏感度，以求在研究中能够取得"有深度""有立意"的样本资料。在质性研究中，研究者本人就是研究工具，这些工作的开展为笔者提供了进行研究所需的"参与观察和访谈的便利条件，符合样本研究的可接近性、非障碍性和被许可程度的一般性标准"。

在这一指导原则的基础上，笔者结合目的性抽样原则，通过理论抽样，在取样中主要从学历层次、学科专业背景、就业情况等方面尽量兼顾研究对象的丰富性，最终确定了 11 个毕业生作为样本个案。其中有 3 个笔者比较熟悉，她们在大学学习期间，经常和笔者交流在学习和生活中的困惑，建立了互相信任的感情。其他的样本是在明确研究计划和研究目的之后，由熟识的辅导员老师推荐，在征得他们同意之后纳入研究样本的。还有个别的学生是由被访谈的学生推荐的，经过笔者的甄别和考量后纳入研究访谈对象。

确定样本之后，先后对 11 个毕业生进行了深度访谈，对其中 8 个重要的样本还进行了不同程度的后续追访。由于本研究主要是对两性就业流动的差异表现进行对比研究，所以在样本的选择上，兼顾两性的平衡，使得研究分析背景更为充实。样本的特征和表现情况如表 3 - 1 所示，为遵循相关的研究伦理，文中所提及的人名都用符号代替。

表 3 - 1　访谈样本基本信息

序号	性别	姓名代码	学历	专业分类	就业状况	交友（婚姻）情况	个人情况（家庭\独生子女等）
1	女	A	本科	文科	已就业	与男朋友分手	农村家庭，还有一兄二妹

续表

序号	性别	姓名代码	学历	专业分类	就业状况	交友（婚姻）情况	个人情况（家庭\独生子女等）
2	女	B	本科	文科	已就业	大学期间订婚	城镇家庭，还有一个弟弟
3	女	C	本科	工科	已就业	没有男朋友	城市家庭，独生子女
4	女	D	本科	工科	已就业	有男朋友	独生子女
5	男	E	本科	工科	已就业	无女朋友	独生子女
6	男	F	硕士	工科	已就业	已婚	有一个兄弟
7	女	G	本科	文科	已就业	有男朋友	农村家庭，有三个姐妹
8	女	H	本科	文科	已就业	有男朋友	城市家庭，独生子女
9	男	I	本科	工科	已就业	有女朋友	城市家庭，独生子女
10	男	J	本科	工科	已就业	与女朋友分手	独生子女
11	男	K	硕士	文科	已就业	无女朋友	独生子女

2. 研究的效度及"普遍性"的反思

质性研究中的"普遍性"问题往往是质性研究被质疑和追问的信效度问题。质性研究和量化研究分属不同的研究范式，对质性研究的信效度考察也异于量化研究。Goetz 和 Le Compte 提出将"可转换性"和"可比较性"作为质性研究信效度考量的基本原则，换言之，质性研究的要素包括分析单位、一般概念、总体特征以及所处的情境被充分描述，以使"另外的研究中可以用其结果作为一个比较的基础"，并可以为类似的研究提供一个理论观点和研究技术。当一项研究具有"可转换性"或"可比较性"时，该研究的信效度更高。[①] 瑞泽曼（Riessman）曾提到叙述（质性研究）的信效度问题：①说服力，即对故事发生的脉络清楚地交代和深厚地描述，来提高阐释的"确认性"和"可信性"；②符合度，即对于每个生命故事提出多个角度的诠释，用不同观点来看待同样的历程；③连贯性，探究每个片段的生命故事之间的"相关"和"连续"，诠释必须能圆润地说通每一个片段之间的联系，并具备完整的"内部一致性"；④实用性，借由描述诠释的产生方式，使得文本对其他研究者有益处。[②]

---

① Judith Preissle Goetz, Margaret Diane Le Compte, *Ethnography and Qualitative Design in Educational Research*, Vol. 19, Academic Press 1984.

② Catherine Kohler Riessman, *Narrative Analysis*, Vol. 30, Sage Publications, inc., 1993.

概括地说，质性研究中的"效度"解决的是描述与解释适切与否，也就是解释是否符合描述、是否具有说服力的问题。判断质性"真实性"，主要在探究叙述者是如何捕捉、呈现和解释他们在所处的事件中的经验、感受以及和他们互动的过程，注重的是研究者能基于叙述者自身的述说进行意义的建构，而非仅仅探讨叙述者的描述是否符合事实等外部效度的问题。

由于笔者既有的工作的特殊性和类似的就业经历，在研究的过程中，要不断地进行反思，不能以自己的主观判断对他们的经历简单粗暴地干预和说教，而应该站在"共情"的立场去了解和倾听他们在就业选择过程中在性别方面的体验、感受和困惑，摒弃"说教式"的交流而代之以"朋辈式"的倾听和辅导。在这个过程中，认真地记录他们的想法，在获得第一手资料后及时进行资料的转录和编码，同时撰写访谈札记进行研究的反思，从访谈者的述说中捕捉"本土概念"，进一步从中建构理论意义和提取价值。

从质性研究的价值指向来看，寻求结论的普遍性并不是研究的最终价值，因此也可以认为不存在严格意义上的普遍性。但应该意识到，在研究所选取的 11 个具有典型意义访谈对象的描述中，尽管他们在就业流动过程中的际遇不尽相同，但是作为在同样场域内的一种人生经历，这些叙述依然存在共性的性别体验和就业流动的感受。因为这是作为嵌入各种社会力量的个体在一个更大的社会结构中可能面临的共同的命运和遭遇。基于此，本研究认为通过对这 11 个访谈对象的深度访谈，建立在原始资料基础上的关于就业流动的性别差异阐释也具有一定的抽象性和概括性，因而可以适当推广到类似的事件和人群中。

(二) 质性访谈的资料收集和分析

1. **访谈**

质性研究中的"访谈"和调查研究中的"访谈"有所区别。调查研究中的访谈通过设计较为翔实的访谈资料依据一定的结构性问卷对访谈者进行发问，获得带有标准化的答案，并且一般在访谈结束之后进行统一的信息录入和分析，基本延续量化研究的思维方式。而质性研究一般采用的是半结构或者无结构的访谈，设计的问题大纲也是开放性的，在访谈过程中，一般不限定研究者按照程序进行回答，对访谈者的反应和回答不做限定，访问的内容甚至可以根据访问的进展有所调整或者取消，也可能随时增加之前没有想到的问题或者追问之前没有想到的回答。总之，质性研究更多的是基于被访谈者自己对问题的理解、感受而进行的表达和思考。Patton 列出了六种在一个访谈研究中可以问到的集中类型的问题，这六种类型是：①背景或人口统计学问题；②知识问题，被访谈者所拥有的意见、信念和态度等；③经历或行为问题；④信念或价值观的问题；⑤感受问题，被访谈者对其经历的情感反应；⑥感觉问题，访谈者看到、听到、尝到、闻到或者触到的事物。[①]

本研究主要采用的是一对一的深度访谈的方式。在正式访谈之前，先对被访谈者的基本情况做一个了解，包括被访谈者的基本信息，如所在学校、专业、在校的综合表现、家庭的基本情况，目前工作的基本情况。在正式访谈开始之后，为了能够更好地了解毕业生在就业流动中的性别感受，笔者尽量将访谈个案还原到现实生活的场景中，注重从被访谈者那里获得他们对性别问题的了解，以此作为他们在就业流动中的背景信息和参照。

2. 资料的收集与分析

为方便访谈资料的保存，访谈开展之前在征得被访谈者的同意之后，一般会进行录音并及时转录。如果被访谈者不同意录音，则会在访谈结束之后马上进行信息录入，以保证最大量地还原访谈的资料信息。在通过访谈获得一手的原始资料之后，对资料进行三级"编码"。

质性研究中的"编码"指的是通过将事件与事件、事件与概念、概念与概念进行连续比较，对资料进行概念化，以形成类属及其属性的归纳（property，即类属的性质和特点）。一般在质性研究中，采用的是三级编码建制，即施特劳斯的编码方式，分为开放编码、轴心编码、选择编码。在借鉴相关的研究方法之后，通过编码、资料中的概念类别和属性的整合、

---

① Michael Quinn Patton, *Qualitative Evaluation and Research Methods*, Sage Publications, inc., 1990.

区分选择以及理论写作描述这四个阶段来实现对研究所得资料的不断对话和解析。

表3-2以研究中的一段资料为例，对研究中的三级编码进行分析。

表3-2　研究中的资料三级编码

原始资料	一级：开放编码	二级：轴心编码			三级：选择编码
		类属	属性	维度	
我从来没有"世界这么大我要去看看"的抱负。所以我一开始没有去什么北上广那种地方找工作啊。因为觉得那些地方太远了，女孩子去那种地方也很辛苦，我来自农村，我妈的意思是只要在县城找个工作就好，车程控制在1小时以内而且从小我妈就给我灌输这样一种思想。现在我妈会经常说父母年龄也大了，要是有什么问题的话，在省内可以关照到，女孩子不像男孩子。所以我就顺从他们的意见，当时找这份工作家里也不是很满意啦，但是后来我自己和他们说了，他们也就接受了。我觉得女孩子嘛，毕竟照顾父母啊之类事情还是要我们来承担，女孩子是父母的"贴心小棉袄"嘛。	"我"最初的想法	就业地点的选择	缺乏远大的抱负	北上广—就近	核心类属：传统性别文化 支援类属：1.原生家庭的教育；2.本人的认识 情境条件：毕业生工作的流动选择 因果条件：作为女孩子不应该离家太远 初步假设：毕业生求职阶段会面临是否对外流动的选择，个体和原生家庭的决策深深地受到传统性别文化的形塑。即使是接受了高等教育的女大学生，其在流动中表现的流动惰性，依然显示了性别文化的根深蒂固以及其对女大学生的浸染
			女孩子外出太辛苦		
	"我"妈的意见	原生家庭传统性别思想灌输	车程控制在1小时内	农村—县城	
			就近县城工作		
			父母年龄	父母—自己	
			就近关照	远—近	
				女孩子—男孩子	
	"我"最终的意见	我对传统性别文化的认识	同意留在当地	从小灌输—现在接受	
			顺从父母的要求		

从表2-3中可以看出，通过三级编码的分析，可以得出一个基本的认识：高校毕业生在就业流动过程中，毕业生个体的流动深深受到了原生家庭和个体认知的影响。在个体行为决策的过程中，性别是一个重要的考量因素，甚至超过其他因素，如流动的预期收益和良好的发展空间。这说明了就业流动中，传统的性别文化是女性产生流动惰性的一个很重要的原因，同时也说明了性别文化的根深蒂固。

总之，在整个研究过程中，不论是访谈还是资料分析，笔者始终尽可能以一个"观察者"、"访问者"或者"学习者"的立场和态度来获得相关的资料，并对这些资料更多的是以"呈现故事"的方式表现，其中的价值与意义，希望更多由读者自行做出判断和体悟。

第二节　毕业生就业流动选择的性别隐喻

毕业生在就业流动中如何选择？"留"在哪里，"流"向何处？向下还是向上？流动的收益表现如何？从表面上看，就业流动是个体根据就业市场的需求自主选择的结果，实质上，就业流动选择是个人拥有的资本存量、宏观劳动力市场环境、就业制度以及外部社会环境等多方选择的交织结果，也是个体、家庭和社会多方作用的结果。而在多重因素交互作用的背后，性别作为一种重要的变量影响着他们的选择。对这种性别差异的理解，如果仅仅是停留在人口学变量意义上去阐释，显然是对性别文化了解的偏差。实际上，长期以来，在社会生活中，人类情感、欲望、身份、行为举止、职业和观点都依照性别被划分为男性和女性。"在人的性征、社会角色、知识包括教育、学术以及科学在内的领域中，无不体现着关于自我和社会的性别特征。从女性主义的立场来看，所谓男女性别差异实际上是一种社会文化的建构的结果。"[1] 这种"在男权社会男性经验被当作一般化的经验，而在经验之上的建构的认识和讨论本身是值得质疑的"。[2] 正是长期以来男女在社会性、制度性的结构性因素和差序格局的存在，潜移默化地消解着女性的主体性，造成女性话语权的缺失，女性的经验、观点和态度往往在不知不觉中成为隐形的存在。因此，在开展毕业生就业流动的研究时，有必要走进他们的内心，去倾听来自他们心底的声音，探究隐藏在这些数据背后的关于性别与流动选择的叙说和故事，追问引起男女毕业生就业流动性别差异的结构性、制度性因素，建构一个性别文化和就业流动的理论阐释。

---

① 王俊：《遮蔽与再现：学术职业中的性别政治》，华中师范大学出版社，2011，第7页。
② 曹爱华：《女博士生成就价值观的质性研究》，《中国高教研究》2007年第12期。

本部分使用"访谈"和"叙事"，希望从最宽泛的意义上去包含调查过程中的所有信息，包括被访谈者的语言、提供的资料甚至是访谈过程中的体态变化，这些信息都能最大量地传递出毕业生在就业流动中的真实感受。而进行社会性别视角的分析和比较，可以在很大程度上阐述个人认同、经验与社会话语建构之间的动态交互作用。

一 专业选择背后的性别文化

从高等教育的培养目标看，高校的专业选择和未来的就业有着密切的关系，其所代表的"文化符号"常常是影响毕业生在就业流动过程中，进入何种行业、获得何种职位、取得何种收益的重要因素。但是，学科专业作为学术、教学活动的重要载体和人才培养的知识单位，研习某一门专业，意味着不仅要掌握相关的知识技能，还要接受相应的规训以具备被认可的素质和能力。正如福柯所言——学科专业规训还有助于维系社会秩序。[①] 无论是规训个体的需要还是维护社会秩序的需要，专业作为行动主体从来都不是无涉性别的。有的专业旨在训练逻辑理性，有的专业则主要训练服从品质，有的专业将培养目标指向社会公共领域的生产者、统治者，而有的专业则将培养目标定为家庭私领域的照顾者、关怀者。[②]

在高等教育领域，形成了一套与就业领域联合起来支配着劳动分工和角色分配的学科专业规训，并借此建立起一套"男主外，女主内""男强女弱""男主女从"的社会秩序。在这种逻辑的支配下，呈现男性学科和女性学科的分野，其中男性学科培养"逻辑理性"，在培养目标的设定上，趋向于培养社会公共领域的"生产者""统治者"，而女性学科培养的是具备"服从品质"的"家庭私领域的照顾者、关怀者"。当毕业生持有这样的文化符号进入就业场域时，文化符号就像一种筛选的机制，指引着毕业生就业流动的性别归属。

① 王俊、郭梦珂：《两岸大学生就业状况的性别差异探讨——基于大陆 7 所 211 高校与台湾 10 所高校的调查数据》，《教育与经济》2015 年第 6 期。
② 周小李：《专业、性别、就业：专业性别隔离与女大学生就业难问题分析》，《中华女子学院学报》2015 年第 3 期。

（一）女大学生就业难：专业（学科）选择的性别视角审视

A，女，来自一个典型的农村家庭，家里除了她之外还有一个哥哥和两个妹妹。哥哥学习成绩比较一般，只能上大专院校。A 的成绩比哥哥好很多，考上了本科。在相对固化的社会中，接受高等教育是他们改变家庭或者个体在社会结构中所处地位的最可靠的途径，这是一种农村家庭对高等教育的集体信任。在家庭经济能力可以承受的范围内，父母毅然把孩子送进了高等教育的学府。但是，传统农村家庭根深蒂固的性别文化带有男孩偏好，首先考虑的是家里男孩的前程问题。在专业的选择上，父母对作为女孩子的她和对哥哥的考虑是截然不同的：

> 我哥最后上的是模型制造专业。这个专业是工科，学费其实挺贵的，但是父母觉得"男生要有技术，以后就业面广，可以赚更多的钱"，所以即使是贵些，也坚持让他上这个专业。轮到我报考专业的时候，我父母也向别人打听了一下，后来他们听说读中文专业的以后出来可以当老师。他们觉得女孩子嘛，当老师挺好的。所以就让我读这个专业了。
>
> 实际上，中文专业与会计、金融专业相比还是冷门、传统专业，在找工作的时候常常碰壁，人家觉得这个专业没有什么技术含量。当老师嘛，又要考试、竞聘，有时候往往到乡下去，还不如不当。

我国施行高等教育改革之后，推行"谁受益，谁交费"的高等教育的"成本分担制"。对于接受高等教育的家庭来说，接受高等教育实现阶层的流动，可以重构个体和家庭的利益格局。在某种程度上，专业选择反映了"未来投资—收益"的回报情况，性别作为一个重要的变量，被纳入未来职业资源分配和回报的考量，直接影响着家庭的决策。或者说，对性别、专业选择与未来职业收益三者关系的衡量，决定了他们家庭内部的资源分配。

对于 A 的家长来说，也许他们对专业的认知是模糊的，但是对子女的专业做出选择却是不假思索的，男孩子以后应该赚更多的钱，承担养家糊口的责任，所以父母为他安排了一个"男性学科"——模型制造专业，而A是女性，选择中文专业，以后当老师可以照顾家庭。A的成绩虽然好于其哥哥，但是专业选取标准不是子女的"学习能力"这样的人力资本，而是趋从于经济成本较低、适合女性特征的"女性学科"。女性学科往往是女性传统家庭领域活动在社会公共领域（主要为教育、护理、服务）的延伸。

有研究进一步验证，就业签约率高的专业中"男性学科"占90%，国内第三方大学生就业调查机构——麦可思研究院针对中国大学毕业生就业状况的调查验证了这一观点（见表3-3）。

表3-3　2009~2013届中国本科毕业生就业率排名前十专业（依名次先后排序）

2009届
地矿类、农业工程类、能源动力类、水利类、土建类、交通运输类、机械类、护理学类、化工与制药类、工商管理类
2010届
能源动力类、土建类、地矿类、机械类、护理学类、工程力学类、交通运输类、水利类、动物医学类、预防医学类
2011届
能源动力类、护理学类、土建类、环境生态类、机械类、测绘类、交通运输类、临床医学与医学技术类、工商管理类、电气信息类
2012届
能源动力类、土建类、临床医学与医学技术类、护理学类、机械类、环境生态类、管理科学与工程类、工商管理类、新闻传播学类、电气信息类
2013届
能源动力类、土建类、护理学类、管理科学与工程类、环境生态类、工商管理类、机械类、交通运输类、临床医学与医学技术类、新闻传播学类

资料来源：麦可思研究院《2013年中国大学生就业报告》，社会科学文献出版社，2013，第55~56页。

从就业率情况看，工学类优势明显，而这些就业占据优势的学科专业又是大量男生聚集的专业，即"男性学科"。而女性聚集的学科专业，除了护理学之外，其他基本没能挤入就业率前十名的行列。

这种在专业选择上男女有别的倾向性除了来自毕业生家庭之外，作为人才培养的高校，是否能够平等公正地对待学生的专业选择呢？有学者对

"女性将如何被学科所塑造，优秀女生在高等教育的训练中所获得的是自主自在的成长还是一个压迫疏离的规训过程"提出质疑，认为高等教育依然受到来自学科性别问题的规训，他们专业学习的过程是一个不断背弃女性特质的过程。① 在访谈中也有例子与此相佐证。

F 是一名来自化学系的男生，该系是典型的"男性学科"。谈及他们专业的男女就业情况，F 这样说道：

> F：我们班上有 30 人，8 个女生，据我了解，基本上都转行做其他了……因为我们学习的是工程方向，女孩子基本都不会在本专业发展。
>
> 笔者：为什么不会在本专业发展？
>
> F：其实当时有女孩子来读我们这个专业就觉得很奇怪。因为这个专业不大适合女生，（它）要有较强的动手能力，经常要在实验室做实验，搬运器材什么的。像我这样的，一个人可以当好几个人用，扛设备器材啊什么的。女生肯定没有优势。我们"老板"也都不大喜欢招女的。

一方面，女性被排斥在就业优势学科的选择之外，这为她们今后的择业和流动设置了障碍和壁垒；另一方面，即便是进入就业优势学科，在专业学习的过程中，女性也并没有获得自主的积极发展机会，而是常常游离于专业学习的边缘，遭遇被"抛弃"的命运。后现代女性主义学者曾对这种现象批判地指出：在当前的知识条件下，一个受教育者的智力训练不过是按照男性的模式来重塑女性。受教育者所接受的知识并非一套理想的、中立的知识系统，而是学习透过一双男人的眼睛来重新解释人与事。② 虽然女性学生获得在高等教育系统内就读的机会快速增加，但这并不意味着男女享有高等教育的质量和结果得到公平的对待。

事实上，从学科专业的视角对性别、专业以及就业进行审视的时候可

---

① 刘云杉、王志明：《女性进入精英集体：有限的进步》，《高等教育研究》2008 年第 2 期。
② 刘云杉、王志明：《女性进入精英集体：有限的进步》，《高等教育研究》2008 年第 2 期。

以发现，这三者之间有着内在的联系。女大学生之所以出现就业难的问题和专业的性别聚集不无关系。有学者指出："女生在高等教育学科和专业上的分布，是她们在劳动力市场上和收入上的缩影。"[1] 当男女毕业生分别聚集于自然科学类专业和人文社会类专业，学科和专业常常会将男女两性规训为不同类型的人以满足既有劳动力市场和维护社会秩序的需要。与自然科学更为相关的所谓"男性学科"，因为更适合男性的学习，所以吸引大量男性进入。这些学科与未来社会的发展、市场的需求相吻合，因此在就业机会和就业回报方面，较之女性群体的"女性学科"，存在明显的优势。因此，"从学科专业内部到就业、从业，性别等方面都显著地存在差异，而正是这样的差异，维持和复制着社会秩序中一直存在的传统性别格局和结构"。[2]

当越来越多的女大学生加入就业的大潮，来自专业学习累积的弱势强化了她们进入优势行业的困难，而女性群体人数的增加，则加剧了她们内部就业的恶化和分化。从学科专业的视角来审视女大学生就业流动问题，无疑可以找到弥合男女毕业生在就业流动中的性别差异的有效的突破口。

（二）解读学科的性别文化

从学科专业选择的视角看，专业的性别隔离是造成男女毕业生就业流动差异的原因之一。但是如何解释在大学中业已形成的专业性别聚集甚至性别区隔的现象？专业是性别无涉的吗？如果不是，专业选择所隐喻的男女两性差别优势又是如何形成的？对此，进一步解读专业的性别文化，拨开遮蔽在专业背后性别的神秘面纱，这对破解专业性别隔离，构建两性和谐发展的专业性别文化无疑是必要的。

长期以来，关于学科专业的性别隔离，"生物本质主义阐释"和"社会文化建构论"基于男女两性之间的生理、心理差异展开了激烈的辩论。"生物本质主义阐释"指出，两性之间存在生理上的差别，从生理结构上看，雄性的荷尔蒙分泌对性别差异具有直接或者间接的影响。例如在婴幼儿时期，即便幼儿尚未形成完全的性别意识，他们在个体性别的选择上就

---

① 王俊：《论高等教育中学科专业的性别隔离》，《高等教育研究》2005 年第 7 期。
② 王俊：《论高等教育中学科专业的性别隔离》，《高等教育研究》2005 年第 7 期。

已经出现了分化，这种分化带有明显的性别特质，如男孩喜欢枪、汽车等带有力量的玩具，而女孩则钟爱装扮玩偶、玩过家家等富有情感性的游戏，使用不同的玩具和玩法往往使男女儿童在不同方面得到不同的发展。从两性心理因素的差异来看，生物本质主义理论认为，由于女性大脑专门化出现得太早，特别是语言技能的发展早于空间能力和高水平数学能力，单一技能的发展影响了其他能力的发展，因此在之后表现出来的两性差异上，男性在计算能力、空间感觉以及力量等方面更为优秀，直到今天，这种男性在生理和心理方面明显的优越倾向，仍是一种讨论两性受到不同待遇时最"合适"的借口。

在生物本质主义者看来，由于两性在生理和心理之间的差异在教育过程中不断被刻板印象所强化，女性由于其"先天能力"的不足，在进入高等教育的专业学习之后，女大学生常常会选择主动放弃某些涉及空间能力和高水平数学能力的"硬性"学科的学习。有学者指出，科学是一项重要且理性的职业，女性随着研究的逐级深入而逐渐从此领域中退出，继续从事这一领域的女性人数所占比例非常之少，并且处于敌意的包围之中。[1]

事实上，自20世纪70年代以来，这种基于两性生理和心理差异，为人们人为地划定学科的性别标识提供了一种认识基础。但是，这种把两性的生理性差异作为学科性别划分的依据，忽略了学科专业的发展本身就是社会文化发展的产物，社会文化在学科发展上刻下了深深的烙印。为此，社会性别理论对两性差异进行了建设性的批评。女性主义理论批判指出，两性的生理差异仅仅是起因，生物本质主义把性别不平等简单地建立在生理基础上的论述，忽视了社会文化建构才是产生两性之间不平等的真正原因。[2]"虽然已有的研究发现，生物因素使男女在某些行为倾向上有所不同，但是未能发现这些生物因素所影响的行为倾向中哪些更顽固，或更难以进行后天的改变。"[3]

在女性主义者看来，学科背后的性别文化，其实是一种与性别隐喻相

---

① 戴维·格伦斯基编《社会分层》，华夏出版社，2005，第623页。

② 沈奕斐：《被建构的女性——当代社会性别理论》，上海人民出版社，2005，第34页。

③ 强海燕：《性别差异与教育》，陕西人民教育出版社，2000，第18页。

对应的意识形态，性别与科学作为一种社会制度，与权力相互作用、相互建构。从历史的发展看，在早期的高等教育阶段，女性在高等教育体系中处在边缘的境地，在学科的建制和发展中的话语权缺失，男性在学科发展中占据主导地位，使得"男性学科"和"女性学科"从一开始就处在一种不平等的地位，或者说实际上是一种男性中心文化在学术领域的体现。我国最早的教育在吸纳女性的时候，目标不在于培养高级人才，而在于造就合格的"母亲"。梁启超在《倡议女学堂启》中就指出，女性接受教育、提高知识素养的重要价值在于："上可相夫，下可教子，近可宜家，远可善种，妇道既昌，千室良善，岂不然哉。"与此相适应，女性的主要学习内容是：健康和保育、纺织品和衣着、花园设计和应用植物学、住房设计和室内装饰，以及食品和营养、儿童教育等专门为女性设计的科目。很显然，这些课程的设置不过是"母亲"职责社会化的表现，其课程设置和人才培养的出发点和落脚点并不是建立在"女性适合学习什么学科"的基础上，而是传统的社会文化和角色期待希望通过学科教育把女性教育或塑造成什么。从这个意义上讲，女性教育不过在于母亲的角色被赋予了专业性和社会性特征。① 女性主义学者弗里丹在《女性的奥妙》一书中，曾对这种以性别角色需求作为人才培养导向的教育问题提出批判："教育家们几乎不受下述论点的影响，这个论点是，大学课程不应该被诸如烹调或手工劳动这样的学科污染或扩大，是不可思议的。"② 捷克教育家夸美纽斯也曾明确地指出："我们不主张这样教育女人，使她们的好奇倾向得到发展，而是要使她们的诚挚与知足能够增进，主要的是，一个女人应该知道和应该做的事情，能够增进丈夫和家庭福利的事情。"③

由是而知，在教育领域里，为男性所明确确立的人的形象，就是社会公共活动的统治者，而女性则是私领域内的服务者、提供者，被排斥在社会公共领域之外。毫无疑问，从社会分工等级看，开展政治、经济活动的社会公共领域，较之家庭私人领域，拥有更高的社会地位和权威。在这两

---

① 周小李：《社会性别视角下的教育传统及其超越》，教育科学出版社，2011，第109页。
② 贝蒂·弗里丹：《女性的奥秘》，巫漪云、丁兆敏、林无畏译，江苏人民出版社，1988，第212页。
③ 夸美纽斯：《大教学论》，傅任敢译，人民教育出版社，1984，第53~54页。

种不同的人的形象的指引下，即使男女两性在受教育水平和受教育人数上大致相当，但教育"将最高贵、最具综合性、最具理论性的分配给男人，将最适合分析、最实用、最不受优待的分配给女人"，而使得男女教育不平等的性别差异格局继续保留并延续下去[①]——我国当代高等教育领域出现的学科专业的性别隔离，直接造成了毕业生在就业流动中分属于不同的职业和岗位，为他们在就业流动中性别不平等的隔离奠定了基础。

二　职业隔离与性别符码

人类学家乔治·默克曾对 200 多个社会群体进行跨文化研究，发现所有文化中都存在劳动的性别分工。例如在美国，女性担任九成的牙医助理、秘书、育儿员、执照护士、幼稚园的教师；同样地就男性群体而言，认为体力和分析能力伴随着男性基因而来的观念，导致依赖力气的体力工作以及需要分析技巧的职业由男性主导。因此在美国，男性担任九成的卡车司机、汽车维修工、消防员、飞机驾驶员和领航员。[②] 长期以来，女性从事的工作，倾向于被认为是母亲/妻子的角色在公共领域的延伸，强调表情达意、密切互动、积极反馈、相互支持，女性长于人与人之间的互动，男性长于人与物之间的操作。某些职业是女性友好的，某些职业是以男性为中心的。[③]

进入职业市场的男女大学生，表面上看，是根据自己持有的资本在激烈的就业市场上进行角逐从而获得一份工作。但是对于有着性别标签的男女毕业生，面对的仅仅是无性别化的工作吗？他们是在选择一份工作，还是在选择一个适合性别角色的职业呢？这成了他们在进入职场后面临的第一个对身份的思考。

（一）性别与职业的迷失："母职"、"父职"还是"工作"

仔细分析受访对象的职业选择背后的原因，可以获知在他们选择进入某一行业或某个职业时，虽然有着个人选择的成分，但是不可避免地受到

① 周小李：《社会性别视角下的教育传统及其超越》，教育科学出版社，2011，第 109 页。
② Carol J. Auster, *The Sociology of Work：Concepts and Cases*, Pine Forge, 1996.
③ 戴维·格伦斯基编《社会分层》，华夏出版社，2005，第 613 页。

了外在结构性因素的制约。

B 是来自汉语言文学专业的学生，这个学科是传统的"女性学科"，女生占据了该学科的"半壁江山"，从事教师职业是这个专业学生毕业后的主要去向之一。B 毕业前曾在老家的电视台实习，后来放弃了电视台转正的机会，决定投身"太阳底下最光辉的职业"——教师。当笔者问及 B 职业转向的原因时，B 和笔者有这样一段对话：

> B：我毕业前是在老家（福清）电视台实习，其实在那里是可以转正的，后来我想说我男朋友和家人之前也一直希望我当老师，我刚好也拿到了教师资格证，所以就放弃了电视台的工作。
>
> 笔者：电视台的工作不是也挺好？为什么一定要当老师呢？
>
> B：是的，电视台其实是不错。但是比较累，特别是时间性比较强，也就是没有固定的时间，随时都要应付领导的安排。我刚开始是想年轻的时候不要太安逸，做点有挑战性的工作，但是后来想想还是算了，我做的不是技术类的，还不如去当老师。我男朋友也一直希望我当老师，因为有两个假期就是寒暑假，属于自己的时间也比较宽裕，而且今后对小孩啊什么的也比较好。没有办法啊，既然已经毕业了，就总是要面对现实啊，我自己也觉得女孩子选择当老师确实也很合适。至少以后自己孩子的学习问题不用太担心。

在 B 看来，之所以选择教师职业，放弃电视台的工作，来自男朋友和家人对其担任家庭责任的期许也许是一个重要原因。尼尔森指出，在一个对女性角色有其传统预设的情境中，教师是一项能融合家庭与工作承诺的职业。[1] 因此 B 在进行职业选择的时候，性别刻板印象就被带入其中，把是否便于照料家庭、抚养幼子，闲适、安逸稳定与否等作为选择的指标，此时选择"教师"这个职业，不仅在于它是一个稳定而又不那么"累人"的职业，更重要的是，有着寒暑假的职业能够承担起相夫教子的责任，被认为是最适合女性的职业。正是"母亲"与"教师"这两个角色之间存在

---

① 王俊：《遮蔽与再现：学业职业中的性别政治》，华中师范大学出版社，2011，第 48 页。

隐而不言的内在联结，使得社会所期待的女性扮演"母职"的身份借由"教师"的这一角色得以延续。可以说，B 选择的不是单纯的教师职业，而是一份适合女性角色的"母性"职业。对于女性来说，选择教师、秘书等职业更有认同感的主要的原因在于，这种岗位的性别化特质——更符合女性的气质和社会的角色期待，这种社会角色期待和个体在认知上的异质性，强化了女大学生选择的"正确性""规范性"，进一步形塑了她们职业的身份认同。

J 是一名工科的学生，毕业之后选择到一家品牌女鞋连锁店从事信息管理工作。据了解，该品牌在全国共有 2000 多家连锁店，从事面向 20 ~ 38 岁女性用鞋的设计、生产、加工、制作和销售。从业务经营范围和服务面向来看，属于女性行业。但是，工科出身的 J 却选择进入这样一个行业，主要从事市场调查、分析等工作。

J：在获取这个就业岗位的时候，我是通过学校的招聘信息知道的，当时主要是投递简历加上面试来完成的。觉得是凭借自己大学的学习情况和能力。在性别的选择上，没有觉得有什么特别的优势。但是进了公司之后，发现公司的（员工的性别）比例不是很协调啊，女性比较多一些，男生反而成了一种稀缺的资源。我们现在是还在培训阶段，男女生是没有多大的差异啦。但是定岗就不一样了。

笔者：怎么不一样？

J：也就是会根据男女生的特点来进行岗位的确定啊。比如说我这个岗位主要是需要了解我们公司各个地区分店的运营情况，这样就要出差到各个地方去做市场的调研。而女孩子你说适合经常出差吗？还有，除了市场的调研，我们还需要通过数据对每个加盟店的市场运行情况做基础分析，然后实地考察，给出方案。这样的工作需要较强的理性思维能力和动手能力。男生明显比女生有优势，更能适应岗位的需要。培训的时候，我们领导也私底下告诉我，希望我好好干，公司会作为后备力量好好培养。我想了想，觉得主要在我们公司目前的这种情况下，男生又比较稀缺，所以对我而言，也算有比较好的发展空间。

笔者：那你觉得这样的方式对女生公平吗？合理吗？

> J：这个不能说不合理吧，只能是说符合市场需求的，因为有些东西是没有办法的啊，比如说经常出差，可能你今天广州明天贵州的，你一个女孩子合适吗？

社会性别理论告诉我们，这种所谓的"天然的性别分工"是不存在的，它是社会和文化建构的结果。长期以来形成的父权制社会，由于男性处在权力的中心，以他们为标准建构的价值体系总是倾向于男性的。这样，即便是男性进入女性聚集的行业，也会因为其数量稀缺和性别的优势，而成为女性行业中被青睐的对象，进而获得"更好的发展空间"。从这个意义上讲，男性不是获得了一个工作，而是获得了一份发挥男性优势的工作。

男女大学生在社会化的过程中，主动认同了社会赋予他们的性别要求，于是，选择的工作就被建构成他们内心深处所认同的职业，使得他们的选择变得理所当然。

从他们的述说中可知，选择某一份工作或某个岗位，有着既定的对职业的某种兴趣等外在的原因，但述说背后，更多的是基于一份无法言说或者没有意识到的隐秘期待，而这份期待正是来自社会文化所建构的对男女的性别规约。职业是人们的身份指示器，也是个体获得社会资源甚至是社会地位、身份的标签，它并非性别中立，而是被塑造成适合男性和女性的工作，并依此建立起相应的性别符码，从这个意义上讲，男女毕业生就业实质上并非只是在找寻一份工作，而是在寻求一份与性别相适应的父职或者母职。

（二）"女汉子"的困境与出路

如果说男女毕业生选择一份所谓"父职"或"母职"的职业，符合人们对社会性别规范的认知和要求，那么，"女汉子"的出现则是对传统性别角色和规范提出挑战的另一种表达。随着现代社会的日益开放和市场竞争的日益激烈，在功利主义占主导的市场面前，女性往往遭遇就业的"寒冬"，为了获得与男性一样的竞争机会，有的女性"遮蔽自己的性别特征"，成为"像男人一样的女人"。在网络媒体的不断发酵下，"女汉子"

成了大众传媒和流行话语中不断建构的女性"新形象"。尽管"女汉子"这一称谓似乎隐喻女性"独立、担当"，标榜现代女性的正向形象，但这是否意味着她们迎来了属于自己的春天？在现实的就业难困境面前，女大学生是否真的可以完全摒弃女性气质，在理性、效率逻辑主导下的市场环境中独善其身、勇往直前？男大学生对于这样一个与他们群体气质相类似的女性群体，又有怎样的认知？

A来自农村的一个重组家庭，在家庭条件不是很理想的情况下，能让一个女孩子上大学实属不易。因此A思想较为早熟，在大学期间，非常珍惜难得的学习机会，不仅学习成绩优秀，而且积极参加各项活动：作为校学生新闻社的一员，参与了学校各类大型活动的跟踪报道，还被推荐作为志愿者参加就学地每年度举行的面向全球的投资贸易洽谈会，对待工作不仅任劳任怨，而且举重若轻，是同学们口中有能力、有担当的"女汉子"。A在大学期间还交了一个男朋友，关系一直不错。毕业前，A凭借自己的实力找到了一家效益不错的报社实习。以A的表现和能力，笔者很乐观地认为她会选择继续留在报社工作，这样也有一个较高的职业发展起点。毕业前的一天，A告诉笔者：她辞掉了报社的工作，目前在一家房地产担任文秘工作。笔者很疑惑地追问原因，A与笔者有这样一段对话：

> A：我刚开始找工作的时候，也是信心满满的，拿着简历到各种报社去应聘。我想凭我大学四年在新闻社积累的工作经验，应该是有足够的优势，我也获得了在一家报社实习的机会，刚开始也觉得很新鲜，后来发现记者的工作真的不是你所想象的那样。我实习的部门是采编部，多数工作人员是男性。我刚开始也很纳闷，后来发现只有男的才能适应。新闻工作对时效性要求高，新闻事件一发生，你就必须出现在第一现场，必须随时待命。另外，新闻工作经常要求出门采编，要录像、摄像啊，扛设备需要男"壮丁"。你可以认为你是"女汉子"什么的，但是实际上后面还是适应不了这种工作强度的。呵呵，"女汉子"并不是什么人都可以当得了。
>
> 笔者：好像以前你在学校，不都是以"女汉子"闻名的吗？大家都很佩服你啊。

　　A：进入社会，发现不像大学那么简单。还有，我们分手了，可能这个给我触动很大吧。他觉得我太好强，反正被劈腿了，对方是一个很小鸟依人的女孩子吧。呵呵，这个时代不太需要"女汉子"吧，或者说"女汉子"本身就没有什么值得称道的地方。不过，女人也要有一份稳定的工作，确保自己独立的人格，但是你的角色决定家庭责任没办法推卸啊。

　　笔者从 A 的述说中，感到一种深深的、无法言说的忧伤。仅仅从大学的围墙内到围墙外，对于刚迈出大学校门的女大学生而言，就开始徘徊在传统与现代、家庭与社会的两难境地中。有学者对关于当代女大学生的社会性别观的调查显示，已毕业走入社会的女大学生对于传统陈旧性别观念的认同度高于在校女大学生。例如，对于"相夫教子是女人最重要的工作"这一理念，已毕业女生的认同率是 41.9%，比在校女大学生的认同率 13.7% 高出 28.2 个百分点，对于"女比男强，好景不长"的说法，在校女大学生的认同率是 16.5%，但已毕业的女生认同率是 22.2%。[①] 桑德伯格说过，个人的选择，并不是表面上的个人化。笔者相信，A 的这番话并不是表面上的个人化，这其实反映了整个社会文化的倾向。

　　像男人一样的"女汉子"由于僭越女性性别的双重标准，直接带来了女性并不被认同的内心体验和内疚负罪式的心理重负。从"女汉子"的表意上讲，"女汉子"的"女"表征的是女性的生理性别，而非女性的气质，"女汉子"的气质应该是"汉子"的，是男性气质。而在今天，能够被年轻女性所认同的现代女性，则是"女人味"。尽管她们可以是一个职业女性，但是一个有魅力的女性却不能脱离"女性气质"，她们要年轻貌美、穿着时髦、性感、开着洗衣机、用着微波炉，善于消费各种现代化商品的"满足于家庭角色的女性形象"。[②] 因此，大众传媒和国家主流话语的共谋，使得寻求独立人格的女性要承担多重的压力，一方面要在市场中谋求一个稳定的工作，成为职业女性；另一方面，为努力满足社会对于女性家庭角

---

① 叶文振主编《女性学导论》，厦门大学出版社，2006，第 239 页。
② 王政：《"女性意识"、"社会性别意识"辨异》，《妇女研究论丛》1997 年第 1 期。

色的传统期待，常常要卸下"女汉子"的伪装，努力构建"贤妻良母""上得厅堂、下得厨房"的女性形象，以免过于强势的职业身份和性格特征导致交友与婚姻的失败，成为并不受人待见的"女汉子"。

这种现代性和自主性以及传统角色模式的多元时空交织的价值观给很多女性带来了很大的角色困扰，使得女大学生对"女汉子"有这样一份无法言说的"不敢、不被认同"的情感体验。而对于男性而言，"女汉子"也并没有因为与其相近的性别气质而获得许多男性的认同。在访谈中，谈及职业发展中的两性差异问题时，I 关于"女汉子"虽然简单但又意味深长的话，也给我留下了比较深刻的印象。

I 来自工科院系，毕业之后转行从事证券金融类的工作。之所以转行，是因为他爸觉得学金融的赚钱来得快，而且他爸的朋友刚好是这个公司的负责人，所以就让他在这里先做做，学好了再自己做。I 说他们公司是典型的"和尚庙"，在整个团队中，没有一个女的，清一色都是男人。I 还告诉笔者，有一次，有人想要来他们单位应聘，结果听到他们老板在电话那头直接明了地说："女的就不用了。"态度很坚决。于是，笔者与他就这个问题讨论了起来。

> I：我们公司就是这样，做我们这个行业就是要胆大心细，女孩子可能只能做到心细，但是胆大的话就不一定了。就像前几天，股市行情不好，很多人被平仓了，结果新闻不是都报道有人跳楼了吗。女的怎么可能受得了。
>
> 笔者：那你们老板坚决排斥女的，你是怎么看的？
>
> I：我认为，其实也不需要"一刀切"，刚才说了，做我们这一行要胆大心细。所以女生如果胆子够大，像那种"女汉子"的那种，大刀阔斧的，想怎样就怎样，一点都不怕，也是可以适应我们这个行业的吧。……不过这种"女汉子"也可能让人敬而远之吧。呵呵！

尽管 I 并不完全认同其老板对女性应聘者"一刀切"的决策，但是在他看来，女性要真正适应这个行业和岗位，只有祛除身上女性化的特质，使得自己成为一个像男人一样的"女汉子"。但是，I 也坦言，这样的女性是让人"敬而远之"的。

I 结束这段话时的"呵呵"意味深长，一个"敬而远之"耐人寻味。在 I 看来，一个祛除身上女性的柔弱的特质而闯入男性世界的女子，是值得敬佩的，却不是男性内心所接纳和推崇的，只能远离之。

"女汉子"最初是试图通过强调女性的男性特质和男性形象来彰显自己的地位、获得社会的认同与尊重。但是实际上，这在无形中传递并且强化了一个信号：女性要获得社会生活的成功，必需具备男性的汉子气质，这依然是以男性为中心的价值折射。在男性主导和父权文化的社会体系中，"女汉子"这种双性化的特质并没有迎来女性的春天，反而因为其僭越了女性的性别规约和角色规范，带来了女性对自身角色认知的模糊以及无所适从的体验，也让男性从内心排斥了这样的女性形象，最终使得"女汉子"成为现实世界的另一种尴尬和无奈。她们经常不自觉地强调自己在工作和家庭中选择的平衡，看重女性的角色要求，并不喜欢被冠以"女汉子"的称谓。正如后现代女性主义所认为的，"女性的本质特征是由主流文化建构起来的，女性的行为亦是在由社会主流话语构成的社会规则和框架下的一种选择。正如一种循环，由文化和社会所决定的社会性别观念会被反映在性别话语中，反过来又加强了社会中的和人们无意识拥有的社会性别观念"。[1]

第三节　毕业生就业流动的性别规制

一　"留"还是"流"：性别角色的不同期待与规训

流动作为人力资本的一种投资方式，会产生相应的流动效益，包括个体职业阶层地位的提升、工作环境的改善以及经济收入的增加。通过较大样本的男女毕业生就业流动的考察也可以发现，从性别的维度比较，男毕业生的流动能力比女毕业生更强，女毕业生存在更为明显的流动惰性。通

---

[1] 杨嫚：《大众媒体与女性双性气质建构：以"女汉子"话语为例》，《云南民族大学学报》（哲学社会科学版）2014 年第 6 期。

过质性访谈的样本分析发现，11 个访谈对象中有 6 名女生，没有发生就业流动的有 4 个，发生就业流动的 2 人中有 1 个发生就业流动后又选择返回；而在访谈的 5 个男生中，有 4 个发生就业流动。当然，由于样本量太少，该数据并不能说明问题。但是，在与受访者交流的过程中，从男女毕业生对于就业过程中的"留"与"流"的解释中，看到了明显的性别差异，有着浓厚的性别色彩。

> 我从高中开始就一直寄宿，没在家里读书啊，念大学也是自己选择出来的，男人嘛，不是说要四海为家吗，所以我从来就没有想在那里一直待着，外面的世界很宽广的。(I，来自某城市的一名工科男生)

> 我们内地的经济比较差吧，所以从小在我们那里，读大学就是为了获得更大的空间，回去会被认为很怂的，特别是男孩子，所以我自然就往外跑了，我父母也鼓励我出来闯，毕竟是男孩子嘛。当然女的一般会考虑回去吧，毕竟父母也不放心一个女的在外面游荡吧，我们有几个出来读书的（女）老乡，后来还是选择回去了。(J，来自内陆地区的一名男生)

> 出去省外找工作，我从来都没有想过，我从小就习惯留在父母身边，虽然我们家有三个姐妹，但是父母对我和我妹都是这么要求的啊，我也没有那种"世界那么大，我要去看看"的雄心壮志。做父母的"贴心小棉袄"，以后成家相夫教子，女人的人生不都这样？像老师你也是这样的啊……(G，来自农村家庭的一名女生)

> 女人终归还是要回到家庭的吧，外面拼搏太累，外面晃荡了一圈，还是选择留在附近。(C，来自城市家庭的一名女生)

分析以上男女毕业生关于是否发生空间上的就业流动的话语文本，我们可以看到，"四海为家""外面的世界""向外""闯"这些本土化的概念是男生在表达选择就业流动时所主要使用的词；而对于女生而言，"回去""留下来""家庭"等词语则构成了女生表达就业流动选择的关键词。这两组本土化的概念恰好构成语义上的相反关系。透过这些词语可以看出，男女毕业生关于流动的阐述，深深地打上了性别的烙印。

基于对自然世界阴阳论视角的阐释，在我国的传统文化中衍生关于男女两性的社会性建构中，"公"（社会公共领域）往往指代男性，而女性往往表征着"私"（家庭私人领域）。这种来自中国本土源远流长的文化传统，使男女性别区分的结构得以保持，并成为一种根深蒂固的文化表达。[①] 长久以来，男女性别之间持久而普遍的差异，在很大程度上源于公私领域的性别区分。受到这种性别规范的影响，社会对男女就业流动的期望和评价机制是两套标准，《礼记·内则》规定："礼，始于谨夫妇。为宫室，辨外内。男子居外，女子居内，深宫固门，阍寺守之，男不入，女不出。" 对于男性，表达是"外"向的，鼓励男性超脱家庭，在更大的社会范围内取得成就，因此既有"男儿志在四方"的劝勉期待，又有"鲤鱼跳龙门"的生动图腾。而对女性则是"内"向的、限定性的，"庭院深深深几许"的女性自古以来的空间活动范围表意，表达了深闺对女性外出流动有着不言而喻的禁锢，女性的成就范围被限定在家庭内部。同时，这套性别规范，经过社会历史的变迁和发展，成为一种稳定的性别文化和惯习。性别文化就像一种推拉作用力，对于男生而言，允许和鼓励男生向外寻求发展的空间，形成拉力作用；对女生而言，则限制和禁锢女生向外扩展的可能，并为她们划定了相对闭塞的地域和空间。

H 来自经济特区，是家里的独生女，家庭条件较为优越，H 一直在生源地求学，大学的时候选择了当地的一所地方性高校，毕业之后留在当地工作。当笔者问 H 为什么一直都选择在本地就学就业时，H 说："我爸妈连高中的时候都不让我住校，毕业之后怎么可能让我出去工作。"可以说，H 是就业流动类型中典型的不动者。H 毕业之前，其父亲通过朋友的关系让其在一家国有单位实习，毕业之后 H 也顺理成章地留了下来。H 在描述这段就业经历时，和笔者谈起了其中关于留下来还是走出去的纠结历程。

作为家里唯一的掌上明珠，H 一直都在父母的庇护下成长。H 在大学期间认识了现在的男友，从家庭条件等方面看，可算是门当户对，两人的关系也很好，曾作为该校"优秀情侣"的榜样被广为宣传。在他们读大三

---

① 周小李：《女大学生就业难：文化资本与符号资本的双重弱势》，《教育研究与实验》2011年第 1 期。

的时候，两人曾经考虑一起到英国攻读研究生。H 的父母一直希望女儿留在身边，但是拗不过女儿，后面因为认可了两人的恋爱关系，加上"碰了壁吃了苦才知道家里好"的预期，便同意了他们的决定。就在 H 做好出国准备的时候，一件突发事件改变了 H 的决定。

> H：其实出国这个事情，是我的一个梦想。去年七月份的时候，也是出国热情最高涨的时候，当时我全力以赴地在准备雅思考试。就在这个时候，我一个伯伯突然去世了，是心肌梗死。这个伯伯（和我家）是世交，从小看着我长大，关系很好，出国也是他一直在支持和鼓励我的。这也是我第一次经历生离死别，那个场景现在依然深刻地印在我脑海里。当时他女儿从澳大利亚赶回来的时候，说的一句话让我触动很深：离家那么远，连爸爸最后见面的机会都没了，读这个又有什么用，还不如在家多陪陪父母。这件事给我刺激太大了，有一段时间我在学校的时候，产生了强迫症倾向，不停地给我爸妈打电话，确认他们的情况。我也开始考虑这一走是挺容易的，但是父母怎么办，从小都没有离开过我。在他们看来，我以后还要嫁出去，能留在身边的时候就更少了。每次回家，虽然他们嘴上没说得那么直接，但是总是经意或不经意地提及去世的那个伯伯啊，什么"女大不中留"啊之类的，我看着他们复杂的表情，觉得心里也过不了这个坎，后来还是放弃了。
>
> 笔者：放弃了之后你父母和你是怎么想的？
>
> H：我刚开始有些遗憾啊。我最想去、最期待的学校也发了 offer，所以就觉得很遗憾。不过，既留之，则安之吧。可能我内心里就没有这份走出去的勇气和魄力吧，我挺害怕成为那个姐姐的，所以才会这么快就选择放弃了……对于今后是否会继续出国，可能也只是想想，不会再实现了吧。感觉已经被"洗脑"了。

由于伯伯的去世，H 对自己"留"还是"流"的抉择有了新的审视和思考，特别是听到伯伯女儿的一番感慨，并在父母"复杂"的情绪感染下，最终放弃了留学国外的念想。其实，对于 H 而言，之所以放弃，伯伯去世的事件与其说是导火索，不如说是帮 H 在"留"还是"流"的纠结中做出了一个选择，并帮她给出了一套合情合理的解释。H 最终选择留下，根源还是在于"缺乏走出去的勇气和魄力"。

H 虽然来自城市家庭，但是我们依然可以发现其父母根深蒂固的性别文化观念对 H 的规训，"从小不让住校""上学不让外出""就业必须在本地"的种种对女儿（女性）进行空间限制和流动的规训行为已经在 H 身上打上了深刻的烙印。对于 H，恰恰由于这种向外流动的基础没有打牢，H 在成长过程中已经习得并内化的价值观念，使得一个突发事件，就轻易地打消了其筹划已久、为之孜孜不倦努力的出国求学念头。可以说，相比而言，根深蒂固的性别文化要发挥作用，有时候只需要一个似是而非的"导火索"。

性别角色的规范不是与生俱来的，也不是一蹴而就的，而是经历了一个社教化的过程。社教化不是简单说教，而是社会关系、社会意识的多层濡化（不断吸收、强化），是个人性格与公共教化的协商，看起来像是一个自然内化的结果。在社教化的过程中，男孩和女孩受到不同的性别教育，形成了性别的分割循环，既再现了性别文化，也延续了性别文化，还强化了性别文化。[1] 家庭是他们学习性别角色的第一空间，也是个体社教化的重要场所，对大学生的社会性别意识建构发挥着重要作用，"家庭的分工与教养方式对性别角色的形成和发展具有最直接最初的和最有力的影响，它是父母教育观念和教育行为的综合体现，也代表着社会对个体的期望"。[2] 家庭这一性别建构的第一场所，往往通过传统的性别文化和习以为常的家庭分工模式形塑大学生的性别角色规范，当大学生脱离家庭的束缚走向社会之后，依然摆脱不了来自家庭的性别规约。

如果说 H 是因为其是家中的独生女，所以存在流动惰性，有着独生子女家庭在养育上娇惯、家长过度保护的可能，那么 B 的故事显示，这种鼓励男性流动、抑制女性流动的性别文化不管在城市还是农村，不管在独生

---

① 沈奕斐：《被建构的女性——当代社会性别理论》，上海人民出版社，2005，第 281 页。

② 李明欢：《干得好不如嫁得好？——关于当代中国女大学生社会性别观的若干思考》，《妇女研究论丛》2004 年第 4 期。

子女家庭还是多生子女家庭，都有广泛的受众。B 来自城镇家庭，有一个弟弟。在 B 读大二的时候，B 的父亲得了癌症不幸去世。而 B 的母亲在家庭变故后，对两个性别不同的孩子，做了不同的安排。

> B：我爸过世后，我弟弟大学一年级读完之后就辍学了，刚开始的时候我妈并不同意，觉得好歹也要念大学，就让他休学一年。但是我弟比较坚持，他认为现在读书也没有什么好读的，读完出来也是一样。加上我爸过世了，他作为家里唯一的男孩子应该担负起家庭的重任，所以就跟着一个亲戚（我爸生前的兄弟）出国了，去汤加。亲戚在那里开超市，他就去那里帮忙。
>
> 笔者：那你妈没有要求你弟弟今后还是要回来？
>
> B：我妈也想开了，只要我弟弟在那里发展得好就好了。我妈认为男孩子有前途，事业有发展比什么都重要，以后如果做得好想过去也可以啊，后来也没有因为这个事情闹心。因为我是女的，我妈还是希望把我留在身边。我爸过世后，我妈想着我弟也不在身边，身边没个男的，总觉得没依靠，就和我舅妈一起帮我相了我目前的这个男朋友，也算是亲上加亲，知根知底吧。所以我在大三的时候就订婚了。我男朋友比我大一些，出来工作好些年了。
>
> 笔者：那你认同你妈妈的安排？好像在大学里订婚的都比较少。
>
> B：做父母的嘛，总是放不下儿女的事情。这些也都是为我们考虑的吧。我想我弟弟毕竟是男孩子，总是要有自己的事业，虽然在国外，但是他自己觉得值。在老家也没啥其他（资源），还不如去外面拼一拼。而我毕竟是个女的，找个合适的婚姻，相夫教子，过平常女人的幸福生活才是最关键的。所以也没觉得有什么不好的。

B 的弟弟提出辍学到国外去讨生活，尽管 B 的母亲一开始并不同意，但是后来在男孩子的前途、事业更重要的价值观支配下，还是听从了弟弟的选择。但是对于女孩子 B 来说，情况却大不一样，B 的母亲一开始就把她安排在自己的身边，并且通过亲友的关系给当时还在读书的 B 介绍了一个本地的男朋友且订了婚，为今后把女儿留在身边做足了准备。在 B 和其母亲甚至参与其中决策的所有人员看来，男性可以因为事业而远走高飞，甚至为一个可以期许的未来，飞得更高、更远都是值得鼓励和许可的。但是作为女性，首先要考虑的是，有一个稳定的婚姻和一个可以依靠的家庭，而这个家庭的和谐与美满，则需要女性留在家里用心地经营和呵护。B 的母亲作为一个传统的女性，对待性别的态度和行为自然内化到个体的人格系统，"应该怎样做和不应该怎样做"已经成为其母亲自然而然的认知和顺理成章的选择。

现实生活中男女有别的性别刻板印象定型的角色特质和权力结构，加上大众传媒对新时代女性本质主义回归的召唤和"母爱建构"的大肆渲染，使刚刚走出校园的女大学生被卷入这场"女性回家"的建构中，难以独善其身。当时代话语形塑的是理性、效率和自强时，女大学生又在既定的市场中进行职业的选择，那么，对于她们而言，在自由寻找的空间中能够寻找的"远方"是非常有限的。也因此，才有了 B 对其母亲的这样安排，理所应当地认为"没什么不好的"。

可以说，社会文化关于"男主外、女主内"的性别角色规则，与其说是限制着男女不同的社会活动空间，不如说是规范男性和女性不同的角色内容。一旦这种规则被僭越，那么就可能遭到来自外部的非议和排斥。

二 惯习潜沉：性别规训的"共谋"与"再制"

性别文化作为一种社会文化，其并不是个体天生就具备的，而是需要个体经历一个社教化过程。社教化是无孔不入的，人们在习得社会模式完成性别社会化的过程中，必经社教化这一条路。在这个过程中，"惯习"是一个稳定且强有力的作用力。

惯习，又称习性，它有别于习惯的概念。布尔迪厄认为，惯习属于"心智机构"的范围，"其形式是知觉、评判和行动的各种身心图式"。[①]惯习是一种"外在性的内在化"（internalization of externality），个体行动者在惯习的作用下，做出各种"合乎理性"的常识性行为；惯习还具有历史

---

① 皮埃尔·布尔迪厄、华康德：《实践与反思：反思社会学引论》，李猛、李康译，中央编译出版社，1998，第 17 页。

性、开放性和能动性。惯习强调一种持续的、可转化的性情倾向系统。①
从性别角度来看，惯习通过一系列的理念和形式，把性别文化固定下来，
规范人们的性别行为。惯习的力量虽然并不一定是强制性的，却是异常强
大的。因为社会成员的社会化过程就是内化惯习的过程，人们在惯习中确
定自己性别行为的依据，获得社会肯定。② 凭借人们生存其间的整个社会
文化环境，包括文化、教育、家庭、大众传媒、职业背景和同辈群体，不
仅形成了性别惯习的内化，更消弭了对性别角色固化的批判和反思，成为
性别规训的再制和共谋。③

（一）女毕业生：性别规训的"共谋"

G 是一个传统的女大学生，是父母眼里的乖乖女，也是老师眼中的好
学生。由于她的乖巧听话，笔者曾经吸纳她作为自己的学生助理，并且在
日常的工作和生活中建立起融洽友好的师生关系，无话不谈，亦师亦友。
G 毕业之后，很快回到生源地，找了一份在当地汽车行业——一家私企公
司做文秘的工作。对于她来说，关于就业的选择，一切都那么顺理成章，
既没有波澜壮阔，也没有纠结困惑。毕业前，她来找笔者道别，而关于毕
业的感想自然也成了话题。可能因为 G 即将由学生向社会人转变，那一次
讨论的话题离不开对社会与现实的思考。G 也问起笔者的研究进展情况，
笔者告诉她目前正在开展的访谈工作，G 很爽直地答应做笔者的访谈对象。
而在访谈还没正式开始时，G 借由笔者目前的生活状况，开始对笔者进行
了一番劝勉告诫。日后当笔者在整理和她的访谈材料时，发现正式访谈前
的这段对话，却引起了自己在另一个视角下对惯习、规训以及性别的思考。

G：X 老师，你现在是不是很忙，我看你微信也经常发一些博士
论文的情况，思思（注：笔者孩子的乳名）又还小，你还要工作，真
的是不容易。我现在发现，女生现在刻苦的意识也很强，甚至比男生

---

① 皮埃尔·布尔迪厄、华康德：《实践与反思：反思社会学引论》，李猛、李康译，中央编
译出版社，1998，第 178 页。
② 沈奕斐：《被建构的女性——当代社会性别理论》，上海人民出版社，2005，第 281 页。
③ 曹爱华：《女博士生成就价值观的质性研究》，《中国高教研究》2007 年第 12 期。

更有吃苦的品质。

笔者：对啊，没有办法，不努力就随时有可能被淘汰噢。

G：哎，现在的情况，好像逼人不得不这样，感觉好像女生要获得和男生一样的机会，必须付出比男生更多的努力和艰辛。但是，社会对女人和男人的要求又不一样。

笔者：怎么不一样啊？

G：我身边有一个例子让我很有触动。就是一个同事，生了个女儿之后，她婆婆说身体不好不能帮她带，她老公就让她辞职在家。其实她老公也是个一般的装修技术人员而已，工资也不是很高的那种，搞不好还不如她呢。但是，这个女的就不妥协，认为不能剥夺她就业的权利，然后他们家就召开了一个家庭会议进行协商，协商的结果是那个女的据理力争，要求继续工作。她认为孩子养育的事情并不是女人一个人的责任。

笔者：这个本来就是啊。孩子是两个人一起的啊。

G：但是，后来情况就不是特别好啊，那个男的最后和她离婚了。

笔者：啊！怎么会这样？

G：是啊。只能说那个女的太自我了，不愿意为家庭做出一些让步吧。可能那个男的也比较奇葩，但是女的没办法，就是要做到两者兼顾，当两者不能兼顾的时候，女人为家庭做出一些牺牲总是正常的吧。犯不着最后连家都没了。

笔者：那如果这男的这样，这个家也没啥留恋的。

G：虽然好像说起来是这样，对我们女的好像很不公平，但是没有办法呀，我是说真心的。女的一旦离婚了，别人怎么看你，你是没碰到过。真心伤不起。我也说你了，多用点时间顾顾家！

G的这份苦心笔者何尝不知道。对于一个女人而言，在世俗化的现实面前，家庭对女人意味着什么？G的这番话，也让自己想起了母亲对笔者已逾而立之年，拖家带口攻读博士学位的不解和无奈。周边的亲戚朋友每每见到笔者，除了几句场面上关于女博士的佩服之类的话语，总是会附上"女人为什么那么拼"的劝勉告诫。

可以说，笔者和 G 作为同一个时代的女性，成长于改革开放的新时期，从开始接受教育起，就获得了和男生一样的受教育权，与男大学生一样作为我国经济建设、社会发展所需的高级人才而被社会寄予很大的期望。在当时的青少年时代，自己的女性性别是被"遮蔽"的，而且这种遮蔽在某种意义上已经内化为人格的一部分。但是市场经济的进一步发展，社会竞争的进一步加剧，越来越要求女大学生以自己的能力和实力去面对各种挑战，女性便有了不服输的勇气、不怕吃苦的精神、永不懈怠的追求，所以也有了在 G 看来，现在的女生比男生更拼、更能吃苦的经验判断。

随着市场经济体制改革的发展，高等教育的大众化发展涌现庞大的就业大军，女大学生就业难问题屡见报端。商业文化和大众传媒则开始塑造新型"现代男女"形象，女性被重新要求成为贤妻良母，男性则被塑造为有能力创造物质财富并成为家庭供养者的形象，承载着传统父权制文化的各式各样的性别习俗和理念摇身一变成了现代时尚的一部分。[①] G 毕业后，从学生变成社会人后，"社会人"的身份意味着不再有学生时代单一的结构性环境，"没有孤立存在的惯习，只有与特定场域相关的惯习。惯习来自社会制度，又寄居在身体之中（或者是生物性的个体里）"。[②] 亲历就业难的现实，耳边充斥着新时代女性的塑造话语，使她必须重新审视身份变更带来的新的人生任务和使命。同时，"惯习"表现出其集体性，"惯习对社会而言，最主要的功能是确定社会秩序和社会价值，形成一整套的行为规范和机制体系，使得每个人的行动都有一个参照系统"。[③] 这种倾向会使得行动者从周边群体中去建构一个参照系统，并用这个参照系统对比自己的情况，以此来矫正和规避可能遇到的问题。

这个在 G 看来并不成功也不值得借鉴的例子，契合了社会对女性"女比男强，好景不长"的价值判断，进一步强化和形塑了女性应该遵循的性

---

① 王俊：《遮蔽与再现：学术职业中的性别政治》，华中师范大学出版社，2011，第 145 页。
② 皮埃尔・布尔迪厄、华康德：《实践与反思：反思社会学引论》，李猛、李康译，中央编译出版社，1998，第 171 页。
③ 皮埃尔・布尔迪厄、华康德：《实践与反思：反思社会学引论》，李猛、李康译，中央编译出版社，1998，第 171 页。

别规范，使得 G 成为传统性别角色规范的共谋和再制者。在 G 看来，这个同事之所以走到今天，在于她违背了社会文化所做出的两性合理分工的"惯习"。尽管婚姻的失败并不等于人生的失败，从这个意义上讲，这个例子并不具有普遍的意义，但是透过这个较为极端的个案，仍可以看出社会文化中某些根深蒂固的价值取向：面对失败的婚姻，更多的人总是把质疑和苛责的眼光投向了女性。事业的成功只是表征你"事业"的成功而已，无法拯救你因为婚姻失败而被否定的人生的不成功。也正因此，才有了 G 对笔者的一番好意劝勉。

而当笔者进一步追问 G，对这种社会不平等的问题有没有抗争意识的时候，G 与笔者有了这样的对话：

> G：实际上，现在（的社会）是处在一种父权制社会，这种社会的基本情况，只能是这样的。
> 笔者：父权制，那你有没有想过，这种父权制实际上是不平等的。
> G：不平等？为什么要这样想，时代已经发展成这样了，我们还想母系，回到远古时代的那个，回到最开始的时候？你觉得有可能吗？没办法呀。

笔者甚至有些诧异，从 G 的话中可以看出，争取应该有的平等权利还被说是一种历史的倒退。而当笔者问及是否会在今后的生活中做出类似的妥协时，G 是这样回答的：

> 妥协，我要看需要妥协到一个什么样的程度。总的来说，在闽南这边，我妈妈从小就给我灌输一种思想，女的不用太拼，找一份稳定的工作，然后相夫教子这样子。我是不愿意当家庭主妇的那种，觉得还是要有自己的一份工作，不要没有独立的经济来源。当然，最重要的还是要以家庭为重，我父母从小就这样教育，不停地灌输这种思想啊。

可以说，这种传统的性别文化规训消解了女性的主体意识，使当代女性在挣脱历史枷锁的同时，又在"我不能"的阴影下放弃了对自我潜能的挖掘，失去了自己的精神性别，成为制造性别差序格局的"同谋"。

在访谈中，不只是 G 表达了认同这种性别的规训，H、C、A 的述说也和 G 如出一辙：

> H：我之前也不会想进国企，还想说去大城市闯一闯，所以我当时还通过一个师姐联系了美图秀秀，觉得这个公司很有年轻的活力，而且专业对口。我妈就说你算了吧，去私企有什么好的，又不稳定，反正我们两个（她和她男朋友）一定要求要有一个在稳定的体制内的工作就是了。贾能（H 的男朋友，化名）他现在在一家私企，是做婚纱摄影的，做得挺开心的。我就经常和他抱怨，说为了成全他的兴趣和事业，我就只好牺牲了，放弃我自己的专业和理想了。我有一种深刻的感觉，就是觉得被父母和身边的亲戚朋友洗脑了，特别是出国失败后，就越来越屈服于这种现实的柴米油盐酱醋茶，女人不要变成女强人，女强人的家庭都是不幸福的，好像回归家庭和稳定才是一个女人应该做的。
>
> 笔者：那你会认同这些观念和看法吗？
>
> H：我也不知道合不合理，但是老一辈留下来的话总是有道理的。

杰出的女性主义理论家珍妮特·查夫茨指出，两类因素造成了性别不平等的存在：一是强制性因素；二是个人自愿性行动。当人们不再去思考和质疑，不平等就成为惯习。[①] H 说她也不知道合理还是不合理，但是老一辈的话总是有道理的，道出了对这种女性应有的牺牲的理解和认同。

C 曾带着她艺术的梦想到北京去寻找实现梦想的机会，但是由于身处异乡的漂泊感、社会资本匮乏的无助感，最后在父母的规劝下，放弃了追求梦想的计划。

> C：其实我内心的这个梦想一直都在，包括现在，虽然现在我在

---

① 曹爱华：《女博士生成就价值观的质性研究》，《中国高教研究》2007 年第 12 期。

这里工作，但是心中的那个梦想一直都没有破灭。我希望有一天能够实现它。可能父母对我在外面的阻力太大了吧。特别是我妈，意见很大，我们中间也因为这个分歧闹了很久。我妈说，你一个女孩子，在外面有多辛苦知道吗，北京、上海那些大城市是男人打拼的世界，你一个人要买房买车，有可能吗？我妈总是说我们是过来人，你们小孩子没吃过苦不知道。后来我爸妈也直接托关系找了这样一份工作让我去实习，实习之后就顺理成章地留了下来。因为这个工作离家比较近，所以我家里都比较满意。我妈也和我说，希望我快点稳定下来，这样找个稳定的工作也方便接下来考虑对象的事情。

笔者：在这个过程中，你挣扎过吗？

C：我其实很排斥他们的想法的，我觉得我好像不是一个没有梦想的人，我还是希望能够有机会去做自己喜欢的事情。但是，人总是要面对现实的。经不住他们这样一直说教，反正我目前先在这家单位做吧，也还不错吧，至少对于女的来说，比起北上广的漂泊，我觉得好多了。至于自己的梦想，我是没有想过放弃了，但是怎么实现呢？可能以后再说吧。

固有的惯习和规训的话语在女大学生身上产生叠加的效果，使得她们不断调整自己的偏好，退缩到家庭领域，并用阿Q式的精神胜利法麻痹自己，弱化自我成就动机与成功自信，自觉成为父权制和传统文化对女性性别角色规训的"同谋"。这样看来，女性甘愿屈从男性和遭受不平等，甚至参与自身的统治，并不是女性天生有受虐的嗜好，而是社会意识的建构所致，这种布尔迪厄所声称的"男性中心无意识"平稳地、弥漫地、深深地作用于人的身体和灵魂，以至于实施统治的男性和遭受统治的女性都浑然不觉。[1]

（二）男毕业生：性别规训的"再制"

而对于男生，他们又受到怎样的性别规训，惯习又是如何建构规训他

---

[1] 皮埃尔·布尔迪厄：《男性统治》，刘晖译，海天出版社，2002，第246页。

们的场域和话语的呢？I 在大学期间便收获爱情，女孩子是本地的，毕业之后在一家省信用社工作，I 提起未来两人的规划时，强烈地感受到未来结婚成家带给他的压力：

> 目前我个人压力也很大，毕竟女方的家庭各方面要求都很高。你说我现在刚毕业，没房没车的，现在连聘金都有压力。所以我还是要把事业发展放在第一位。可能对今后，不论是家里人还是我自己，还是希望自己能够创业，男人嘛，和女人不一样，就是一定要有自己的事业。

当我们一方面批判社会为女性个体发展制造文化和制度的障碍时，其实从另一个方面说，男性群体显然没有成为"性别战役"的获胜者。当前，男性的社会压力也变得空前沉重，有房有车、事业有成成为青年男子交友求婚的必备条件，"宁可坐在宝马上哭，不愿坐在自行车上笑"成为这个时代流行的婚姻宣言。尽管两性是组建家庭的独立平等的个体，但是在婚姻市场上，财富、地位往往压倒其他成为衡量男性价值的最高标准，而作为男性，积累足够的婚约资本成为他们理所应当的本分。

笔者：那你的这种压力难道没有希望和你的另一半一起承担？

I：我觉得赚钱养家这种事情还是男人的责任多些吧。我是来自单亲的家庭，我母亲是继母。我父辈是 1967～1968 年生那样的，他们那个年代的都很辛苦，在我看来，我母亲也很辛苦。这种家庭的经历，让我下定决心，一定不能让自己的女人吃苦。所以我一直在努力，希望我的女人能够轻松一些。其实我对她的要求不高，主要在家好好待着就行了。当然，首先我要有这个条件让她成为全职太太。如果她觉得无聊要找份工作也可以，但是我觉得没必要那么累的那种。因为毕竟女孩子，这个不是她们的根本。

E 尽管还没有女朋友，但是他却以他的表姐作为对比的例子，强化了自己作为男人在事业发展上的责任：

比如以我和我表姐为例吧。我表姐毕业之后就回大连了，也从事和大学专业没啥关系的工作，但是她在那边就遇到了一个好男人啊，嫁了一个好老公，就过上了衣食无忧的日子。你说我有这个条件吗，所以还是得靠自己的努力，这也是男女就业选择的差别。

事实上，男女都是社会发展的建设者，同时都是社会经济发展的买单者，但是社会传统文化所构建的两性文化以及所形成的惯习，却深深影响着男女毕业生。作为场域中的男女毕业生，也正是深受这种惯习的影响，没有得到强有力的抵抗与有意识的改造，性别的差序等级在与毕业生的相互形塑中得以持续和再生产，使得两性都成为性别规训中的同谋。

人们对两性的角色期望是不同社会性别劳动分工的结果，在康奈尔看来，性别关系是日常互动和时间的产物，普通人在其私生活中的举止与社会中的集体社会安排直接相关，这些安排世世代代被不断再生产出来。① 中国社会文化所建构的男强女弱、男尊女卑、男主外女主内等社会性别文化，在相当长的时期里深刻地影响着男女两性的劳动分工、生产资料占有以及社会地位与社会价值。所以，构成社会性别表层的那些文化要素，实际上内隐着一套相对独立、相对稳定的关系体系和权力机制。这一关系体系和权力机制不仅引导着人们认识、理解和评判男女两性，而且影响了一定时期社会生活的方方面面，包括生产方式、法律制度、教育制度、婚姻制度、社会文化结构与内涵、民众生活方式与心理等。所有这些方方面面又与社会性别隐含的关系体系和权力机制彼此互动、相互呼应，由此而建构起一个相对稳定的系统，共同塑造一定时期、一定文化背景中社会所认可和接纳的男性与女性。②

第四节　毕业生就业流动中的性别镜像：农村女性

在第二章中，本研究对高校毕业生群体的就业流动进行整体性和内部

---

① R. W. 康奈尔：《男性气质》，柳莉等译，社会科学文献出版社，2003。
② 周小李：《社会性别视角下的教育传统及其超越》，教育科学出版社，2011，第36页。

异质性的描述统计分析，在此基础上，通过深入的质性访谈探究了高校毕业生就业流动的心路历程，从而多镜头地呈现高校毕业生就业流动的性别图景。但是，这些研究更多还是在群体层面上展示，缺乏对具体事件人物的深描，尤其是接受高等教育的特殊女性所经历的准备接受高等教育—接受高等教育—就业这样一个教育过程的深度研究，多少使得高校毕业生就业流动的性别图景缺乏了一些厚度和人性的色彩。

农村女大学生是高等教育图景中一个特殊的镜像，折射出高等教育的城乡差异和性别差异。在城乡二元分割的社会结构中，农村女大学生呈现阶层和性别的双重劣势，对这一基于城乡和性别文化交互作用下农村女性真实的状态进行个案深描，对她们的诉说拼接成的故事进行还原和解读，并以人类学叙事研究的方法解读个案行动的逻辑和隐喻，形成了高校毕业生就业流动中特殊群体的另一种性别镜像。

当前，我国大力推进乡村振兴战略，乡村发展为高校毕业生就业流动提供了新的就业平台，农村女大学生也是乡村振兴的潜在生力军，对这一群体的就业流动现状进行形象的刻画，不仅丰富了高校毕业生就业流动的性别图景，而且反思了结构限制对个体行为选择的隐性不公，揭示了性别文化选择下个体的行动逻辑，并在此基础上，反思了高等教育在农村女大学生的人才培养实践中的作为，共同推动乡村振兴战略的实践，实现乡村振兴中经济、文化全面和谐发展。

一 个案：性别文化规训下的农村女大学生择业的行动逻辑

长期以来，在中国既定的语境中，"城乡"不仅是公共社会资源分配的差异，还代表了不同的自我身份认定与发展期望，更意味着对个体有着不一样的制度约束和文化安排。由于农村乡土文化盛行，父权制仍极大制约着农村女性地位的提升，并常常以"倡导传统女性美德""母凭子贵"等话语体系对农村女性的性别角色进行潜移默化的形塑，使其往往被打上传统性别文化的烙印。

农村女大学生沿着教育阶梯向上攀爬求学，历经农村到城市的空间变迁，脱离了农村的文化场域，嵌入大学的新的社会文化空间，随情境的变迁而形成不同的情感结构。走入大学殿堂的农村女大学生，经历了怎样的性别文化规训，表现出怎样的抗争，这种抗争的行动逻辑是什么？作为先进文化培育和传播载体的高等教育应如何作为？这些问题的探究，不仅为农村女大学生群体建构自我言说的范式，发出属于自己的声音提供了通道，从而形塑了丰富、立体的农村女性画像，还为乡村振兴背景下高等教育如何实现性别文化重塑提供了一些启示。

近年来，高校中农家子弟的教育问题获得了广泛的关注。如研究农家子弟在流动过程中于不同文化之间穿梭的情感体验，[①] 或者对农村女性在高等教育过程中的行为选择进行深描，揭示制度和场域等结构性因素对其选择的框约，[②] 抑或是通过某农村第一批女大学生艰难的求学历程从而带来读书改变命运的希望之光进行群像刻画[③]，侧重从某一分析维度，或从城乡的视角，把农村女大学生作为"无性别"的农村学生群体代表，审视城乡差异带给个体求学就业的影响；或从性别差异的维度，对农村女大学生这一群体的教育获得情况进行描述性分析。这种侧重单一维度的研究难以反映基于城乡和性别文化交互作用的农村女性真实的状态，也难以深入思考基于这种真实状态的农村女性的行动逻辑和优化策略。

本研究的个案 A 属于农村女大学生的范畴，其在接受高等教育以及就业过程中的心路历程引发了笔者的深层思考。该个案具有以下特点：第一，来自典型的农村多兄妹家庭，家庭的资源配置有着"重男轻女"的性别偏向，对子女接受高等教育有着不同的性别期待；第二，个案有通过就学改变命运、摆脱男权文化的内在渴盼，又存在被传统性别文化束缚的无力感；第三，个案经历了大学前、大学期间和大学后以及农村和城市交织而成的时空的转换，形成了不同时空模式下的对性别文化的情感体验。因此，本书希望从一个较长的时间段来审视农村女性与传统性别文化互动的过程，其中既包括个体经历的事实，也包括个体赋予事实的意义，以此更深入解读传统性别文化规训与抗争下农村女性的行动逻辑。

---

① 程猛：《农村出身：一种复杂的情感结构》，《青年研究》2018 年第 6 期。
② 周菲、余秀兰：《高等教育与农村女性的有限选择——三本院校农村女大学生叙说的分析》，《高等教育研究》2013 年第 8 期。
③ 闫晓庆、奔厦·泽米：《"求你们让我去上学"——西南某偏远山区首批两个女大学生求学历程的个案研究》，《中国青年研究》2019 年第 8 期。

费孝通先生在《乡土中国》一书中曾经使用情感定向的概念，表示"文化所规定个人感情可以发展的方向"。[①] 也就是说，在任何一种文化中，不同的文化情境会生长出不同的感情定向，感情定向则影响着个体的行动逻辑。农村女大学生跨越阶层和文化边界的经历，决定了性别文化对她们的影响，既不同于土生土长的农村女性，也不同于城市中上阶层子女，她们的情感世界很容易处于震荡与摇摆之中，既在城市和大学中面临新文化情境的挑战，又要不断面对旧有的感情定向的拉扯，在性别文化的作用与反作用中，形成一定的张力。基于此，本研究拟以"规训与抗拒"这一组词语作为研究的视角，审视农村女大学生求学过程中性别文化的规训和抗争表现，解读内蕴其中的行动逻辑。

规训（discipline）这一词源于法国思想家福柯的代表作《规训与惩罚：监狱的诞生》。他认为社会权力的运作是围绕着"规训"而展开的。在词典中，规训一词表征为纪律、规范、校正、训诫、约束以及熏陶等多重含义。[②] 规训作用对象的方式既可以是有形的物质层面，如利用空间的控制、身体的惩罚等，也可以是无形的价值层面，如道德的训诫、思想的灌输和自我形塑等。

抗拒（resistance）从字面上理解是抵抗和拒绝。社会学家莫顿以文化目标与制度化规范的接受与否，提出五种个人适应社会结构的方式，即顺从者、创新者、形式主义者、退缩者、反叛者；除了第一种类型（顺从者）之外，其他类型均可视为抗拒的形态。[③] 麦可拉伦则根据抗拒行为的表现形态将其分为积极性抗拒与消极性抗拒。[④] 本书根据农村女大学生对性别文化规训的行为表现，把抗拒的形态分为建设性抗拒、背叛性抗拒和退缩性抗拒。

"规训"和"抗拒"这组概念，国内外学者较多在社会学、哲学、教

---

① 费孝通：《乡土中国》，北京出版社，2005，第60~61页。

② 米歇尔·福柯：《规训与惩罚：监狱的诞生》，刘北成、杨远婴译，生活·读书·新知三联书店，1999。

③ Robert King Merton, "*Social Theory and Social Structure*," Simon and Schuster, 1968.

④ Mclaren P. L. The Ritual Dimensions of Resistance：Clowning and Symbolic Inversion," *Journal of Education*, 2（1985）：84–97.

育学领域使用。其中，研究学校教育中的"规训"和"抗拒"是重点，如法国思想家福柯在其代表作《规训与惩罚：监狱的诞生》中，深刻地分析了教育中规训技术的精致化。[①] 我国学者金生鈜借助这组概念对学校中的规训化教育进行了批判，[②] 它为我们审视性别文化提供了一个全新的视角，拓展了研究的文化向度。

（一）个案深描：社会性别视角下的农村女大学生择业困惑的叙事话语解读

农村女大学生走进高等教育殿堂的过程，从时间维度看，分为大学前、大学期间以及大学毕业后，空间上则可以区分为城市和农村两种模式，这种时空的不同和转换，也不断切换着农村女大学生对性别文化的认知和情感体验。

1. 大学前：家庭传统文化中的性别规训

福柯认为，微观权力无处不在，它常常以隐蔽的方式潜藏在社会运作体制之中，抑或潜藏在我们的日常生活之中，从而生产出我们所认可的真理与知识，并建立起规训社会。"这是一个从封闭的规训、某种社会'隔离区'扩展到一种无限普遍化的'全景敞视主义'机制的运动。"[③]

在农村家庭中，权力集中在家长手中，他们不仅掌握着家庭固有的资源配置，还主导着家庭话语权的产生和再生产。性别文化作为一种嵌入式的社会文化，历经两千多年农业社会的绵延发展，在宣称"男女平等"的现代社会，依然无处不在地渗透在日常生活的各个角落。农村女大学生在进入高等教育机构之前，这种性别文化的规训体现在农村家庭对子女专业的选择上，同时常常以"这是为你好"作为隐蔽的规训机制。

（1）专业选择背后的性别隐喻

"通过读书改变命运"是农村家庭根深蒂固的教育信仰，这也赋予农村家庭的孩子在求学这条道路上先赋性的动力。A坦言，在读书这个问题

---

① 米歇尔·福柯：《规训与惩罚：监狱的诞生》，刘北成、杨远婴译，生活·读书·新知三联书店，1999。

② 金生鈜：《规训与教化：Discipline and Peideia》，教育科学出版社，2004。

③ 韩贺南：《性别文化"嵌入性"探析》，《妇女研究论丛》2013年第4期。

上，父母还是比较开明的，一直坚决支持他们在求学道路上走下去，没有让他们太早背负家庭的负担。高考成绩出来后，A 的成绩比哥哥好很多，上了本科线，哥哥只上了大专线。A 认为，父母的开明便是在农村社会中依然执着相信"读书改变命运"的朴素道理，但是在她和哥哥的专业选择上，父母的态度出现了明显的性别差异。

> 我哥是模型制造专业，虽然这个专业的学费贵了些，但是父母觉得"男生要有技术，就业面广，多赚钱"。至于我，父母觉得女孩子当老师挺好的，可以顾家照顾孩子，于是让我选了中文专业。

对于农村家庭来说，接受高等教育实现阶层的流动，可以重构个体和家庭的利益格局。A 的父母对两个孩子的教育投资也有着不同的回报期待，但是这种回报的期待并不指向孩子身上所凝集的人力资本，而是嵌入了对性别因素的考量，作为家中的男子，A 的哥哥尽管高考成绩并不如她，未来所能接受的高等教育质量也比 A 差，但是这些并没有成为父母进行资源配置考虑的首要因素。A 的父母把社会性别规范之于男女两性所"应该"指向的角色作为决策的逻辑，并把这种惯习和理念通过家长的权威作用在农村女大学生身上。

有学者用性别的视角重新审视学科的性别认同，认为高校实际上构建了一套与性别文化对应的性别学科，这种性别学科不仅是一种与性别相对应的意识形态，更隐含着不同的价值等级观念，而女性学科常常是女性传统家庭领域活动在社会公共领域（主要为教育、护理、服务）的延伸，[①]不像男性学科在就业市场上备受青睐。

（2）"为你好"的深层逻辑

对于"面朝黄土背朝天"的 A 的父母来说，他们吃过没有文凭的"亏"——大半辈子与土地捆绑在一起。在他们的精神世界里，女性接受高等教育的价值不只在于为个体提供实现向上流动的机会，更重要的是，

---

① 周小李：《女大学生就业难：文化资本与符号资本的双重弱势》，《教育研究与实验》2011年第 1 期。

这可为农村女大学生在今后的婚姻市场赢得更多的资本。缺乏文化教育的农村父母，虽然未能清晰而系统地向农村女大学生阐释接受高等教育与婚姻的关系，却从自身的经历中直观地感受到二者的关系。

> 我爸爸常说："你是我们家族的第一个女大学生，毕业之后，也一定能够找到更好的工作和更好的平台，嫁个城里人，过上城市人的生活。"
>
> 我妈经常会拿我表姐的例子来激励我，并说我今后好歹可以找一个吃"公家饭"的，至少能过上衣食无忧的日子。说了这么多了，还是那句话，这都是为你好。

A 的父母以过来人的生活经验，凭借自己在家庭中所构筑的话语权威，表达对接受高等教育回报的期待，这可以说是一种期待回报的"工具性道德"。一句"这是为你好"以一种关怀的方式对农村女大学生接受高等教育的梦想背后的价值进行形塑、规范，试图使得农村女大学生在追求个人梦想的过程中不忘女性自身社会价值的归属，构建了一种性别角色符合社会期盼的隐蔽的规训。

面对来之不易的求学机会，农村女大学生易于屈从于父母的决策和期盼。对于农村土壤所孕育的性别传统文化规范，生于斯、长于斯的她们便顺从了作用在她们身上的规训。

> 我当时想我爸妈的这段话，也是不无道理的，既然能从农村走出来，今后好歹也不用像我妈那样再找一个农村的对象吧。

可见，在个体社会化的过程中，性别文化就是如此嵌入其所成长的文化系统之中，成为个体社会化的重要内容，并形塑成"有性别的人"。[①]

2. 大学期间：有限的抗拒——"成为我自己"

在离开农村、融入大学的过程中，她们慢慢体悟到了结构性因素而产

---

① 韩贺南：《性别文化"嵌入性"探析》，《妇女研究论丛》2013 年第 4 期。

生的自我限制，在与异质性文化碰撞的过程中，她们察觉到自己需要提升的地方，并不断地调适自己：随着女大学生自我意识的觉醒，作用于其身体的规训被女大学生以"建设"或"背叛"的抗拒形态慢慢地瓦解了。

（1）建设性的抗拒：梦想追求

A进入大学之后，新奇而开放的大学生活、多元化的价值冲击着农村性别规范习得的稳定环境，大学里丰富的知识文化、开放的社团活动不仅开阔了视野，提升了自我，还在一定程度上解构了原来固有的认知，A开始用自己所构筑的梦想抗拒着既有的规训：

> 虽然父母帮我挑选了中文专业，希望我以后当老师，但我的梦想是当一名记者。因此，出来上大学的时候，我就加入了新闻社，从采编到录制，从校内到校外，从大一到大四，我从新闻社的一个小部员，成长为一个新闻社采写部的负责人。我觉得只有做自己喜欢的事情，才能让我感受到自己存在的价值。我母亲和我不一样，她没有文化，没有自己的职业和收入，在家里也自然没有多少的话语权。

抗拒形态是指个体为对抗某种规训，而表现的外显行为或内在立场，包括认知冲突、逾越规范等行为表现，以及隐匿于内心的抗拒心态。A在大学期间用成为记者的梦想来抗争来自"女孩子当老师好，有利于照顾家庭"的规训，用"积极参与和媒体有关活动"的行动表达了"我可以成为我自己，不用依附男人"的性别平等诉求。这种梦想的构筑和追逐梦想的行动，就是农村女大学生以一种积极、建设性的抗拒来瓦解来自父母和农村家庭的性别规训。

（2）背叛性的抗拒：出走的A

对规训的抗拒是一场博弈，固然建设性的抗拒是理想的，因为构筑自己理想、追逐自己梦想的行动不仅极大提升了自我效能感，更能激发难以估量的行动力。但是，只有建设性的抗拒有时候是不够的。

面临毕业去向的选择时，A的父母希望A能够考研，但是A并不这样想：

　　刚上大学的时候，我觉得应该听从父母的建议，考个研究生。但是，我经过对比分析，觉得不能单纯考虑他们的想法。"研究生"固然让我获得更好的平台，也如我妈说的，能找到更好的对象。但是我不这么认为，我的梦想是当一名记者，考研是有机会成本和经济成本的，而记者行业是一个应用型很强的工作，与其花三年的时间去加深理论学习，不如用三年的时间来积累经验，经验对这个行业是更重要的。对我们家庭来说，现在去读研究生并不现实，不如等以后有需要再考虑。

A 最初是希望继续深造的，因为在中国固有的学历分层体系中，"研究生"无疑是金字塔的顶尖部分，特别在我国实现高等教育大众化的时代背景下，一纸研究生文凭已经不仅是学历层次提升的一份证明，更是人生层次跃升的一种佐证。但在 A 看来，放弃研究生的学习是对就业市场现实、家庭情况以及自己的职业规划综合考虑做出的选择。

尽管父母对 A 依然有着更为深远的期待，这种期待不仅是"研究生"的光环带来面子上的收益，还有更深层的婚姻市场上的回报。但是，经过理性思考的 A 并没有顺从父母的要求，选择用"背叛性"的抗拒应对作用于自己身上的规训。

　　在父母的压力下，我是报考了，但没去参加考试。父母因此也挺不高兴的。冷却了一段时间后，我也告诉他们，我有我自己的想法。时代不一样了，女人也可以自己过得很好。我希望以后依靠我自己的力量去实现我的梦想，哪怕以后找对象，也不是依靠我的文凭和学历，而是彼此尊重和爱慕。

A 用"先报考后弃考"的方式瓦解了父母希望通过升学深造提升婚姻资本的价值期待，也带来了两者的冲突和对抗——"父母生气"。A 用时间换取空间，在彼此冷静一段时间后，反过来告诉父母：时代不一样。显然，这是一种背叛性的抗拒，这种反叛性的抗拒意义在于，在某种程度上击败了试图强加在农村女大学生身上的性别文化规训，也在产生着反作用于规训的抗拒的力量，并且借由这种力量更新和改变原有的规训，推动着性别文化的发展。这样，"'被统治者'并非永远属于从属地位，他可经由策略的使用，结合反抗的力量，并通过文化吸纳改造而扩大反抗力量，进而经由意识形态的转换，更新了原有社会的生活方式、习俗、概念、文明和文化的形式和层次"。[1]

3. 大学毕业后：成为传统性别文化规训的同谋

完成高等教育的大学生以一纸文凭作为就业市场的通行证，找寻一份职业以获得教育的回报并实现人生的价值。既有研究表明，在这场角逐中，仅凭借一纸证书还不够，家庭经济地位所附带的社会资本对大学生的就业落实和就业质量产生不可忽视的作用。[2]

对于农村女大学生来说，性别和阶层的"符号"资本在就业市场上意味着什么？她们能否平等、自由、自主地参与竞争？她们面对社会这样一个更大的社会场域的性别规训时，抗拒的力量有多大？能够支持她们走多远？

（1）退缩性的抗拒

A 凭借自己在大学所积累的人力资本进入一家效益不错的报社进行实习，跨出了自己实现梦想坚实的一步，以 A 的理想信念和执着追求，顺着这样的路径走下去，应该有着可期的未来。但是实习一段时间后的 A 却有另一番对职业性别分工的无奈诉说。

在报社实习期间，指导 A 实习的是一个有着较为丰富经验的女记者，与 A 无话不谈，亦师亦友。那一天，是 X 城市百年一遇的台风天气，报社的领导要求采编部的记者必须第一时间赶赴现场报道。尽管极端天气带来难以预料的人身危险，A 还是准备出发。正在他们整装待发的时候，A 的指导老师赶到了报社，"我看到她过来的时候脸色很苍白，人有气无力的，一直出冷汗"，A 这样描述到。对此，领导只是很严肃地说了一句："新闻工作就是要争分夺秒，否则新闻就成了旧闻。这是记者的基本职业操守。"那一

---

① 贝蒂·弗里丹：《女性的奥秘》，程锡麟、朱徽、王晓路译，四川人民出版社，1988。
② 何孟杰、郑育琛：《中国梦视域下的高校毕业生代际流动——基于福建省高校的调查》，《教育评论》2015 年第 10 期。

天，A 的指导老师忍着生理期剧痛泡在水里做新闻采访，但是还是无法圆满完成任务。回来之后没多久，A 的指导老师被调离了这个岗位。

回顾这段经历，A 这样说道：

> 我似乎从她身上看到了若干年之后的自己。我开始怀疑自己对记者职业的坚守是否经得起现实的考验，有一种对"理想很丰满，现实很骨感"的深切的认同。

女性主义文化曾把两性分属于不同的时间体系称为性别时间，女性时间是母性的时间，这种时间指向女性生命中和繁衍生产密切相关的身体经验，如月经周期、婚姻与生育周期、青春期以及做母亲的周期。这种女性时间由于自身的生物节律与自然存在一致性，被认为"延续人类的生命和文明的发展"，并"提供了一种具体的尺度，本质上维护着文明史所共知的多种时间之中的重复和永恒"。[①]

与女性时间相对应的是男性时间，长久以来，人们认为与男性相关的时间是有计划的、有目的的、呈线性预期展开的历史的时间。因此，在漫长的工业化发展过程中，女性的周期性时间感与男性化的、富有侵略性的线性累进式工业时间之间存在不可避免的冲突，此时，父权制的胜利便将女性时间纳入男性时间，于是，主体性的沦落使其成为客体的物。[②]

A 的指导老师的职业精神，无疑是可敬的。但是，在职场"效益优先"的规则下，她并没有被认可。或者说，"女性时间"价值被淹没在追求效益、彰显价值的男性时间中。A 尽管被忍着生理期的痛苦泡在水中采访的指导老师的职业操守所感动，但是其最终被调离岗位的事实使她不得不重新审视横亘在理想与现实之间的这份彷徨，而这一重新审视与其说成为 A 在职业选择中的转折点，不如说是对进入大学之后自己抗拒旧有的性别文化规训的一次妥协。这也成为一种退缩式的抗拒，在 A 的内心里，时

---

① 朱莉亚·克里斯多娃：《妇女的时间》，程巍译，载张京媛主编《当代女性主义文学批评》，北京大学出版社，1992，第 351 页。
② 尹泓：《性别政治与女性时间》，《求是学刊》2011 年第 2 期。

有时无地传出这样的声音：女性天生的弱势、女性的性别分工，决定了有时候难以僭越性别"规约"而去抗争"男性主宰"的世界。

（2）成为传统性别文化规训的"同谋"

女性主义学者曾说，性别文化规则是嵌入个体各种生活当中，不仅是知识的习得、经验的积累，甚至个体的生命事件等都可能完成对个体性别身份的塑造。[①]

实习一段时间后，还发生了一件对 A 来说非常重要的生命事件——A 在大学守护的一段爱情没有修成正果，在毕业之际还是分手了。A 不愿过多诉说这份痛苦的经历，A 只是有些轻描淡写又若有所思地这样说："他不需要我这样的'女汉子'。"在经过一段实习工作的现实洗礼和感情的背叛逃离、无助困顿的日子后，A 似乎有了新的想法：

> 实习一个月下来，改变了我最初的设想。我觉得，女人虽然说也要一份稳定的工作，但是你的角色决定家庭责任没办法推卸。

A 最终放弃了记者的工作，选择在一家房地产公司从事秘书类工作，A 认为，这个工作不需要像男人一样在职场艰难打磨。A 相信这样的工作改变了她原来农村女性的身份危机，虽然融入城市的合法性身份尚未正式获得，但是比起其他农村女孩，已经是不错了。

除了性别符号的弱势所指向的自我边缘化之外，阶层的弱势强化了农村女大学生的这种认知。性别和阶层的二元对立，并非静态的、孤立的范畴或观念，而是会发挥具有等级区隔性的权力作用，阶层和性别的劣势便在 A 身上产生了叠加的效应：一方面，她既要面对新的生活情境的挑战，又要不断经受旧有感情的定向拉扯，这使得她的立场和选择更容易处在震荡之中，难以和旧有的文化和生活决裂；另一方面，她用阿 Q 式的精神胜利法麻痹自己，弱化自我成就动机与成功自信，自觉成为父权制和传统文化对女性性别角色规训的"同谋"。

---

① 韩贺南：《性别文化"嵌入性"探析》，《妇女研究论丛》2013 年第 4 期。

（二）分析与讨论

本案例中的 A 尽管克服了农村基础教育的积贫积弱，克服了家庭资源分配的不平衡，走进了大学的殿堂，习得了文化知识，改变了固化的身份，但是最终屈从于父权制性别文化的规训，甚至参与其中。本研究并非对特定社会群体的统计学特征的研究，所追求的并非统计意义上的代表性，而是这些个案本身在理解具体问题上的"典型性"。"每一个人的内心都经历了社会化过程的打磨，印刻了社会结构的暗影，突出地反映了社会结构的某一个面向。"① 本研究只截取了农村女大学生个体生命历程中的一个片段，从中无法武断地认为目前的职业就是其人生职业发展的终极状态，但是接受高等教育后获得职业身份是一个人重要的人生转折点，对农村女大学生尤其如此。透过这段述说，可进一步分析农村女大学生的行动所受到的限制，并尝试性地提出突围的策略。

1. 行动逻辑：农村女大学生选择的有限性

布尔迪厄的"结构"概念认为，"场域、资本、惯习都是结构不同向度的构成要素。惯习是外部结构内在于个体的认知行动模式，个体的认知、决策与行动无不建立在由场域和资本交相构建的结构基础之上"。② 也就是说，场域、资本和惯习是施加在行动者身上的决定性尺度和外在约束，个体行为是在结构限制下做出选择的结果。

对于本案例中的 A 来说，我国城乡二元的社会结构、农村资源的相对匮乏，使得通过接受高等教育改变社会结构中的劣势地位成为农村家庭的内在期盼，但是传统的性别文化规训在其身下打下较为深刻的烙印，农村女大学生便是在这种期盼和规训的交织中走进了高等教育的学府。在新的场域内，新鲜的生活、更新的理念拓展了视野，重塑了价值观，以一种全新的元素不断地冲击着其原有的认知，让其不断审思，并尝试性地突破规训的桎梏。

在大学期间个体的体验以及日益觉醒的主体性，伴随远离父母带来时

---

① 程猛、史薇、沈子仪：《文化穿梭与感情定向——对进入精英大学的农家子弟情感体验的研究》，《中国青年研究》2019 年第 7 期。

② 乔纳森·H. 特纳：《社会学理论的结构》，邱泽奇等译，华夏出版社，2006。

空上的自由度和主动权，让她们用各种抗拒形态打破旧有的性别文化的规训。但相对于城市学生优势资本累积建构的场域而言，"先赋性"劣势资本使其所累积的抗拒的力量在范围和强度上都显得非常薄弱，当她进入了一个更大的社会场域时，这种抗拒的力量难以抗衡由社会、家庭、职场等多重场域交织形成的强大的、网状的"规训"，最终使得她自觉地退缩，驯服于旧有性别文化的规训，并使得城乡、男女两性在社会地位的差序格局得以持久存在。尽管农村女大学生在接受高等教育的过程中，有过自我的反思并表现出行为的主动性，但是这种反思和行动却受到先赋性因素的制约，在此基础上的行动也显得有限和无力。

2. 突围与路径：性别文化规训下的性别觉醒

性别文化的产生与存在根植于富有中国本土特色的文化土壤，与我国的社会文化、政治、经济和制度等有着千丝万缕、不可分割的关系。它如同割不断的历史，在人们反复的日常实践中，已经内化为个体的习惯和文化表达，影响着人们在家庭、教育、就业中的思维观念和行为模式。[①] 面对根深蒂固的传统性别文化规训，仅靠农村女大学生的自身努力难以实现对此的改变，唯有打破在她们身上的关于制度和文化的性别不平等的多重场域束缚，从而让家庭、学校、职场及媒体在相关理念、决策与行动上做出结构性的调整，才能为其摆脱旧有的文化规训，实现性别意识的觉醒创造良好的外部条件。但是解决结构和体制问题不是一蹴而就的，这意味着她们接受高等教育和社会化的过程，是一个规训和抗争相伴随的过程。

随着乡村振兴战略的推进，会有越来越多的农村女性走入高等教育学府，她们既是政策的受益者，也是乡村振兴战略的生力军。在短期内结构和体制难以彻底变革的当下，高校作为造就人才、培育文明的摇篮，在实施人才培养的具体实践中更应该有所作为，可通过先进性别文化的价值引领、优秀农村女大学生的榜样示范，唤醒农村女大学生抗拒传统性别文化的冲动，帮助其走出自我迷失困境，实现性别文化的价值重塑。只有农村女大学生实现性别文化的觉醒，才能带动乡村性别文化的振兴，从而实现

---

① 武毅英、杨珍：《大学生就业竞争力差异分析——基于社会性别的视野》，《大学教育科学》2013 年第 1 期。

乡村振兴中经济、文化全面和谐发展。

二 个案：农村女大学生的精英情结与社会排斥

（一）研究背景与问题缘起

中国社会数千年的考试文化，从科举到高考，凸显了国家权力机构透过教育与考试制度所完成的精英人才的遴选，并彰显个体或家族"朝为田舍郎，暮登天子堂"步入精英阶层的梦想。对于农村女大学生，她们凭借一纸录取通知书和一张可以期许的毕业文凭，实现了个体"鲤鱼跳龙门"的期盼。我国教育特别是高等教育实现了从精英教育向大众教育的快速发展，但是发展的成果并没有普遍惠及农村家庭。有学者敏锐地指出在"女性"这一指标上，农村女性和城市女性具有显著的差异，表现为进入精英教育的女性较多来自高社会阶层家庭。与高等教育带来的性别均衡发展相伴随的是明显的阶层隔离、城乡割裂，因此，这是一个有限度、有疑问的进步。① 可以说，农村女性仍是一个高等教育利益缺失的群体，能跨入高等教育场域的农村女大学生，无疑是农村女性群体中的"精英"，她们有着天然的精英情结。这种"精英情结"便是个体内心隐藏的对成为优秀群体一员的一种强烈而无意识的冲动，是农村女大学生区别于其他农村女性的内心诉求。

随着我国高等教育大众化的快速发展，大学生就业难问题成为突出的社会和经济问题，性别歧视是大学生"就业难"这一问题最沉重的注脚，引起学者的广泛关注。其中，运用社会排斥理论来解释大学生在就业中遭遇的不公平，为我们研究大学生就业难提供了新的视角。社会排斥起源于贫困问题和社会不公平的研究，1974 年，法国学者 Lenoir 首创了"社会排斥"这个概念，旨在陈述社会边缘的某个群体，因为失业之后没有所得，以及无法被纳入国家福利社会安全保障体系，被国家的经济和社会发展排斥在外。② 20 世纪 80 年代以来，社会排斥问题受到越来越普遍的关注，

---

① 刘云杉、王志明：《女性进入精英集体：有限的进步》，《高等教育研究》2008 年第 2 期。
② Amartya Kumar Sen, *Social Exclusion: Concept, Application, and Scrutiny*, Manila: Office of Environment and Social Development, Asian Development Bank, 2000.

1993 年"欧洲共同委员会"提出了一个综合的定义，即社会排斥是对公民资格的权利，主要是社会权利的否认，或者这些权利未充分地实现。① 社会排斥的现实表现是多种多样的，具有多维度的特性，如今已经成为解释各种社会问题的一个重要的理论工具。国内的学者借鉴这一概念对大学生的就业问题进行研究，如肖云、邹力认为大学生就业排斥包括以个体自然特征为由的排斥，以学历、院校为"门槛"的排斥，以实践经验欠缺为由的排斥以及社会资本欠缺带来的排斥四个方面；② 吴立保、乐青在《大学生就业中社会排斥的影响因素及矫正策略》中从不均等就业机会制度化的角度，分析了大学生就业的主要表现形式，提出了矫正大学生就业社会排斥的制度。③

农村女大学生是我们高等教育图景中一个特殊的镜像，折射出高等教育的城乡差异和性别差异。在城乡二元分割的社会结构中，农村女大学生虽有阶层和性别的双重劣势，但又是农村女性群体中的"精英"，这种个体的主观认知与现有社会结构的不健全、制度的不完善之间的冲突所产生的社会排斥，使农村女大学生在择业过程中充满了矛盾与艰辛，左右着她们的选择，从而更凸显了这个群体在就业过程中的种种"难"。现有的研究更多注重大学生群体社会排斥问题"应然"的思考，鲜有见到对交织在农村女大学生身上的精英情结和社会排斥这种"实然"状态的解读，缺乏放置于城乡、性别公平的宏大叙事背景中的建构，少了对这些特殊群体发自内心的"声音"的微观解读，不得不说是对高等教育公平审视的一个缺憾。

鉴于此，本研究将以农村女大学生就业选择中的述说作为研究内容，以宏大的教育公平为研究目标，全景式地展示农村女大学生在就业过程中所呈现的"精英情结"与所遭遇的"社会排斥"，从而打开农村女大学生就业难新的解读视角。

---

① 景晓芬：《"社会排斥"理论研究综述》，《甘肃理论学刊》2004 年第 2 期。
② 肖云、邹力：《大学生就业社会排斥问题研究》，《中国青年研究》2009 年第 7 期。
③ 吴立保、乐青：《大学生就业中社会排斥的影响因素及矫正策略》，《江苏高教》2012 年第 3 期。

（二）个案分析：对农村女大学生的述说解读

1. 精英情结：大学之于农村家庭的特别意义

（1）农村家庭对"读大学改变命运"的集体信任

我国社会的发展长期以来以牺牲农村、优先发展城市的模式形成了城乡资源不平衡的二元社会结构。对于"面朝黄土背朝天"的农村家庭来说，在相对固化的社会中，他们能做的，就是尽力改变或改善在社会结构中的地位，而接受高等教育则是最可靠的途径。在这位被访者的述说中这一观念得到了证实：

> 在读书这个问题上，父母还是很看重的。因为我的成绩还好，所以（父母）觉得能念的话，就尽量念上去。其他的兄妹们没怎么念书。他们（父母）是有些重男轻女，但是在学习这个问题上，他们还是比较公正的，他们觉得谁的成绩好，谁能念就保证谁。在农村家庭中，他们觉得读书是改变命运的方式，所以他们很愿意把孩子送去读书，觉得读书很重要。我分数不是很高，也不是特别低。JG在省内还算比较好的学校。成绩出来之后，经过考虑就上了这么一所学校。我的学费是一笔很大的支出，可能家庭成本中的很大一部分都花在我的身上。但是，他们也没有说你这四年花了家里很多的钱，要怎样怎样。

我国高等教育分为专科、本科、研究生三个层次，在本科教育层次中根据录取批次不同分为一本、二本和三本。根据我国《高等教育法》，一本、二本、三本具有同样的本科学历和文凭。虽然录取批次不一样，但本科文凭与专科文凭还是有着本质的区别。尽管选择三本比其他类型的高校要付出更高的经济成本，但是在读书改变命运的"精英"价值主导下，农村父母选择这个即便要付出家庭成本中很大的部分，也要坚持让他上这个"学"的决定。

（2）农村女性对上大学充满期待

从女性获得地位的传统途径来看，大学文凭在为她们消除农村与城市文化屏障的同时，更为她们提供了在同一个精英圈子中交友结姻的平台。

这种平台所带来的良好的社会关系资源确保其在农村女性眼中"精英地位"的维持和向上流动的实现。这种来自家庭和同辈的期许、羡慕带给了她们对大学教育的强烈期盼和无限遐想：

> 在我记忆中，我父母经常会给我灌输一种好好读书的思想，甚至在平时，他们也不会让我干太多的农活，而是让我专心把书读好。我渴望读大学，我对大学的渴望，还在于读完大学后对我以及我的下一辈素质的改变，也就是"一代会比一代好"。她们（农村一般女孩）可能会把生活的基础建立在本地的农村中，找一个一般的人结婚。那我出来念书的话就有更加宽广的选择，比如我会选择待在城市，会有一个更好的平台，能够交到更好的朋友。也会更有条件找到一个和我一样的人（对象）。念完大学，我至少会留在县城里，这样从我这一代开始，不再是农村（人）的命运了。这样，可以给我以后孩子更好的条件和平台。

2. 社会排斥：农村女大学生就业选择的冲突与博弈

（1）文化资本的排斥：文化资本的累积性弱势

大学生就业就是凭借其所拥有的资本参与就业岗位的角逐过程，也是社会各种场域赋予其成员何种准入资格的过程。作为大学生文化资本的重要组成——大学毕业文凭，由于受到国家担保，成为"一张真正的通行证"。[①] 政府、职业界以及教育系统赋予大学生所拥有各种资本以权力性符号——如不同类型高校毕业生对于社会机构或生产领域所潜在的不同意义与价值，不同专业学科对于不同劳动类型所可能产生的效益，大学生这种地位与场域转换的成功与成效，主要取决于其所拥有的资本以及职业领域对其资本的认可与评价。可以说，进入什么类型的高校和选择何种专业，往往意味着今后将获取不同的职业、进入不同的社会阶层。

对于城市的大学生来说，他们的父母从义务教育阶段的校际分流、高

---

① 皮埃尔·布尔迪厄：《国家精英——名牌大学与群体精神》，杨亚平译，商务印书馆，2004，第495页。

中阶段文理分科就参与到未来学校与专业就业前景的设计分析中。但是，对于资源相对匮乏的农村，家长所能给予的帮助极其有限。作为农村的女大学生，在尚未跨入大学的高中阶段，对专业与就业的关系是懵懂无知的，甚至她们对"只要能考上大学就好"的期许远远超过了对专业选择重要性的认知：

> 以前也听人家说过三本院校找工作的时候会被排斥，但是父母觉得怎么也是本科。我的成绩也不是特别好。所以就来这里，父母一开始就希望我以后能考研究生，改变本科出身不好的情况；在专业与就业的关系上，其实他们也还是不懂啦。所以基本上还是让我自己选，比如我高中的时候文理科分班，他们也是让我自己选择。当时报考的时候做专业选择时，没有考虑太多，或者说并没有明白专业和就业的关系吧。也没有人告诉我。之所以选择这个专业，主要是因为自己很喜欢中文这个专业。从高中开始，我就一直很喜欢中文。之前一直很希望成为小说家，很希望通过大学的学习、通过这个专业的学习梦想成真。

由于长期处于闭塞的环境和拥有有限的社会资本，农村女大学生在抉择过程中便会做出更多"无知"的决定。本案例中的农村女大学生，其在高中阶段对文理分科、未来专业选择、学校层级等许多关涉未来就业选择的关键问题都未能有充分的认识，这也为在今后择业中的文化资本排斥埋下了重要的伏笔。由于教育累积性的弱势，农村女大学生不仅难以进入研究型重点大学，而且在专业的选择上也趋从于经济成本较低、适合女性特征的"女性学科"。但是，性别学科在就业方面的表现已经被研究证明，签约率高的专业90%属于"男性学科"，失业人数多、就业率下降快的则几乎全是"女性学科"。

> 刚开始的时候，是觉得说去学会计什么之类的，因为我们那边的小工厂其实还挺多的，很需要人，很容易找工作。（父母）也有让我转专业的打算，后来觉得转专业需要各种关系。实际上，中文相对于会计、金融还是冷门专业，找工作很难的。

但是对于从贫困农村家庭中好不容易才走出来的女大学生，她们开始建构自己与专业、社会之间的关系和意义，她们渴望能够把握自己的命运，并且通过自己的努力实现梦想。虽然文化资本的排斥是客观存在的，但是，这种根植在内心深处的梦想所折射的精英情结，使得她们希望通过自己的努力弱化文化资本排斥对自己的影响。

（2）社会资本的排斥：面子的收益遭遇"就业现实"

从表面上看，大学生就业是毕业生通过进入劳动力市场获得一份职业的过程，其背后的实质是不同阶层学生依据自身占有的资本数量和结构进行角逐的过程。[①] 中国文化传统的特殊性决定了社会资本的核心是家庭，大部分的社会关系在本质上是血缘关系的延伸和扩展。社会资本的影响使得毕业生对"前途的选择"不仅是个人的决策，更是整个家庭在所处的社会经济地位的集体决策。[②] 当走到了毕业的十字路口时，求职还是继续深造的选择充满种种矛盾和冲突，农村女大学生不仅要考虑现实中的重重困境，而且要思考做出任何抉择都可能遇到的困扰：父母的面子、社会资本的弱势、经济的压力、个人的梦想和现实的收益。这也是一个博弈的过程。

> 他们一直很希望我能够继续考研，他们觉得研究生毕业之后，也一定能够找到更好的工作和更好的平台，挺气派。我父母常说："你是我们家族的第一个女大学生，如果能有个研究生的头衔，我们该多有面子，脸上会很有光。"
>
> 我刚开始也是想考研的，但是后面仔细想想还是决定放弃。我觉得我不能单纯考虑他们的面子。现在就业越来越难，如果还要继续投入三年的时间和金钱，对我们这样的家庭，是不划算的。所以我就不想一味地遵循他们的意见。

对于农村的父母来说，他们更期盼"会读书"的女大学生能够带来更

---

① 陈卓：《教育对社会分层的影响——基于职业获求的视角》，《教育发展研究》2009 年第 19 期。

② 郑洁：《家庭社会经济地位与大学生就业——一个社会资本的视角》，《北京师范大学学报》（社会科学版）2004 年第 3 期。

高的收益——不仅可以弥补他们在社会资本上的弱势，以更多的人力资本取得更高的教育收益，还可以让他们更有面子。但是，农村女大学生能够感知到社会资本对就业去向的影响：来自农村的家庭在社会资本上的弱势，选择继续深造所需要的经济成本、机会成本，不是仅仅靠文凭和学历可以弥补得了的。如果拥有社会资本优势和经济后盾的话，可以减少大学生在继续求学道路上的"后顾之忧"。即便如此，农村女大学生却没有对这类现象表现出极大的不满或抗议，也不认为这是社会不良运作的表现形式，甚至认为这是一种相对合理的现象：

> 说实在的，如果是家境比较好，你也可以全身心地去考研，但我没有这个条件啊，没办法。现在大家都说拼爹，有爹可拼当然好了，这是正常的啊。但我拼不过，肯定要靠我自己的努力。我觉得在一定条件下还是可以改变的，找工作也是看个人的实力的。

当她们把自己归类于没有原始资本、只能靠自己努力的群体时，一方面激发了农村女大学生在就业过程中强化的精英情结，希望凭借自己的努力获得社会的认可，另一方面对这样的不公正和不合理却采取了默许和认可的态度，只是这种认可多少夹杂着无奈。

（3）自我排斥：性别不平等的无意识

中国传统文化基于对自然世界阴阳论视角的阐释，将"阳"赋予男性而将"阴"赋予女性，并由此衍生出一系列关于男女两性的社会性建构：男性意味着"公"（社会公共领域）；女性则意味着"私"（家庭私人领域）。[①] 这种社会文化所建构的一系列关于"男性"与"女性"的符号所发挥的权力作用在现代社会领域依然发挥着作用。在大学生就业市场上，用人单位面对同一专业、拥有同类文凭的男女大学生，一般优先考虑男大学生，甚至公然写着"男生优先考虑"或者"只招男生"。即便是未明文规定，在录用时偏好男生的隐性歧视已成为不争的事实。而这种传统的男

---

① 周小李：《女大学生就业难：文化资本与符号资本的双重弱势》，《教育研究与实验》2011年第 1 期。

尊女卑、男强女弱性别刻板印象依然跨越时空制约着现代女性对自身角色的认同。女性的"自我边缘化"是女性发展进程中典型的表现。对于农村女性来说，性别刻板印象更深刻地影响她们的最悲剧的后果则在于，"符号暴力"的隐蔽性导致的女性对社会、职业领域性别不平等的无意识。正如这位女大学生说的：

> 我刚开始找工作的时候，也碰到过一些带有性别歧视的公司。我实习的那个公司是 IT 行业的，它就不想要女的啊，因为女的还要生孩子、休产假什么的，很麻烦的啊。一开始的时候，你会觉得是在歧视，内心有些不舒服。但是认真思考之后，你会觉得其实很正常。因为有些岗位就是这样，你可以说你是"女汉子"，但是实际上你会觉得工作很累。这种情况（就业歧视）在现实社会中是合理存在的。

（三）结论与思考

在这位女大学生的述说中，对于她最终选择什么样的"业"不是本书关注的重点，本书更多的是描述分析在择业过程中种种社会排斥带给有着精英情结的农村女大学生择业的"难"：文凭和专业符号的弱势带给农村女大学生择业的"难"，社会资本弱势带给农村女大学生继续深造的"难"，这些归结为农村女大学生的艰难选择。在这些"难"的现象背后，我们该如何理性看待弱势因素、性别差异和社会文化对于农村女大学生择业的不公与排斥？作为推动社会文明、两性公平的高等教育又该承担起怎样的责任？社会又该对其施加何种影响并加以矫正？农村女大学生应该怎样实现性别突围？

1. 理性认识农村女大学生的精英情结

中国社会正处在从传统向现代变迁的过程之中，女性社会地位的获得与维持可谓传统途径与现代策略并举，文凭为她们提供了易于在同一个精英圈子中交友结姻的平台。[1] 同时，这一点对于日益开放的农村女大学生

---

[1] 刘云杉、王志明：《女性进入精英集体：有限的进步》，《高等教育研究》2008 年第 2 期。

同样适用，教育或知识在整个社会中就成了一种非常有价值的一般等价物，即布尔迪厄所说的"符号资本"，在越来越多的女性生命中占有重要的地位，成为影响女性社会地位的重要因素。

这些在这位农村女大学生的述说中也得到充分体现：即便是低层次的高等教育（三本），即便是付出比一般高校更高的就学成本，对于农村女大学生而言同样具有对个体重新塑造的功能——这是她们渴望有别于其他农村女性而融入城市的途径。或者说，农村女大学生家庭和她们本身与生俱来的精英情结恰恰表征了她们对高等教育的集体信任和对高等教育实现社会流动的深切渴盼。因此，对于农村女大学生的精英情结，适当的保护而非一味压制，正确的引导和鼓励她们提升自身竞争力，维护农村女大学生的身份认同，是我们在指导农村女大学生就业工作中应该持有的价值标尺。

2. 合理设计反社会排斥的就业制度安排

尽管对于农村女大学生而言，二元分割的社会结构性矛盾、男性主导的传统文化建构、阶层出身的资本弱势等社会排斥使她们在就业过程中充满了矛盾与艰辛，更左右着她们就业的选择，但是我们应该承认，农村女性走入精英集体，这是现代中国真实情境下的一个巨大的进步，尽管它是跛足的、有限的进步，[1] 解决结构问题、颠覆传统观念不是一蹴而就的，只要城乡二元结构和传统性别观念存在，教育差异就不可能完全消失，城乡差异和性别差异也必然存在。因此，作为高等教育如何保证最大限度激发每个人的才能，尝试施行不平等制度内的相对公平策略，如推行教育补偿制度、完善贫困生资助制度，对确保两性和城乡的公平意义重大。而缩小城乡教育差距、劳动力市场的转型使政府责任不断进行调整，随着新公共管理运动的服务政府理念的引入，政府的责任更不能缺位，政府应成为"公平就业法制环境的推动者、社会保障制度的优化者以及风险规避的引导者"。[2]

3. 实现农村女大学生自身在就业中的性别突围

从对农村女大学生的调查中可以看到，作为体系的受益者和农村中

---

① 刘云杉、王志明：《女性进入精英集体：有限的进步》，《高等教育研究》2008 年第 2 期。
② 赵频、丁振国、马向平：《大学生就业排斥与政府责任》，《中国地质大学学报》（社会科学版）2009 年第 3 期。

"精英女性"的女大学生，并没有深刻意识到体制和结构的性别歧视，即使感知到这种歧视的可能存在，她们依然把这些归因为自己"能力"的不足。而这种"能力"不仅包括后天的获致性因素，也包括无法选择的先赋性因素。她们已经习惯利用大众话语来为自己的行为和选择提供合理性的解释，并且对传统性别意识形态加之身上的枷锁产生了麻木。正如布尔迪厄所分析的"惯习是外部结构内在于个体的认知行动模式，个体的认知、决策与行动无不建立在由场域和资本交相构建的结构基础之上"。①

因此，在社会制度层面和国家就业制度本身没有产生结构性变化之前，作为女大学生的个人应该努力实现自身在就业结构中的性别突围，首先调整自己的职业发展认知，改变传统性别刻板印象。除了学好专业文化知识外，发挥性别优势，拓展自己的知识面和提升学习能力，使女性特有的力量、潜能和优势得到充分的发挥，进一步增强女性自我发展意识，推动社会发展。

本章小结

以社会性别的视角、质性研究的方法探讨高校毕业生就业流动中的性别差异是本研究的一个重要内容，也是一种新的尝试。它弥补了定量研究中偏重现状描述、缺乏内心体验的缺陷，重新建构了让男女毕业生可以言说的研究范式，事实证明这种以深度访谈为主的研究方式也是实证研究的有效尝试，可以重构对毕业生就业流动性别问题的认知。

本章通过选取 11 个男女毕业生的样本，进行了深入的质性访谈，形成了丰富的一手访谈资料，并对访谈资料进行三级编码，提炼本土概念，进行资料的微分析，通过研究者和被访谈者的不断对话，为系统的研究做好铺垫。再从男女毕业生的述说去建构相关的研究理论，分析出男女毕业生在进行就业流动过程中的性别隐喻。首先，从毕业生就业流动的"基础"——专业选择开始，本书认为在目前高校中，业已存在泾渭分明的男性学科和女性学科。虽然学科专业性别隔离并不一定就是性别不平等，但

---

① 乔纳森·H. 特纳：《社会学理论的结构》，邱泽奇等译，华夏出版社，2006，第 175 页。

进一步研究发现，男女毕业生在接受高等教育的过程中，专业选择的背后蕴含着性别文化，即形成了一套与就业领域联合起来的学科专业规训，支配着劳动分工和角色分配，并由此而建立起一套"男主女从""男强女弱""男主外，女主内"的社会秩序。通过学科（专业）的规训，男女毕业生接受专业训练的过程并不是一个平等、自主接受教育的过程。当男女毕业生持有这样的"文化符号"进入就业流动中时，文化符号就像一种筛选的机制，指引着他们就业流动的性别归属。

其次，当毕业生进入劳动力市场进行职业选择的时候，职业的性别隔离使得初入职场的毕业生面临性别与职业的迷失：职业并非性别中立，而是被塑造成适合男性和女性的工作，并依据此建立起相应的性别符码。从这个意义上讲，男女毕业生就业实质上并非在找寻一份工作，而是在寻求一份与性别相适应的"父职"或者"母职"。同时在就业流动中，如果男性在"女性气质"为主的行业中工作，往往获得相对的优势地位，而女性如果摈弃女性气质，塑造成具有男子气概的"女汉子"，这种"女汉子"在带来女性对自身角色认知的模糊以及无所适从体验的同时，也让男性从内心排斥了这样的女性形象建构，最终使得"女汉子"成为现实世界里的另一种尴尬和无奈。

通过男女毕业生对"留"和"流"的述说进行对比发现，性别文化就像一种推拉作用力，对于男性毕业生而言，传统文化和习俗产生推力作用，允许和鼓励男生向外寻求发展的空间；对女生而言，则产生拉力作用，限制和禁锢女生向外扩展的可能，并为她们划定了相对闭塞的区域和空间。在这种性别文化的作用下，女性毕业生表现出比男性毕业生更强的流动惰性，这也表现了性别角色的不同期待和规训在男女毕业生身上产生的作用力和影响。

最后，运用人类学的叙事研究方法对两个典型的个案进行深描，对个案所经历的故事进行还原，解读了传统社会所构建的性别文化对农村女大学生的影响，揭示了具有阶层和性别双重劣势的农村女大学生在接受高等教育和就业的过程中，尽管有过自我的反思并表现出行为的主动性，但是这种反思和行动却受制于先赋性因素，而在此基础上的行动也显得有限和无力，使得她们没有进行强有力的对传统性别文化规训的抵抗与有意识的改造，性别的差序等级在与农村女大学生的相互形塑中得以持续和再生产，再次成为性别规训中的同谋。

通过本章的访谈，本研究得以深入男女毕业生的内心世界，去解读他们在就业流动与选择中的真实感受。进一步的研究也发现，无论男女毕业生，作为就业选择的主体，他们都有按照自己本性自由发展和选择的权利，当社会文化和制度对女性毕业生产生限制和禁锢的时候，其实也用同样的方式禁锢着男性，过度绑架了他们的责任。从两性平等发展和解放的意义上讲，男性和女性需要得到同样的关怀。

需要进一步说明的是，本章的研究属于质性研究，研究主要是采用深度访谈和叙事研究的形式，因此在样本的选择和控制上，可能受到笔者本人的影响，获得的结论也有待进一步讨论，但是这并不妨碍体现本研究中的被访谈者真实的"故事"和"感悟"所折射出的对社会性别文化的思考，这对我们的研究的深化也有着较高的价值和意义。

|第四章|

影响机理：高校毕业生就业流动的性别省思

第一节　高校毕业生就业流动性别分化的影响因素

高校毕业生的就业流动受到宏观外部因素和微观个体力量的共同影响。在这一空间迁移和身份变迁的过程中，一方面，高校毕业生与社会场域发生千丝万缕的关系，既存的社会经济发展二元性、市场经济的推行是高校毕业生就业流动的社会经济结构基础。文化传统与现代社会交织下的价值观的冲突、嬗变等因素，构成了大众化背景下高校毕业生就业流动产生性别差异的外部环境。另一方面，社会宏观影响因素已内化于毕业生个体，使得个体的就业选择体现了个体与社会之间关系的解构和重构，个体特征、家庭禀赋要素以及主观认知都影响着个体的就业选择。通过调查分析和访谈，可以从宏观层面和微观层面对高校毕业生就业流动性别分化的影响因素做进一步分析。

一　高校毕业生就业流动性别分化的宏观影响因素

（一）二元的社会经济文化制度

在工业化发展过程中，我国形成了二元社会经济制度结构，这种二元的社会结构不仅表现为经济领域的差异，更体现在社会组织制度方面。其二元性表现在三个方面：其一，技术或生产率差异的二元性，这种二元性主要是技术手段等原因造成不同部门之间经济增长的差异性和不对称性；其二，组织制度差异的二元性，市场经济制度和政府体制的不完全性造成了资本市场、劳动力市场、政府管理的二元性，从而形成了有差异的组织经济制度；其三，空间发展不平衡的二元性，这种不平衡是基于地域经济发展不平衡而形成的。①

在我国社会发展进程中一个较长的历史阶段，由于二元分割的社会结构和相应的制度安排表现在就业流动上，也形成了大规模、单向度的高校毕业生就业流动。从流动方向上看，高校毕业生从农村流向县城、城市，从不发达地区流向发达地区，从体制外的工作流向体制内的工作。这种二元分割的经济在毕业生之间制造了群体与群体之间的互相竞争和进一步的分化。当二元的社会经济结构和不同性别群体的毕业生交互影响时，实际上形成了毕业生群体的利益分化。正如调查所显示的，在性别与二元社会经济结构交互下，形成了男女毕业生利益群体的分化。其中来自农村和劣势阶层的女毕业生成为就业流动群体的利益被剥夺者，位于利益链的末端。城乡之间的壁垒和阶层固化的障碍甚至超过了就业流动中的性别隔离，表现为农村毕业生在向城市流入时明显受阻，尤以农村女毕业生为甚，而优势阶层的毕业生则维持着优势阶层的复制和再生产。由于制度和结构性因素的制约，不论是优势阶层还是弱势阶层，在某种程度上依然重复并传递着既有的社会分层故事。社会经济发展的二元分割，不但加大了二元经济结构转型的难度，而且进一步加剧了男女毕业生就业流动的差异。

（二）大众化背景下的教育社会功能弱化

对于接受高等教育的毕业生个体而言，只有通过接受高等教育在就业市场上找到工作岗位，才能确立自身实现价值的空间位置和身份职业。柯林斯认为教育的资格正被用来充当"限制角逐社会和经济有利地位的候选人的一种稀缺资源"，并且将这些有利的社会地位卖给"教育证书的持有者"。② 这也被视为高等教育发挥社会分层功能的一种经典描述。在这个意

① 李鸿阶：《福建居民收入差距的主要表现、原因分析和政策建议》，《亚太经济》2014 年第 1 期。
② 葛立祥：《台湾工业化过程中缩小城乡差距问题研究》，《台湾研究》2009 年第 1 期。

义上，高校毕业生个体就业流动的性别分化，也受到教育的社会功能的影响。在一定阶段，教育因素的作用力还有可能强于市场因素、性别因素的作用，能有效促进社会流动。

在精英教育时代，身份是个体实现阶层流动的重要维度。接受高等教育，意味着具有与之前不同的身份标识，获得了在阶层流动中向上流动的基础和条件。高等教育的这种功能同时作用于男女毕业生。精英教育阶段的高等教育是一种稀缺的社会资源，此时高等教育的社会分层的正向功能在不同性别毕业生群体中可能不会显示明显的分化。进入大众化教育阶段后，高校毕业生就业呈现供求关系的显著变化，特别是高等教育的扩张与社会经济发展不协调、社会吸纳能力增长远远滞后于大学生增长速度之时，大学生相对过剩，毕业生的就业难或者失业问题成为大众化教育阶段屡见报端的社会问题。

当毕业生遭遇就业难的现实时，在现存的社会结构中，男性毕业生为了保持优势地位或者向上流动所需的优质政治资源、经济资源和文化资源，往往会在岗位竞争中与女性毕业生展开激烈的角逐。由于传统的性别结构和性别观念，以及职场性别歧视等因素的存在，女性向上流动的机会较少且频率较低，此时女性毕业生受到了就业岗位的挤压，只能在较低的职业层级寻找工作。即便获得了合适的就业岗位，女性也常常遭遇"玻璃天花板"。雇主和用人单位出于成本和效用的考虑，即使女性付出同样的努力，也往往会偏好选择男性。前文的定量研究和质性访谈佐证了这样的观点。

（三）传统和现代的价值观冲突

中国的现代化属于晚发外生型，当它从传统社会向现代社会转型之时，同时受到传统、现代与后现代这三种社会形态的显著影响。① 中国社会发展的"时空压缩"特性，表现为传统价值观和现代价值观的交织共融，东方文化和西方文明的冲突碰撞。在这种复合时空压缩下，处于多元现代性场景中的中国社会文化及其成员呈现复杂性的价值冲突，高校毕业

---

① 吴鲁平：《发达国家青年价值观变迁的启示》，《中国青年研究》2001年第5期。

生就业流动中的价值选择也被深深打上了多元价值冲突的烙印。

一方面，随着市场经济体制的不断推进，越来越多的女大学生投入职场，从这方面看，中国女性表现出摆脱男性依附、实现自我的诉求和愿望，对传统的性别角色进行了解构和重塑。另一方面，中国社会惯有的思维中贤妻良母式的角色定位是女性典范的人生价值的实现方式，对女性本质主义回归的召唤会引起社会对其是不是好妻子、好母亲的讨论，迫使女性陷入了"道德选择"的困境，使得她们在"走出家庭"和"回归家庭"的十字路口徘徊。这也是毕业生在就业流动中表现出明显的行业性别隔离，在跨省流动、城乡流动中表现出流动惰性的重要影响因素。同时，从质性访谈中体现的"女汉子"的性别角色尴尬，直接指向了传统与现代性别角色的紧张冲突。在我们访谈的案例中，也折射出男女毕业生在传统性别文化期待下不敢僭越、备受性别文化的规制。研究的个案访谈多处折射出这样的价值指向，如访谈案例中的 G 所谈及的较为极端的个案，体现出社会文化根深蒂固的价值取向：对于失败的婚姻，更多的人把质疑和苛责的眼光投向了女性。

尽管时代发展到了现代文明社会，从某种意义上可以说，传统的男权时代所形成的文化体系和行为规范失去了赖以生存的历史条件，"男主女从""男强女弱"的性别理念所形成的文化体系也发生了一定程度的松动，女性的自我实现是一个不可逆转的趋势。但是，社会意识具有相对独立性，它的改变具有滞后性，父权制文化时代下的性别观念和意识，直至如今还在不少人的头脑中根深蒂固，使得就业流动中的性别差异状况深受影响。

二 高校毕业生就业流动性别分化的微观影响因素

(一) 学科专业的性别属性

高校毕业生的专业选择是其进行社会职业选择的前提。虽然毕业生就业时专业和职业并不完全匹配，但在很多情况下专业具有不可替代性，且专业与岗位的匹配度也是个体就业质量高低的重要表征。因此专业不仅是人力资本的基础，更是个体从事不同行业和不同岗位的基础，对不同性别高校毕业生的阶层地位获得、区域流动和行业准入、就业收益产生直接的影响。

从定量研究的结果看，高校毕业生在专业选择上依然存在明显的性别隔离，表现为女生难以进入具有就业优势的专业。有学者指出，专业本身意蕴着"男强女弱"的价值等级观念，其作为行动主体长期以来都不是性别无涉的，而往往被塑造成适合男性和女性的。① 无论是从专业与性别之间的逻辑还是历史发展的角度审视，性别、专业以及就业之间都存在内在的相关关系。女大学生的处境之所以与男大学生不同，来自教育方面的原因就是女大学生所选择专业的职业效益。毕业生就业流动中的行业分布和收入等级差异的对比显示，高校毕业生的专业、性别、行业和收入形成了一条体现多重因素交互作用下泾渭分明的性别分化逻辑，即女性往往在进入高等教育体系时倾向于选择女性专业。在行业的选择过程中，由于人力资本驱动就业岗位的匹配，女性友好行业往往成为女性毕业生的选择。甚至可以说她们在进入职业体系的选择中，往往不是在寻找一份真正的职业，而是寻找一份"母职"。职业的性别色彩有时候还挤压了岗位职责本身，在这种情况下，女性的行业分布还对应着较低的经济收入，而男大学生则刚好相反。

从访谈所获得的信息看，职业被深深烙上了性别符码烙印，不仅表现在初次职业选择中的岗位要求和流动收益情况，更体现在职业发展空间与男女毕业生之间的差异中。如访谈中 J 同学的案例，虽然 J 在初次岗位的获得上，从职业的外部溢出效益看，并没有明显的性别优势，从职业发展的前景看，专业的性别属性却提供了一种显著的正向作用力。从 J 所谈及的经理对其职业发展规划的"暗示"中，可以窥见一斑。在 J 的经理看来，J 之所以有可能脱颖而出，是因为男孩子从事信息管理这种工作比起女孩子应该更适合些，至少在逻辑思维能力上，不是女孩子可以企及的。J 就是凭借专业的性别优势和自己的生理性别优势所形成的马太效应，进入了职业发展的成长期。因此，在劳动和就业领域，专业的性别属性是一个应得到高度重视以及显著区别对待的因素。

---

① 王俊：《论高等教育中学科专业的性别隔离》，《高等教育研究》2005 年第 7 期。

（二）家庭的禀赋要素

费孝通教授早在 20 世纪 40 年代就提出中国的传统社会关系的互动与建构是按照"差序格局"来运作的。这种差序格局体现为，在人际交往模式中，以"自己"为中心，把与自己交往的他人按照亲疏关系分为几个同心圆，与自己越亲近，离圆心的位置就越近。[①] 在家庭流动交往所形成的关系中，按照法国社会学家格拉诺维特提出的分类法，社会关系又分为"强关系"和"弱关系"，"强关系"侧重于情感交流，"弱关系"侧重于工具交换。[②]

子女的就业流动方向往往受到家庭禀赋要素的重要影响。这一观点可以与毕业生阶层流动、城乡流动中的复制性流动的现象相互印证。当父母处在优势阶层的时候，这种优势阶层的地位往往能够得到进一步的继承，来自优势阶层的子女比来自劣势阶层的子女更占有利地位。在城乡流动中，较之农村生源的毕业生，来自城市的毕业生更多地流向了城市地区。访谈对象中来自城市的 C 和 H，他们就是通过家庭的社会关系获得了城市的一个稳定的工作；而来自农村的 G 最终留在了一个县城，虽然从地域特征来看，实现了从农村到县城的流动，但是比起 C 和 H 所在的城市，二者在流动的质量上还是有着较大差距。

这种家庭禀赋要素的影响在毕业生的就业流动中呈现叠加效应，特别是在性别对比的表现上，差异则是显著的。例如访谈中的 B，由于 B 是女性，尽管其家庭的社会资本不是很强，但是依然通过弱关系的作用即 B 的舅妈获得了一份可以依靠的婚约，B 的流动依靠婚姻交友的方式，是依附性的，而其本身内驱性的向外流动却是受到限制的。但是，B 的弟弟则通过强关系（他父亲生前的好朋友）谋得了一份在国外经营产业的机会。还有我们的访谈对象 I，其从环境工程专业转行从事了证券金融行业，其中父亲的"强关系"发挥了很大的作用，父亲对其就业岗位的干预还源于其男孩子的性别身份和期待——因为是男孩子，应该去寻找更广阔的空间，

[①] 费孝通：《乡土中国》，生活·读书·新知三联书店，1985，第 25 页。

[②] Michael J. Greenwood, "The Geographic Mobility of College Graduates," *Journal of Human Resources* (1973): 506 – 515.

回家会很"怂"。来自家庭禀赋要素对毕业生就业流动的重要影响，嵌入父母对子女的性别角色期待中，使得高校毕业生在就业流动中呈现一种既要符合社会利益博弈，又要满足社会角色期待的流动，体现了男女毕业生的角色差异。

（三）个体的性别意识

性别意识是在一定的社会文化背景下，个体在社会化过程中形成的对男女两性社会位置、权利和责任及彼此作用关系的认识和评价。按照性别意识的历史特征分类，分为传统和现代两种。性别意识包括三个内容：平等意识，指在尊严与社会权利上男女两性的平等关系；差异意识，指在承认男女生理存在差异的基础上的性别气质和性别角色定位；协调意识，是对男女两性协调发展的强调。[1] 其中，性别平等是性别意识的最基本、最重要核心概念。个体的性别平等意识作为个体社会化或社会文化内化的结果，既受到个人外部生活环境和个体自身因素的影响，又会对个人行为选择及其结果产生相应的影响。

先进的社会性别意识能够激发女性追求事业成功的内驱力。这种先进的性别意识表现为个体拥有更强烈的两性平等的价值追求，更强烈的摆脱男性束缚的独立意识。当女性拥有这种性别意识的时候，就会在事业上追求更加卓越的成绩，从而实现事业的成功发展。而传统的性别意识会降低女性的职业期望并削弱其成就动机。例如访谈中的G从小就受到传统性别文化的规训，甚至可以说在G身上还潜存着相对落后的性别平等意识，这种个体的性别意识削弱了其职业发展的动机。更为典型的是A，A本来在大学期间积累了良好的人力资本，包括学业成绩和社会工作能力等，但是在经历了爱情的挫败和实习的见闻之后，最终选择了一份背离"男性化"气质的工作，大学期间积累的人力资本并没有转换成就业岗位中的推动力，不得不说A受到传统的性别意识的深刻影响。

当然作为性别平等的意识除了对性别平等的认识和追求之外，还应包括性别差异意识、性别独立意识、性别分工意识和性别抗争意识。在当前

---

[1] 王慧：《女大学生就业质量研究——以福建省五所高校为例》，博士学位论文，厦门大学，2015，第132页。

高校毕业生就业日益困难，不同群体竞争日益激烈的特定时期，这种性别平等的意识差异又进一步影响到两性就业领域中的博弈关系。

第二节　高校毕业生就业流动性别差异形成机理

高校毕业生的就业流动受到上述宏观、微观因素的影响，那这些因素又是通过什么机制、如何作用于就业流动中的高校毕业生呢？对此，有必要从"机理"这一概念出发，剖析高校毕业生就业流动中性别差异的作用路径及其相互关系。

机理是指在一定的系统结构中，为实现某一特定功能，系统内的诸要素在一定环境条件下相互联系、相互作用而形成的运行规则和原理。高校毕业生就业流动的性别差异是一个复杂的社会现象，产生性别差异是结构性因素作用的结果，其中既包含宏观层面的因素，也包括微观层面的作用力，体现了二重性的特征。这种影响和作用使得男女毕业生在当前国家体制内倡导和推行男女平等的话语体系下，呈现如此泾渭分明的差异。可以说，这种差异更多的不是基于男女两性生理性别差异的尊重和理解，而是在社会文化建构的基础上赋予"男优女劣"的性别"待遇"，并在社会结构中再制了"男强女弱"的差序格局。由于不同要素对毕业生就业差异的影响大小、路径依赖是不尽相同的，这种不同在何种程度上影响了毕业生的就业流动差异就成为一个问题。

基于此，有必要对毕业生就业流动性别差异的形成机理进行具体分析，特别是对各个因素的作用情况做进一步的阐释和提炼。结合思辨研究的方式，在对前述具体因素的综合分析基础上，进行毕业生就业流动过程中产生性别差异的机理探究，从而更好地分析归纳男女毕业生在就业流动中性别差异的特征和规律。

一　根本作用：传统性别文化

性别文化是指贯穿人类发展过程的以文化意识形态存在的性别意识、道德观念、理想追求、价值标准、审美情趣、行为方式、风俗习惯等，它是男女两性生存方式及所创造的物质与精神财富。① 性别文化是一种社会亚文化，一定时期的性别文化的建构是以社会文化为存在根基的，这个建构的过程割不断纵向的历史发展继承，离不开历史赋予的本土特色。

我国经历两千多年的封建社会，构筑了一套以父权（男性）为中心的宗法制和以儒学为理论基石的性别关系和性别结构。这种以男性为中心的性别文化，"男尊女卑"是其基本内容，并渗透在整个社会的政治法律、文化教育乃至伦理道德体系中。这种性别文化就像一副沉重的枷锁，禁锢着中国女性的发展。直到 20 世纪初新文化运动的兴起才开始荡涤封建社会性别文化的阴霾，并借助于"救亡图存"的时代使命，依靠男性的力量实现了对女性的解放，奠定了当代中国和西方社会迥异的妇女解放传统，也使得女性自主意识被遮蔽在自上而下的革命运动中。另外，尽管新文化运动的启蒙知识分子和新民主主义革命家将妇女解放问题作为"国民性改造"的基本问题，男女平等在"五四"运动和新文化运动前后成为一种强有力的社会性别话语。但当时混乱的社会局势使得社会依然广泛存在对男性的偏好，传统"男强女弱"的性别文化依然是当时社会的主流认识，难以被改造和僭越。

新中国成立后，国家意识形态以男女平等的政治要求实现了妇女的解放。在那个年代，中国社会的舆论以"时代不同了，男女都一样"为主流话语，推崇的是"男同志能够做到的，女同志也能做得到"。但是这种"男女都一样"的社会性别建构，表面上看是男女实现了彻底的平等，但此时女性的群体形象是以男性为标准和原型建立的，正如魏国英教授指出："从某种意义上说，与其说 1949～1979 年的性别文化的基本特征是无性化，不如说它是一种极为特殊的男性化更为真切。于是，这一空前的妇女解放运动，在完成对女性精神性别的解放和肉体奴役消除的同时，将女性变成了一种子虚乌有。女性在挣脱了历史枷锁的同时，失去了自己的精神性别。"②

---

① 魏国英：《性别文化的理念建构与本土特征》，《内蒙古大学学报》（人文社会科学版）2003 年第 4 期。

② 沈奕斐：《被建构的女性——当代社会性别理论》，上海人民出版社，2005，第 81 页。

伴随着改革开放以来的市场经济体制推行，市场经济体制下不断被强调的女性本质主义回归成为一种时尚话语，盖过了过去在意识形态上被消弭的"性别差异"，这种强势的"女人味"建构了新时代社会性别认知，并使得一度被摒弃的"女不如男"的话语体系重新进入社会的主流话语体系。[①]

延绵两千多年的"男尊女卑"的性别文化，尽管在不同的历史发展阶段有不同的变种，但是这种根植在中国特有的社会文化发展土壤上的性别文化是一种深层的观念形态和文化表达，表现出相当的顽固性和强大的生命力。尽管当前我国处于社会急剧转型时期，传统、现代甚至后现代的生产方式交织并存，时空压缩并存，但是传统性别观念和性别文化依然穿越漫长的历史，表现出强大的历史惯性。[②]

更为重要的是，这种根深蒂固的性别文化现在依然有着广泛的受众，家庭、社会和市场甚至毕业生个体都难逃传统性别文化的规训。尽管随着女性受教育权利的获得，越来越多的女性获得了就业岗位和自主权利，但是，社会分配的天平依然向男性倾斜，因为"它不仅是男权统治和资源配置向男性倾斜的文化基础，而且内化为不少女性的自我性别约束和对男女不平等社会安排的默许和认可"。[③] 传统性别文化通过家庭、社会、市场和个体，构筑了一套"合理"的制度和规范，并渗透其中，形成了产生两性就业流动性别差异的根本原因。

二 主要作用：市场经济制度

新中国成立初期，由于各项基础较差，国家通过推行一系列的举措建立高度集中的统分统配的毕业生计划就业分配体制，满足人才配置的需求。在这种分配机制下，高校毕业生分配工作以政治命令的方式进行，毕业生被要求到"祖国最需要的地方去"。因此，在这种强制性的分配制度

---

① 钟雪萍：《"女人味"大观：中国大众文化中女性形象和女性话语的培育》，载李小江、朱虹、董秀玉主编《主流与边缘》，生活·读书·新知三联书店，1999。
② 肖富群：《拯救男孩与否：基于社会性别的视角》，《中国青年研究》2010年第11期。
③ 敖山、丁小浩：《基于性别差异的我国高校毕业生就业特征研究》，《教育与经济》2011年第2期。

下，在社会"男女都一样"的话语形塑下，男女毕业生在就业流动中缺乏选择的自主权，当时的社会还以"男同志能做到的，女同志也能做到"来衡量女性在社会领域的成就。在那个特定的历史时期，男女毕业生在就业流动中，面临的是一种无差别化的就业和制度环境。

改革开放逐渐打破了高度集中的计划经济体制，以市场经济为主体的经济模式逐渐成为我国资源配置的基本方式。市场经济强调的是各个利益主体在市场环境中最大利益的获得和最大价值的实现，并以"效率优先、兼顾公平"为圭臬。尽管"效率"和"公平"构成了市场经济价值基础的两个基本面向，但是"没有效率做基础，公平常常成为一句空话"。在这种价值理念的主导下，市场行为的各类主体包括雇主、即将进入劳动力市场的高校毕业生、政府以及人才培养承担者——高校，都在不断调整自己的行为和决策以适应市场选择的需要。其中高校的毕业生就业制度也相应地由"统分统配"逐渐转为"计划调配为主，双向选择为辅"的双轨制，直到20世纪90年代"政府指导、自主择业"的以市场为主体就业模式出现，高校毕业生个体才成为真正的就业选择的主体。这种就业制度的变迁就是各个利益主体不断适应市场经济发展的需要而做出的就业制度调整的结果。

我国高校毕业生就业政策的变化，从表面来看，推行的是毕业生与就业市场的双向选择，强调"资本、理性、效率"的市场逻辑，实施和作用的对象是所有高校毕业生，似乎不存在性别意蕴。但是，透过表面的制度安排进一步探究就业市场的现实，却可以发现市场经济发展带来的诸多令人担忧的性别歧视问题。

首先，从雇主的角度看，效率优先的市场准则，使得他们在雇人或安排岗位的时候往往会趋于现实功利主义，进行精打细算的成本收益考量：女大学生和男大学生相比，存在自然附着成本，包括生育成本、补偿性工资差别、预期劳动生产率、转岗培训成本和额外福利支出等。雇主如果使用女大学生，意味着要比男大学生支付更多的成本。[①] 传统两性分工模式

---

① 胡安荣：《企业拒绝女大学生的经济学分析——贝克尔歧视理论的拓展和运用》，《市场经济研究》2004年第4期。

的延续，使得女性有限的精力难免要在劳动力市场和家庭事务中做出分割，不仅影响其在岗位上的劳动生产率，还往往会因为工作和家庭的冲突退出劳动力市场。因此，雇主会更加倾向于将女性安排在一些对经验或技能依赖程度相对较低的职位（如果有人离职，也更加容易找到替代者）甚至直接用男性来代替女性，以此来规避雇用女性的风险，降低雇佣和培训成本。

作为进入就业市场的毕业生群体，是有性别的个体嵌入社会情境之中，因此只能在一个已经被结构化的就业市场做出自己的选择。与男性相比，女性背负的家庭责任使得其在进入劳动力市场的时候会倾向于选择某些特定的职业，这些职业对工作者的人力资本要求比较低，从而对女性（家庭的缘故）间断的就业状态的"惩罚"最小（对她们的工资影响最小）。① 这些人力资本投资比较小且可以让她们兼顾家庭的职业，也意味着只能获得相对更低的经济报酬。对男性而言，市场经济对男性所建构的传统角色也进行了重构：拥有权力、财富、经济地位成为市场经济时代所谓的男性文化，这必然催促男性去搜寻具有更高劳动报酬和更大发展空间的就业岗位。

市场经济正在成为建构性别的主要权力，而这种权力的作用构成了市场经济条件下男女毕业生就业流动的关键。尽管市场强调中立的原则，给两性提供了一个公平参与竞争的机会，同时又给予两性"个体的自由"，但是在强大的市场运作逻辑中，作为个人自由的选择空间最终还是驯服于市场的效率要求，从而做出了适合自己性别规约的选择，使得市场再生产了"男强女弱"的性别格局。也就是说，市场经济制度以效益优先的原则形成了雇主对男性的偏好，最终作用在劳动力市场中，并形成了"男强女弱"的性别格局，表现为在阶层流动中的"男上女下"，在农村向城市流动中的"男多女少"，在流动收益中的"男高女低"。

三　隐性作用：高校性别教育缺位

高校作为人才培养的单位，不仅要教授学生专业知识，使学生获得今

---

① 李春玲：《中国职业性别隔离的现状及变化趋势》，《江苏社会科学》2009 年第 3 期。

后从业的技能，更要承担学生德行素养的教化任务，培养人格健全的大学生。长期以来在教育领域所形成的以知识教育水准为尺度的教育制度，使得对学生个体的考核依然是"知识本位"的，人格、品德等德行素养的培养似乎难以被纳入人才培养的课程体系，只能散见于第二课堂的校园文化中，枉论社会性别观在大学人才培养中的地位和作用。以此审视，当前的高校明显存在性别教育的盲区，主要表现在教育思想、教育环境、教育主体、教育内容的缺失上。

首先，从学生赖以生存和发展的教育环境上看，包括校园文化娱乐、舆论风气、社会活动等，对性别问题的关注的敏感度不够。例如，高校的师资力量的性别结构存在"男强女弱"，女教师表现为"低职多，高职少；基层多，高层少；副职多，正职少；党群岗位多，行政岗位少"的状态。这一事实本身隐秘地向大学生们传递着传统职业构成上的性别意蕴。高校的校园文化活动组织在对学生的引导中往往缺乏性别意识，所谓的素质教育常常遮蔽了男女大学生的"性别"身份，使男女大学生在职业规划中对自己缺乏清晰定位，对自己的能力预估不足，这不能不说是一种欠缺的、不完整的教育。有学者指出，在这种教育环境下，隐性的性别偏见依然如故，在校园里若隐若现地继续传播着传统的性别角色观念，强化了新生代大学生刻板片面的性别角色观念。①

其次，从学校传递知识的重要媒介——教材来看，教材往往成为复制性别偏见的载体和制造性别隔离的催化剂。以教材为主的教学内容往往隐含某种价值取向，潜移默化地形塑着学生的价值观。美国学者艾米莉·斯态尔在《课程：窗口和镜子》一文中比喻道："如果把教材比作学校建立在学生周围的建筑物，那么在理想的情况下，教材应为每一个学生提供了解他人经历的窗口和反映自身价值的镜子。"② 当这些"窗口"和"镜子"向男女大学生展示的是科学的信息和丰富的内涵时，才能实现男女大学生的发展。但是，当前大多数高校的教材和课程设置往往缺乏性别视角，也

---

① 魏国英、陈雪飞：《家庭文化对青少年性别刻板印象形成的影响》，《妇女研究论丛》2005年第1期。

② 叶文振主编《女性学导论》，厦门大学出版社，2006，第193页。

鲜有针对性别差异的内容设计，更鲜见性别教育的相关课程设置，学生在接受知识的过程中，以男权话语为主导的传统性别意识也就日积月累地融入了他们的思维方式。

最后，从教师的教学理念来看，往往缺乏内化成为自觉意识的科学的性别意识。教师在教学或处理学生事务的过程中所展现的自己对性别关系的看法和态度，将对学生产生潜移默化的影响，对于学生的性别模式的认知和引导非常关键。有学者研究发现，在大学中，教师的性别刻板印象和他们在教学以及与学生的接触中常常自觉、不自觉地流露性别偏见，对学生的学术发展有着不可忽视的影响。如在课题任务的分配上，教师往往不自觉地把自己认为适合"女性"做的课题分给女生，这种"适合"的部分通常是那些难度不高的且偏向辅助性、协助性的工作，而教师将自认为高价值的、难度大的课题一般则分配给男生。教育者鼓励女性进入男性的学术领域，学习原本专属于男性的知识体系，同时还鼓励她们拥有男性的气质。[1] 教师和学生是教育活动中最基本的活动主体，教师的期望和性别角色期待在日常的教学和行为互动中会潜移默化影响到学生的事业和人生，使得教育不断复制性别刻板文化。

高校是传递两性社会性别观念的重要场所，又是毕业生进入社会的最后一个阶段场所。在人才培养过程中，高校为女大学生提供了入学和深造的教育阶梯，却没有一套合理的性别教育机制与之相适应。高校的就业指导往往到后期才介入，缺乏有针对性的性别敏感意识和差别意识教育，难以帮助学生形成正确的性别差异认识。[2] 这种性别教育缺位以隐性的方式存在于高校人才培养的各个环节，形成的专业性别隔离以及学科的性别规训，对毕业生性别流动起到了隐性的作用，并内化为毕业生的男女刻板印象的性别认知，进而造成毕业生职业准入时的性别隔离。

四 直接作用：女大学生性别不平等的无意识

大学生是就业市场选择的主体，其主体意识、心理状态等直接决定个

① 周小李：《社会性别视角下的教育传统及其超越》，教育科学出版社，2011，第126页。
② 陈婷婷：《女大学生能找到好工作吗？——大学生择业质量性别差异的实证调查》，《教育学术月刊》2015年第2期。

体的就业决策和行动选择，可以说大学生的主体意识是高校毕业生就业流动产生性别差异的直接原因。

一个世纪以来，妇女解放和男女平等获得了长足的进步，女性也有了自己独立的社会身份和自食其力的经济能力，但"性别"在我们的视野中仍然没有真正的觉醒。作为女性群体中的精英群体的女大学生，即使接受了高等教育，仍在一定程度上存在性别不平等的无意识。前述分析表明，女大学生性别平等意识和性别独立意识并未随着学历的升高而日趋增强，相反出现向"男尊女卑"传统性别意识复归的趋势。

这种复归的表现，首先是普遍存在于女大学生身上的对传统性别分工的认同。这种认同表现在女大学生的就业选择和流动的过程中，在选择理想工作时，往往会把传统的性别角色规范带入工作选择的考量，把对养老抚幼、家庭照料的便利程度，工作清闲、舒适与否作为选择的指标，从主观上抑制了向外、向上流动的动力和意愿。甚至有的女大学生尽管在学校读书时才华横溢、雄心勃勃，但一步入社会，在竞争压力面前，潜藏在内心深处的性别传统意识便占了上风，主动避让工作的挑战。更重要的是，家庭和社会也参与到了对女性这种性别刻板印象的强化和加工中，一些独生子女家庭中，女大学生在接受高等教育之前，父母不惜一切代价创造优质的学习机会和条件，"望女成凤"，一旦进入高校学习，"望女成凤"的目标就出现了快速的转变，如何在婚姻市场上获得一个好的归宿成为压倒性的目标，高等教育从某种意义上成为获取好的婚姻机会的砝码和通往幸福生活的重要通道。女性在就业流动中的主观能动性自然也被"干得好不如嫁得好"削弱了，其社会期望、职业期望和自我的努力都被不同程度地弱化了。

其次，女大学生除了成就动机弱化、自卑心理频现之外，性别不平等的无意识还表现为，当她们在就业中遭遇性别歧视时，多数采取消极不反抗的态度，要么简单地逃避，要么被动接受、顺从与容忍。女大学生之所以有这种态度，是性别不平等、男性中心的性别文化意识建构的结果。性别文化意识之所以能够对男女大学生的性别观念和意识产生作用，最关键的还在于性别文化把社会性别的差异建立在男女生理性别差异的基础之上，使得人们愿意相信所谓的性别分工的基础是生物学差异。在这种逻辑引导下，男女不平等就变得更加自然而然了。

这样，性别不平等的无意识，正如布尔迪厄说的："平稳地、弥漫地、深深地作用于女大学生，以致遭受统治的女性都浑然不觉，甚至女性按照占统治地位的男性意识出发，来判断自己，自我贬值，从而不知不觉地成了统治他们的男性的同谋。"① 这种"集体无意识"使得女大学生缺乏主动追求平等和解放的意识，在就业选择中自我放逐了权利和责任，成为就业流动产生性别差异的最直接原因。

第三节　高校毕业生就业流动性别差异的路径与图式

不同要素对毕业生就业流动性别差异的影响大小、路径依赖不尽相同，使得男女毕业生在当前国家体制内倡导和推行男女平等的话语体系下，呈现如此泾渭分明的差异。也可以说，各种因素的相互作用和影响形成了一套高校毕业生就业流动的性别差异的机理。因此，在对毕业生就业流动的宏观影响因素和微观影响因素进行具体分析之后，我们有必要进一步探究建立在不同要素基础上的产生毕业生就业流动作用路径的全景图式，从而形成对这一问题更深入、更具立体感的认识。

从社会性别理论来看，两性社会平等权利失衡、社会资源的分配向男性倾斜的根源，就在于社会对男性和女性的角色期待、规范要求的不同，即对男女社会性别的塑造存在巨大差异。这种建立在男女生理性别基础上，并经过历史长河加以建构和再生产的男女有别的制度文化，已经全方位地渗透到社会生活的各个方面，并且深刻影响着两性在就业领域的互动关系和权力格局。可以说，男女毕业生作为个人或群体在就业流动中的行为结果是社会结构权力作用的产物。其中，传统的社会性别文化起着根本性的作用。在此基础上，就业市场、高校以及毕业生个体为这个核心提供支撑。就业市场以"效率"为逻辑，对高校毕业生在市场中的性别分层进行体制性的分化和筛选，使得毕业生在进入劳动力市场后，分化成不同的等级。

---

① 余秀兰：《认同与容忍：女大学生就业歧视的再生与强化》，《高等教育研究》2011 年第 9 期。

这种分化又进一步满足效率优先的原则，从而形成了性别和效益的交互循环，或以"代际传承"的方式不断得到复制和再生产。

高校在性别教育上的缺位，使得学生不仅继承和强化了家庭教化，高校还作为"市场准入资格的筛选的信号机制"为毕业生向职场流动提供合法性证明。这样，高校的性别教育缺位在为高校毕业生就业流动的性别差异埋下了伏笔的同时，也使得女大学生过度解读自身在文化资本上的弱势——特别是专业的训练和职业竞争力的天资不足，进而使女大学生弱化了追求平等和解放的意识，在就业选择中自我放逐了权利和责任，成为就业流动产生性别差异的最直接推动者。

基于性别的权力差序格局建构的传统性别文化，通过就业市场、高校、个体三个不同的场域和主体，作用于毕业生的就业流动行为，并且通过联合、互动、彼此验证等形式，不仅使得社会的资源向男性倾向，而且使得男女大学生在社会地位与空间位置流动的差序格局得以持久存在，进一步强化了这种差异的合理性基础。

这些因素可以进一步梳理和归纳为图4-1所示的高校毕业生就业流动性别差异形成机理的关系图式。

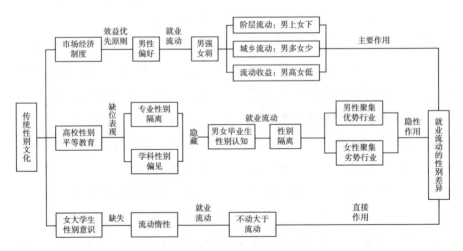

图4-1　高校毕业生就业流动性别差异形成机理的关系作用

图4-1展示了在社会性别理论和推拉理论视域下，高校毕业生就业流动性别差异形成的四条作用路径，即传统性别文化路径、市场经济制度路径、高校性别平等教育路径、女大学生性别意识路径。这些路径之间相互

形塑、联合，形成了高校毕业生就业流动性别差异的作用机理。

第一，传统性别文化路径在其中起到了最根本的作用。这种根本作用体现在它弥漫性地渗透到其他三条路径中。

第二，市场经济制度路径以效益优先的原则形成了雇主对男性的偏好，从而在劳动力市场中形成了"男强女弱"的性别差序格局，表现为在阶层流动中的"男上女下"，在农村向城市流动中的"男多女少"，在流动收益中的"男高女低"。

第三，高校性别平等教育路径中，高校性别平等教育的缺失，即在高校进行人才培养中形成的专业性别隔离以及学科的性别规训，形成了对毕业生性别流动的隐性作用，并内化为毕业生的男女刻板印象的性别认知，在某种程度上造成毕业生职业准入时的性别隔离，其中男性集聚在就业市场中的优势、紧缺行业，相应获得较高的经济收益、职业声望和社会地位；而女性集聚在女性友好行业，被排斥在高收入群体之外，对应着较低的职业收入。

第四，在女大学生性别意识路径中，在传统性别文化的规训下，女毕业生的性别意识缺失，在职业选择时往往主动退缩到家庭领域，通过就业流动实现自我价值的路径被自我阻滞。这也是产生毕业生就业流动性别差异的直接原因。

本章小结

本章主要探讨对高校毕业生就业流动的性别差异产生作用的因素及作用的形成机理。第一节探究了高校毕业生就业流动产生性别差异的宏观和微观层面的要素。其中影响高校毕业生就业流动性别差异的宏观因素包括经济发展的二元性、大众化背景下被弱化的教育功能以及传统与现代的价值观冲突；微观层面的影响因素则包括毕业生个体的专业性别属性、家庭的禀赋要素以及个体的性别平等意识。

第二节分析了社会性别意识下的毕业生就业流动性别差异形成的四条作用路径。传统性别文化是高校毕业生就业流动产生性别差异的最根本原因，这种根本原因体现在它弥漫地渗透到其他因素中，包括市场经济制度、高校乃至毕业生个体。市场经济制度以效益优先的原则形成了雇主对男性的偏好，从而在劳动力市场中形成了"男强女弱"的性别差序格局，表现为在阶层流动中的"男上女下"，在城乡流动中的"男多女少"，在流动收益中的"男高女低"。高校性别平等教育的缺失，即在高校进行人才培养中形成的专业性别隔离以及学科的性别规训，形成了对毕业生性别流动的隐性作用，并内化为毕业生对男女刻板印象的性别认知，造成毕业生职业准入时的性别隔离，其中男性集聚在就业市场中的优势、紧缺行业，相应获得较高的经济收益、职业声望和社会地位；而女性则被排斥在高收入群体之外，集聚在女性友好行业，对应着较低的职业收入。最后，女大学生这一就业流动的主体选择，在传统性别文化的规训下，主动退缩到家庭领域，并在就业流动中表现出流动惰性，在流动行为的选择上，不动的比例远远高于男生。通过就业流动实现个体人力资本存量提升的路径被女大学生自我阻滞，女大学生的性别意识缺失是毕业生就业流动性别差异的直接原因。

第三节归纳了形成高校毕业生就业流动性别差异的四条作用路径，以图式的方式加以呈现。解读了传统性别文化路径、市场经济制度路径、高校性别平等教育路径以及女大学生性别意识路径这些路径相互形塑和联合，形成了毕业生就业流动性别差异的作用机理：基于性别的权力差序格局建构的传统性别文化，通过就业市场、高校、个体三个不同的场域和主体，作用于毕业生的就业流动行为，并且通过联合、互动、彼此验证等形式，不仅使得社会的资源向男性倾斜，而且使得男女毕业生在社会地位与空间位置流动的差序格局持久存在，进一步强化了这种差异的合理性基础。

|第五章|
研究结论与对策建议

　　本研究以高校毕业生就业流动作为研究的横切面，以性别视角作为贯穿始终的主线，以社会性别理论和推拉理论为主要的理论依据，多维度、多视角地论证了高校毕业生就业流动性别差异的表现和影响因素，呈现了新时期我国高校毕业生就业流动的性别图景，并揭示了形成性别差异的影响机理。借由这些系统性的分析和论证，本研究针对这个极具长期性和复杂化的就业流动性别问题，立足于社会、政府、高校和个人等层面进行思考，尝试性地提出破解毕业生就业流动性别失衡问题的可能举措和建议，建构引导中国新时期大学生就业流动政策体系，促进两性和谐发展。

第一节　研究的主要结论

一　定量调查研究的主要发现

　　通过较大规模的就业调查数据和统计分析，本研究从阶层流动、行业流动、城乡流动、跨省流动和流动收益（月薪等级）等多个维度进行男女毕业生性别差异的对比，得出的基本结论如下。

　　第一，男毕业生的流动率高于女毕业生，女生存在流动惰性。从毕业生跨省流动的情况看，女毕业生不动的比例远远高于男生，男生更倾向于通过流动来提升就业的竞争力和增加收益，获得更大的发展空间。

第二，男女毕业生在行业分布上呈现性别隔离，在性别、专业、行业、收入之间形成了内在的逻辑：男性—男性专业—男性友好行业—行业收入高，女性—女性专业—女性友好行业——行业收入低。这种从性别到学科专业内部再到就业、行业分布和收入都显著存在的性别隔离，维持和复制着社会秩序中长期存在的传统性别分化格局。

第三，在城乡流动和阶层流动中，毕业生的就业流动表现为明显的复制性流动，"故事重复"的假说依然存在。虽然来自农村家庭和劣势阶层的毕业生实现了一定程度的向上流动，但是这种流动依然存在阶层和地域等级的结构性和制度性壁垒，表现为来自农村地区和劣势阶层的毕业生在劣势地位的复制性流动依然明显存在，"故事重复"的假说依然存在，来自农村的女毕业生位于流动利益链的最底端。

第四，高校毕业生就业流动收益存在性别的分化，表现为"男高女低"。从毕业生首次月收入等级分布看，男女毕业生依然存在明显的区别，这种区别表现为男毕业生在高收入等级的所占比例高于女毕业生。

第五，性别、高等教育分流（学历层次、学科专业、高校类型）和毕业生就业流动之间形成相互形塑、盘根错节的关系。性别差异并没有因为学历层次的提高而缩小，学校类型与性别优势形成互相补强的效应，越是有竞争力的高校男毕业生就业流动的优势越明显。学科之间的性别差异显著，专业间表现出"强者恒强、弱者恒弱"的马太效应。

二 质性访谈研究的主要结论

除了定量的调查分析之外，本研究通过选取 11 个男女高校毕业生作为样本，进行了深入的质性访谈，获得访谈资料，建立三级编码，提炼本土概念，进行性别追问，开展理论建构。在此基础上，选取两个典型的个案进行叙事研究，对个案所经历的故事进行还原。总的来说，通过访谈的叙说去建构男女毕业生在就业流动过程中的性别隐喻，分析毕业生就业流动的性别规制，获得如下结论。

首先，从毕业生就业流动的起点——专业选择开始，目前在高校中，业已存在泾渭分明的男性学科和女性学科。虽然学科专业性别隔离并不一定就是性别不平等，但进一步研究发现，男女毕业生在接受高等教育的过程中，专业选择的背后蕴含着性别文化，即形成了一套学科专业规训的性别隐喻，并与就业市场联合起来支配着劳动分工和角色分配，并由此建立起一套"男主女从""男强女弱""男主外、女主内"的社会秩序。通过学科（专业）的规训，男女大学生接受专业训练的过程并不是一个平等、自主地接受教育的过程。当毕业生持有这样的性别文化符号进入就业流动中时，文化符号就像一种筛选的机制，指引着毕业生就业流动的性别归属。

其次，当高校毕业生进入劳动力市场进行职业选择的时候，职业的性别隔离使得初入职场的毕业生面临性别与职业的迷失，职业并非性别中立，而是被塑造成适合男性或女性的工作，并据此建立起相应的性别符码，从这个意义上讲，男女毕业生就业实质上并非在找寻一份工作，而是在寻求一份与性别相适应的"父职"或者"母职"。同时如果男性在"女性气质"为主的行业中就业，往往获得相对的优势地位；女性如果摒弃女性气质，将自己塑造成具有男子气概的"女汉子"，则这种"女汉子"在带来女性对自身角色认知的模糊以及无所适从体验的同时，也让男性从内心排斥这样的女性形象建构，最终使得"女汉子"成为现实世界里的另一种尴尬和无奈。

再次，对男女毕业生在"留"和"流"的叙说对比中发现，性别文化也在产生推拉作用力，对于男性而言，传统文化和惯习产生推力作用，允许和鼓励男生向外寻求发展的空间；对于女性而言，则产生拉力的作用，限制和禁锢女生向外扩展的可能，并为她们划定了相对闭塞的区域和空间。在这种性别文化的作用下，女性表现出比男性更强的流动惰性，这也表现为性别角色的不同期待和规训在男女毕业生身上产生的作用力和影响。

最后，通过访谈进一步解读了社会传统文化构建的两性文化所形成的惯习，深深影响着男女毕业生，使得他们没有做出强有力的抵抗与有意识的自我改造，性别的差序等级在与毕业生的个体意识相互形塑中得以延续和再生产，男女毕业生再次成为性别规训的同谋。

第二节 对策与建议：高校毕业生就业
流动差异的性别突围

一 社会：先进性别文化的重构

在社会性别文化和价值选择趋于多元的今天，传统的社会性别文化有卷土重来之势，将可能产生持久而深刻的影响。更重要的是，传统的社会性别文化既压迫女性，也伤害男性，被压迫的女性和被伤害的男性被捆绑在同一根性别文化链条上。一方面，女大学生在就业流动中遭遇种种的性别歧视、制度障碍和发展壁垒，导致她们在就业流动中处于劣势的地位；另一方面，虽然男毕业生获得了比女生更高的流动收益，这种流动收益从广义上讲，包括经济效益、社会地位和个体成长，但是当我们透过表面上的这些"获利"去探究男性内心的感受和体悟时会发现男性群体并没有成为这场性别战役的胜利者。当女性遭遇就业流动性别窘境的时候，男性身上的社会压力变得空前沉重，来自婚恋市场的经济压力过度绑架了男性的责任。① 从调查分析中，我们也可以看到，引起高校毕业生就业流动性别差异的社会根源在于传统社会性别文化的作用。男女毕业生要在就业中获得平等、自由而充分的发展，必须重新认识性别平等问题，重构先进的性别文化。

(一) 对"女汉子"去污名化

重构先进的性别文化，首先应该正视"女汉子"现象，对"女汉子"去污名化。

"女汉子"话语的出现体现了当前社会性别和价值观趋向多元化发展，也体现了传统女性性别角色和规范受到挑战而表现出一种"集体焦虑"。仔细分析"女汉子"这一名称发现，"女汉子"的表达实际上陷入一种"左右为难"的尴尬境地：一方面，"女汉子"试图通过强调男性特质和男性形象，即"汉子"来彰显女性的地位从而赢得社会的尊重和认可；另一

---

① 刘昕亭：《"女汉子"与女性主义的理论危机》，《中国图书评论》2013 年第 12 期。

方面，"女汉子"又因为失去女性温顺、柔弱的本质，偏离传统女性特质而成为不像女人的"汉子"。这种现代性、自主性以及传统角色模式带来了女性对自身角色认知的模糊以及无所适从的紧张，从某种意义上讲，成为一种"另类"的形象表达。进一步的分析发现，"女汉子"实际上传递了一个信息，即只有具备男性的"汉子"特质才能带来社会生活的成功和自我价值的实现，实际上依然难逃男权主义的窠臼，带有很强的男性主导和父权文化的色彩。

尽管男女平等作为一种国家制度被确立，但是在市场体制前，性别已经作为一种重要因素发挥作用。女性要获得和男性一样的社会地位，往往要背负来自传统文化和事业的双重道德标准。在男权主义掌握主导话语权的情况下，话语权的不对称把"女汉子"置于被"污名化"的境地。"污名化"的原罪在于其僭越了女性的性别规约和角色规范。

宋少鹏指出，当代妇女研究的主流叙述在反对把妇女塑造成牺牲者形象，在努力挖掘妇女主体性的时候，也不自觉地陷入"理性人"的假定之中……女性主体性的挖掘实际上只是为女性争得"像男人一样的人"——"理性人"的身份和地位，虽有助于改变女性的历史形象，却无助于改变不公平的社会结构和性别制度。[①]

因此，重建先进和科学的性别文化，应该对"女汉子"去污名化，建立一种真正接纳女性的性别文化。在这样的文化中，女性不应该再成为价值选择的他者，而应该成为这种价值文化建构的主体，就女性自身而言，接纳和认同自己的女性身份和女性性别角色，甚至可以借由这个符号所赋予的独立、自主的内在价值而更加自信从容，而没有必要因"女汉子"这一性别符号带来的不当解读，使自己深陷角色紧张和失范的困境中无法自拔。

（二）正确认识"性别平等"的相对性

先进性别文化的建立，要正确认识"性别平等"的相对性。男女平等是一种价值上的应然诉求，这样的价值诉求是基于"男女不平等"这一实

---

① 宋少鹏：《"回家"还是"被回家"？——市场化过程中"妇女回家"讨论与中国社会意识形态转型》，《妇女研究论丛》2011 年第 4 期。

然状态而产生的。固然，男女之间的差异首先来自生理上的性别差异，但是这种生理上的性别差异往往成为性别歧视的隐蔽机制。社会文明的发展使得在权利、人格尊重上的公平成为两性的一种内在诉求，但是，男女两性的既有差异与社会追求的价值目标之间常常形成了一个二律背反。因此，我们应该认识到，性别平等是相对的，性别平等并不意味着同一性、标准化，它应是建立在尊重性别差异上的两性公平。例如，由于男女在生理上的差异，女性往往要承担生产和哺乳的责任，而追求抽象化的平等，让男性代替女性承担这种责任只会贻笑大方。但是，如果因为女性与生俱来的生理诉求，如人口的再生产而剥夺了她们应有的就业发展机会，那将是对性别公平的一种破坏，则不被接受和允许。社会应该从公共责任的角度创设一种平等的制度来规避这种情况。男女的性别平等不是抽象的，应该在承认有差异的基础上建立一个事实的、具体的性别平等文化理念和制度安排。性别公平也不是僵化的，而应该是发展性的，不能抱着绝对的、僵死的"男女平等"观念来要求现代社会的所有人。

（三）实现性别文化的重构

我国的性别文化历经两千多年的发展，应该说在推动人类历史发展方面有着积极的一面，比如反映女性贤良、谦让和敬老爱幼的美德，对这些要批判性地继承。同时更要意识到，仅仅固守中国的性别文化传统，是难以实现先进性别文化的重构的。需要为性别文化注入新的元素，进行跨文化的视阈的融合，使之更适应时代的发展要求。

当今世界政治经济一体化趋势越来越明显，不同文化之间的碰撞、交流为新文化的发展提供了生长点和契机。在此背景下，我们应该反省僵化的传统性别文化，并改变性别刻板印象的"集体无意识"为"集体的有意识"，实现性别文化的更多元的发展。北欧国家关于性别的人文关怀一直走在世界的前列，以瑞典为例，1998年，瑞典国家教育署正式颁布了全国统一的"学前教育国家课程"，规定学前教育的目标之一是尽量摆脱性别刻板印象的负面影响，不断消除传统的性别角色和性别模式的禁锢，鼓励孩子跨越传统性别界定的角色来获得个人的最佳发展。在幼儿教育过程中，无论是文字、图片等学习资料，还是大众传媒所建构的文艺形象，对男女形象的塑造不仅是丰满的，而且是富有弹性、张力的。女性可以是慈善有爱的母亲，也可以是干练果敢的职业女性，甚至是叱咤风云的女政治家；男性可以是一般的工人，也可以是富有爱心和亲和力的好父亲。这种男女性别角色的多元扮演和丰富体验表现出一个社会对待男女性别观念的先进性，值得我们借鉴和学习。

实际上，无论是对本土文化历史纵向的批判继承，还是对外来文化的横向吸收，最终都是为了建立适合我国国情的先进性别文化。正像魏国英指出的，当代性别文化的核心理念是"男女平等发展、和谐共存"，男女两性并不是"占有与被占有""救助与被救助"的二元对立，而是互依、共生、互助、共建的唇齿相依。两性无须战争，也不要独白，融合的路径是对话沟通。因为两性和谐是一切和谐的社会基础，这也是先进性别文化的核心价值所在。[1]

二 政府：推动性别敏感在就业制度政策中的实施

当前男女毕业生在就业流动中存在发展的差异，整体体现出"男强女弱"的结构特征，在很大程度上在于就业领域中对性别敏感把握的缺失。敏感作为一个汉语词，其本意是指生物体对某些因素易于感受的性能。在本书中，用敏感一词来表示两性在社会经济政治领域的发展过程中，社会对性别意识的判断情况以及基于性别差异的政策制定推行情况。简言之，性别敏感就是在认同男女具有平等发展机会的前提下，彰显两性差别，强化性别意识，不因性别的问题而使发展受损，最终实现社会的性别公平。[2]因此，从制度设计的视角审视，女毕业生遇到的就业窘境和在职业变动中遇到的障碍，不仅是女性面临的现实问题，更是一个涉及制度设计合理、公平与否的问题。政府推动性别敏感在就业政策中的实施，应以"男女平等"作为基本的原则。在制定政策和修订法律条文时，应重视宣扬性别敏感文化，建立性别敏感决策体系，健全性别敏感的法律制度。

---

[1] 魏国英：《性别文化的理念建构与本土特征》，《内蒙古大学学报》（人文社会科学版）2003 年第 4 期。

[2] 禹旭才：《社会性别视角下的高校女教师发展研究》，博士学位论文，湖南师范大学，2009，第 235 页。

第一，大学生就业决策过程应贯穿"社会性别主流化"的战略。

社会性别主流是关于人类发展的一项战略，在社会、政治、经济、教育等领域的政策和方针的设计、落实、监测和评估中，都应该把男女的经验和关注事项作为一个整体纳入其中。在现存的就业政策执行中，性别歧视以更加隐蔽的方式存在，如在与性别平等有关的劳动政策中，虽然相关的劳动条款对女性劳动禁忌和生育给予基本的保障，但是在其他延展性的劳动权益方面，却缺乏适切两性发展的政策措施。更严重的是，在市场经济体制下，企业出于效率原则的考虑表现出来的性别歧视常常被默认甚至被许可，缺乏有效的约束和惩戒机制。相关的法律条文中关于就业中性别歧视的定义、法律责任鲜有明确的界限和可操作的措施，影响了对妇女权益的保护，也难以对雇主在招聘中的性别歧视问题起到警示和规避的作用，在某种程度上带来对女大学生自信心的沉重打击，强化了她们的畏难情绪，也带来她们向上流动的阻力和进入成本攀升，最终形塑了女大学生在就业市场乃至社会发展中的弱势地位。

因此，保证女大学生在就业流动中应有的权益，消除劳动力市场上性别不平等的第一要务，就是要健全和落实男女平等就业权利规章制度的监督机制和指标体系，制定对违反政策者的处罚标准。

第二，消除公共政策中的性别盲点，为两性在阶层、行业和城乡区域间的自由流动提供制度环境支持。

长期以来，男女两性在就业领域持久而普遍的差异，在某种程度上可以认为是男女在公私领域的性别化区隔，男性对应"公"领域，女性对应"私"领域。与此相对应，在男女两性之间形成了高低不同的价值等级，男性集聚在等级相对较高的社会地位和优势区域，女性则被赋予较低的社会价值。实际上，家庭领域的劳动付出，不论是时间投入还是体能消耗甚至是智力付出，都应该被认定为一种劳动的支出，应有相应的价值回报。"在今天，所有人，包括男人和女人，都应参加社会再生产，两种性别都有责任使社会再生产过程运转良好。"①这种僵化刻板的性别印象只有被打破，才能为打破行业和岗位的性别隔离创造条件。所以，对于男女两性而

---

① 吕青：《流动妇女的边缘化与性别敏感干预机制的建立》，《科学经济社会》2010 年第 1 期。

言，应该学会关爱自己潜在的他性。政府应该尝试推行家务劳动"货币化评估"，使得家务劳动也能够与公领域内的劳动一样获得相应的价值认同。这样，两性根据自己的意愿、职业规划和兴趣所长自由地在公领域和私领域发展，开放的社会既不必把女性禁锢在家庭领域，强调其"家庭看护者"的角色，男性也不必被强制性地推到社会公共领域，承受过重的经济压力，遭受资本无情的宰割。[①]

除此之外，消除公共领域的性别盲点，还应该加强政府对性别议题的敏感度及认知度。在公共管理服务中，加强性别的敏感度，特别是决策、执行、监督和评估等各专项能力，提高性别数据的使用能力和分析能力，构建性别平等的指标体系，使他们能够意识到男女之间的发展目标差异，及时进行评估和监测，制定出满足两性诉求的差异性措施，并使"社会性别意识纳入决策主流"真正落到实处，女性可以通过大众媒体发出自己的声音，从而将性别意识普及到社会的各个角落。[②]

第三，国家就业统计部门、教育部应该在高校大学生就业统计中建立分性别的统计机制，制定和完善与国际接轨的分性别的统计指标。

目前我国高校在毕业生就业监测指标体系建设中，主要是对不同类型、层次和区域的省市、高校和专业的就业状况，通过一系列的就业状况检测维度和指标体系进行评估和检测，性别尽管作为一个人口学的指标被纳入其中，却没有被当作就业检测体系的重要分析维度，或者说，在教育部和高校现行关于毕业生就业情况的统计分析中，女大学生的就业情况并没有从总体数据中被区分，进行独立的统计分析。这样的就业统计和检测结果反馈常常缺乏性别比较视角，这也使得在就业政策的推行上往往缺乏性别的省思。因此，就业统计部门应该建立分性别的就业统计指标，进一步完善就业监测的性别信息统计。这样，一方面，能够更好地建立就业监控系统，及时跟进、监控和纠正就业政策以及就业中产生的性别歧视问题。另一方面，也可以将分性别的综合就业统计分值作为衡量专业价值的依据，进一步敦促高校在人才培养的过程中，能够更好兼顾两性的发展，

---

① 吕青：《流动妇女的边缘化与性别敏感干预机制的建立》，《科学经济社会》2010 年第 1 期。
② 吕青：《流动妇女的边缘化与性别敏感干预机制的建立》，《科学经济社会》2010 年第 1 期。

提高人才培养的质量和效益。[①]

三　高校：让两性成长为完整的人

有学者指出，以往的教育理论研究忽略了一个重要的人类学事实——人，首先是有性别的存在。这种教育理论人本学的缺位带来了教育话语当中性别的缺席，使得教育研究者眼中的人成为无性别的抽象的人。[②] 长期以来，在传统的知识教育领域，女性游离在主流话语体系之外，这种以男性为基础建构的两性二元对立的性别话语，在强化女性被边缘化地位的同时也使得男性被赋予更多的责任和要求，两性都失去了自由发展的空间。

接受高等教育对于个体而言，既是掌握专业技能为进入就业市场进行能力储备的重要阶段，又是个体德行素养不断提升实现人格完善的过程。大学是个体走向社会前的最后一站，高校作为学生教育的主体组织，应该采取综合措施加强对大学生性别意识的教育和引导，引导他们成长为完整的人。当他们能够把男女两种社会性别所蕴含的优秀品质和能力融于一体时，在参与就业选择和就业流动的过程中，就能够自主地打破束缚在他们身上的性别桎梏，消除职业选择的隔阂。

（一）消除专业的性别隔离

高校的学科/专业作为社会职业选择的前奏，对不同性别毕业生的阶层地位获得、区域流动和行业准入、就业收益产生直接的影响。既有的研究结论和本研究的调查结果都说明了尽管女大学生获得了越来越多的接受高等教育的机会，但是在专业选择上依然存在明显的性别隔离，表现为她们难以进入具有就业优势的专业。女大学生的处境之所以与男大学生出现系统差异，教育方面的直接原因之一就是女大学生所选择专业的职业效益。周小李指出，在劳动和就业领域，性别从来都是一个得到高度重视以及显著区别对待的因素。专业性别隔离之所以会成为女大学生就业难的原因之一，在于专业、性别及就业三者之间存在相互作用、彼此影响的内在

---

① 陈婷婷：《女大学生能找到好工作吗？——大学生择业质量性别差异的实证调查》，《教育学术月刊》2015 年第 2 期。

② 王雪峰、高畅：《赋予教育研究以性别意识》，《清华大学教育研究》2005 年第 4 期。

关联。[1] 打破男女毕业生在就业流动中的壁垒，必须在高等教育领域采取一些具体措施消除专业性别隔离。

1. 从改造知识的内部结构入手，消除专业的性别刻板印象

西方女性主义研究者尖锐地指出，接受高等教育的女性长期以来处在以男性为中心的知识权力之下，可以说，接受高等教育并成为专业精英的过程，实际是一个不断抑制甚至背离女性特质的过程。[2] 也有学者指出，高校的学科专业存在不容忽视、与性别隐喻相对应的意识形态，实质上是一种男性中心（优越）在学术领域的体现。因此，要改变这种学科专业知识的男权文化，就要把女性作为经验主体、思维主体和言说主体渗透到各学科之中，使其包容女性和关于女性的知识，以此改变学科的性别属性。[3] 也就是说，在学科知识结构的建构中，要给予女性知识和经验以"合法"的地位，即使这些女性知识和经验是倾向于情感的、非理性的和非权威的，但是这些构成了人类完整生活必不可少的体验，可被视为一个完整的学科体系建构不可缺少的元素，只有二者对话和融合，才能更好地消除专业的性别刻板印象。

2. 提倡同伴教育，发挥优秀学生榜样的性别示范作用

首先，鼓励女生和男生共同组成学习和心理支持小组，实行同伴教育，避免制造人为的性别壁垒，实现优势互补；对男生进行目标差异化的引导，填补两性性别刻板印象的沟壑。比如可以在尊重女生和男生目标取向的基础上，适当加强男生关于"生活目标"的引导，对于女生，鼓励、支持其转向"专业学习"的目标，实现男女两性在事业和生活上的平衡，在一定程度上缓解女性的职业角色和家庭角色的冲突。其次，树立本专业的性别榜样人物。榜样建构是道德教育的传统样态，但是，在目前的大学生群体中存在重偶像、轻榜样和对女性榜样认同度不高的问题。女性榜样的激励作用不足，在某种程度上弱化了女性的发展目标和动力。针对女生在理工科学习中的畏难情绪，可以树立优秀理工科女生的榜样，帮助其提

---

① 周小李：《专业、性别、就业：专业性别隔离与女大学生就业难问题分析》，《中华女子学院学报》2015 年第 3 期。

② 刘云杉、王志明：《女性进入精英集体：有限的进步》，《高等教育研究》2008 年第 2 期。

③ 王俊：《遮蔽与再现：学术职业中的性别政治》，华中师范大学出版社，2011，第 99 页。

升专业和职业认同感和成就感，提高女生对未来职业的信心。

（二）破除人才培养过程的性别歧视

要实现高校毕业生自由全面的发展，应该把性别教育贯穿人才培养的全过程，破除人才培养中的性别歧视。

首先，应该培育教师的性别敏感与性别公平意识。教师是人才培养的主体，又是教育过程中性别公平理念的直接践行者。在实施教育的过程中，教师是性别公平能否实现的关键影响因素。对于教师个体而言，在成长环境中会形塑相应的性别文化，这种性别文化在各种教学行为中展示，在某种程度上形成对学生的性别规训。教育过程中的性别公平是一种职业素养，更是一种道德伦理，它的实现需要教师把性别公平的理念内化成自觉的价值诉求和行为意识。因此，培育教师的性别敏感和性别公平意识非常关键。这种培育就是要让教师明白性别公平并非在两性之间寻求一种绝对的均等，而是使得每一个学生不因为性别而受到发展的限制，为每一个学生获得最优发展创造条件，最大限度地激发他们的潜能。这种性别的敏感意识要内化为自身的教学理念，渗透到教学、德育等每个教学环节和教学情境中去。

其次，高校应该开设性别平等或女性发展的相关课程或讲座。西方国家如美国、加拿大，那里的高校在课程设置上都会把社会性别意识的相关课程作为必修课或者选修课，如美国的大学每年开设三万多门与妇女有关的课程。反观我国，目前开设了社会性别课程的高校只有极少数，主要集中在高等院校特别是示范院校，辐射面还相当有限。因此，高校要强化毕业生的性别平等意识，有必要根据自身的条件，整合学科、专业的资源，把有关社会性别的必修课、选修课和讲座课整合为一个系列，把性别平等教育渗透到高校的课堂教学中。政府的相关管理部门应该将社会性别课程纳入高等教育课程体系，整合资源，组织专家、学者编写教材，加强师资培训，关注课程改革效果，注重增强学生的参与性和互动性，同时建立课程或讲座的评估机制。[①]

最后，尊重男女大学生在学习中的自由选择和发展。尊重男女大学生

---

① 周小李：《社会性别视角下的教育传统及其超越》，教育科学出版社，2011，第193页。

在学习中的自由发展是指在充分尊重学生个体自由选择权利的基础上，包括学校设施的使用、课程修读、专业选择、个人发展方面，不能因性别偏见或性别刻板印象剥夺学生应该享有的自由权利。也就是说，所谓的性别公平不是要求男女大学生都要参加同样的活动、选择同样的课程，甚至进行同样的职业生涯规划。但是，我们期待高校能够营造一种无性别歧视和无偏见的教育氛围，在这样的氛围下，学生可以自主地进行选择，高校可以为他们的合理成长提供条件支持。

（三）提供针对性的两性就业指导

当前，各个高校都设有就业指导与服务中心作为毕业生就业管理与服务的专门机构，但是目前这些机构在职能定位上，更侧重于业务指导与信息统计，在内容的开展上缺乏对女大学生的性别教育，更少有一套合理的分性别的就业指导机制。因此，高校的职能部门有必要改变现有的工作思路，提高就业指导的针对性和实效性。

1. 分阶段、分性别地进行职业生涯规划指导

高校在进行毕业生职业生涯指导规划时，应该把性别差异纳入其中，根据不同阶段的学习特点进行分阶段的职业生涯规划指导：对于大学一年级的学生，他们刚刚跨入专业学习，需要引导他们认识自己的专业、对比自己在专业学习方面的优劣势。在此期间对于学生的学习目标和要求可能并不存在显著的性别差异，可引导他们在进一步自我剖析的基础上深化对专业的认知、专业的培养目标和今后就业方向，增强专业认同感，为今后的学习和制定将来的职业目标打下基础。

对于大学二年级的学生，则要根据男女生的专业学习差异和专业兴趣进行分类指导。在此阶段，男女生会因为社会性别角色的影响而对专业的性别归属进行考量。例如，在传统的男性学科学习的女生，应考虑如何在男性学科进行适合女性学习的知识储备，为今后从事的工作做准备。从职业生涯发展的角度来看，应该鼓励他们通过各项实践活动检验自己的知识技能，并结合个人兴趣与能力开展相应的个性化的职业生涯规划指导。

大学三年级是男女大学生在专业学习和职业储备方面的一个重要的分水岭。对于有继续深造意愿的大学生，高校应该创造条件，鼓励他们在专业领域内进一步深造，从而在专业学习上有所建树。处在此阶段的男女大学生，在婚恋和职业成就动机方面存有较大的差异。女生表现出比男生更急于婚恋的心态和依赖婚恋的心理，而男生则有独立自强、职业成功动机强烈的特征，因此应引导女大学生树立正确的婚恋观，克服依赖心理，自强自立；对男生的成就动机顺势利导，帮助其实现人力资本和社会资本的有效积累，为今后更具竞争力的就业选择做准备。

大四是大学生将迈入社会、进行实习实践获得职业初步体验的阶段。此时的男女大学生会因为不同性别身份而强烈地接收到来自社会不同的性别角色期待，因此应该对不同性别的学生进行求职技巧、模拟面试等专项指导。同时，对于来自就业市场的性别歧视制度，开展就业心理调适与就业技巧训练并积极付诸实践，加强女大学生求职安全教育和抗挫折教育，注重女大学生的主体性的发挥，引导她们克服依赖心理，学会独立学习和提高自主决策能力，实现自我完善和自我发展。①

2. 建立多元的高校职业生涯规划体系

高校的职业生涯规划是一个系统工程，在对毕业生开展职业生涯规划指导时，应该建立多方参与、全员育人的理念，把用人单位、校友、心理咨询中心等纳入多元化的职业生涯规划体系，才能对毕业生职业规划进行个性化的指导，更好地满足不同性别学生的职业发展规划诉求。一方面，积极推动建立分性别就业指导体系，注重不同性别学生就业意识的培养。通过参与、体验就业指导课和招聘活动，尽早体验就业市场的性别差异，引导学生立足于自身特点，增强就业竞争力，尽量降低劳动力市场中存在的性别壁垒对今后就业流动产生的影响。另一方面，高校就业指导中心应积极引导男女毕业生拓宽就业思路，尽早对职业有清晰规划。同时应该为大学生就业过程中的各种心理困惑和心理障碍进行解答和疏导，让他们学会心理调整，提高心理承受力，建立自我防御机制。②

3. 发挥校友特别是优秀校友对毕业生职业生涯规划的示范作用

高校就业指导中心应注重对已经毕业的校友就业流动情况的跟踪调

---

① 吴旭红：《从"毕婚族"现象看女大学生职业生涯规划》，《黑龙江高教研究》2009 年第 10 期。

② 张姝、陈彤：《女大学生职业生涯规划教育探析》，《中国成人教育》2008 年第 2 期。

查，通过建立信息库，为今后开展分性别的就业指导奠定基础。例如通过邀请不同性别的优秀校友为毕业生开设讲座，校友个体求职体验、职业发展的性别优劣势等对在校生、毕业生今后的就业流动选择具有很强的借鉴意义和启发作用。特别是优秀的女性校友，她们在职场中如何突破性别歧视和障碍，实现职业的发展和就业流动等对女大学生群体能产生情感的共鸣和榜样的示范和激励作用，帮助女大学生突破传统性别观念的禁锢，矫正依附男性的"干得好不如嫁得好"的婚恋观，实现自身人力资源效能的最大限度发挥。

四 毕业生：性别意识的觉醒

（一）学生的思想启蒙与历史使命

在社会生产中，人才是社会文明进步、国家繁荣昌盛的重要推动力量。高校毕业生是我国高端人力资源的代表和先进群体，凝聚着一个民族和国家的未来与希望。接受高等教育的学生个体既是就业流动研究的对象，也是参与就业流动的主体。从调查分析可以看出，当前毕业生特别是女毕业生性别不平等的无意识，直接导致了她们在职业场域中难逃"受歧视的精英"这一宿命。因此，实现就业流动中的两性公平和发展，应该彰显毕业生个体在就业流动中的自觉、自主和自为，用先进的性别意识武装自己。

从性别公平的视角来审视就业中的两性问题，应该从男女两性自我认知角度重构多维度的性别认知。于康平教授提出男女毕业生应建构四重性别认知：女生的自我认知，男生的自我认知，女生对男生的认知，男生对女生的认知。[①] 这四重认知之间既包括男女毕业生的自我认知，又包含男女毕业生对对方的认知，这四重认知相互作用、相互影响，由此形成一个立体的、多维的、全面的性别认知体系，共同作用和影响着两性公平的实现，推动两性在就业流动中自由地选择和发展。

建立多维的性别认知，首先需要男女两性性别意识的自我觉醒。也就

---

① 于康平：《教育过程公平的性别维度》，《教育学术月刊》2010 年第 8 期。

是说，男女毕业生要打破传统性别刻板印象的规训和束缚，形成对自我的科学合理评价。女性自我意识的唤醒，要求女生能够打破传统的性别陈规，跳出父权制的意识形态进行重构，培养女性批判和独立意识，增强性别敏感意识。对于男生，摒弃固化在男性意识中的"大男子主义"，消除这种男权意识给男生带来的不适切的压力和偏见，使男生在就业选择和发展中能够更加科学地评估自己，实现自我实现和发展。[1]

其次，应该引导男女毕业生建立对对方性别的科学认知。男女毕业生对异性的性别认知会影响对方的性别认知的形成和发展，比如说，当男性群体不断强化女性应该美丽、温柔、顺从、顾家等时，那么这种性别认知就会引导女性向这样的女性特质发展，这种认知折射在就业选择中，就会弱化女性的职业发展动机，形成流动的惰性，使女性归隐于家庭。反过来，当女性固化男性应该事业有成、养家糊口等传统的男性气质时，在某种程度上将强化"大男子主义"和男权意识，必然使得男性在职业选择和就业流动中因背负过重的现实压力而难以尊重内心的自我选择。教育过程中性别公平的实现不仅是女性自我意识的唤醒，还是全体男女性别意识的唤醒和性别刻板印象的消除，它要求男女大学生同时转变四重性别认知。

（二）女大学生负有启蒙其他阶层的使命

女大学生作为女性中的先进分子，负有启蒙其他阶层的责任和使命。研究发现，虽然女大学生获得了更多的接受高等教育的机会，在接受高等教育的过程中掌握了系统的知识和专业的技能，但是进一步探究其在择业过程中的种种态度、认知以及思想动机发现，女大学生主观上的成就动机更弱，存在流动的惰性，并没有积极地将自身所学回报社会、实现自我，甚至在某种程度上，她们还把自我实现的路径依附在优质男性伴侣的获得上。这些非常态现象的出现折射出女大学生对"现代化保守主义社会性别"的认同。另外，对于就业市场和职业发展中存在的性别歧视现象，女大学生并没有积极运用国家法律、政策手段加强对自身权益的保护，即使是遭遇歧视，也只是采取被动的应对方式，甚至是视而不见、习惯于容

---

① 于康平：《教育过程公平的性别维度》，《教育学术月刊》2010年第8期。

忍，女大学生的这种认知和态度，则有可能进一步再生和助长了就业市场中的性别歧视。

此外，中国妇女解放运动过程中女性主体意识的淡漠，进一步强化了中国女性的集体性别无意识。李小江认为，中国特有的妇女解放运动不同于西方自下而上的女性追求自身权利的自觉自醒的运动，它是由国家意识形态自上而下主导的制度安排方式。具体通过三个途径来确保男女平等：首先，通过国家强制力的方式从社会主义制度层面确立了男女平等的合法意识形态；其次，在法律上，男女平等的立法实现超前于广大妇女的公民觉悟和基本社会素质；最后，在行动上，由国家直接出面，通过政治运动和行政手段推进男女平等。所以，李小江认为，当代妇女研究和运动的一个重要任务，就是要在被赋予权利的基础上，找回曾经被剥夺的自主意识和自由选择的权利。① 女大学生作为女性群体中优秀群体的代表，是女性高级知识分子的代表，理应成为女性主体意识觉醒的先锋。如果连女大学生都缺乏性别解放的意识，中国还能指望哪些女性有性别解放意识。所以女大学生更应该充当意识觉醒的先锋，并负有启蒙其他阶层女性的使命和责任。

虽然实现两性真正平等的道路还相当漫长，但伴随着女性的自主意识和群体意识的觉醒，相信道路会越走越宽；当作为女性高级知识分子的女大学生有一种独立自主的意识，能维护自己作为女性的权利时，就能在职业发展中主动出击，积极调整与更新知识结构和能力结构，提升自身的人力资本，打破传统性别文化的束缚，为自身创造更多的职业获得及发展的机会。

改善女大学生就业流动中的性别不平等地位，消弭就业流动中不合理的性别差异不是一蹴而就的，对此的改变，既不能仅寄希望于政治行动，也不能依赖教育的变革，更不应期待一夜之间对传统社会性别文化的改造，这将是社会各方相关力量一个长期博弈、角逐的过程，也是各个主体长期共同努力的过程。因为"性别作为问题的存在，并不是某一群体、某一阶层的作为，也不是单一的男性作为，而是整个社会在长期的历史发展

---

① 李小江：《女性/性别的学术问题》，山东人民出版社，2005，第75页。

中所有人都参与其中的一种结果"。① 正因为社会性别是一种社会建构，不同的主体都需要反省传统角色分工对自身的限制，挣脱传统文化束缚，在推动社会发展的过程中建立新型伙伴关系，共同获得两性的自由发展，实现双赢。

第三节　研究不足与展望

当前随着高等教育大众化的持续推进，高校毕业生就业问题在一定时期内还将是政府、社会所关注的热点。同时，随着全面二胎生育政策的推行，女大学生作为人口生产的潜在群体，借由生理性别功能而与就业、两性社会角色产生交互作用的女大学生就业等相关问题将会持续升温，演变为敏感而又重要的时代议题。本研究通过"就业流动"来加深对高校毕业生就业的性别差异和性别平等问题的理解和认识，对研究过程中遇到的问题进行反思和总结，认为高校毕业生就业流动性别差异的后续研究仍具有重要价值，值得学界不断进行学术投入。但就本研究而言，仍然存在如下的缺陷和不足，有待在下阶段的研究中改进。

一　研究存在的不足

第一，本研究的调查数据来源广泛性尚存不足。由于高校毕业生就业调查的时间、对象难以把握，对此开展调查也仅能根据研究者的社会资源做出安排，可以说，社会资源利用的有限性决定了调查问卷的开展广度和样本来源的多样化。本研究的数据来源多集中在福建省内，其他省市的样本数据总量偏少，这也决定了在样本分布上的相对集中，难以进行东部、中部、西部的区域划分和流动对比。

第二，受数据资料限制，本研究在定量研究方面，通过基于"就业流动"内涵而设计出就业流动的表现维度并进行现状的分析和考察，虽然采用数据模型对毕业生就业流动测量指标及其他可能的影响因素加以检验，但是在指标选择的科学性上还有待商榷。需要特别说明的是，由于社会性

---

① 沈奕斐:《被建构的女性：当代社会性别理论》，上海人民出版社，2005，第2页。

别是社会文化建构的结果，对社会性别指标的测量，在社会学领域也争议不断，未形成一致意见。本研究限于笔者女性社会学学科知识的相对薄弱，未能构建起社会性别的测量指标，因此所构建的女大学生就业流动及其性别差异解释更多的是基于现状描述的结果和质性研究获得的结论进行思辨分析，无法通过回归的方式进一步验证研究假设，这不能不说是研究的一个缺憾。

第三，在理论研究和实践活动的结合上还有所欠缺。尽管笔者在调查中已经尽心尽力，所获得的资料基本翔实可靠，但是在研究成果的呈现上，在研究结论和理论框架的结合上显得生硬，特别是关于性别公平的解读方面。由于性别公平具有相对性，是一个哲学范畴的认识论问题，公平和不公平之间缺乏泾渭分明的界限，这也使得笔者在面对各种因素交互作用下的性别差异的解读和分析中，难免陷于其中而不自知，在某种程度上降低了社会研究的性别敏感度。

第四，本研究的研究对象是应届高校毕业生，考察其基于初次就业而产生的流动现状。初次就业流动是毕业生就业流动和职业发展的起点，直接影响今后的继续流动，因此研究这一问题有着较为重要的现实意义。但是限于调查开展的可操作性，本研究未能对毕业生的就业结果进行追踪调查，难以对毕业生整体的就业流动的性别差异问题形成连续的研究结论，因此，在对策和建议方面也缺乏更细化的目标策略，值得在今后的研究中不断推进。

二 研究的改进与展望

在今后关于高校毕业生就业流动的性别差异研究中，可从以下几个方面加以改进。

首先，拓展调查研究的广度，建立具有成长性的就业数据管理平台。随着研究者社会资源的拓展，今后在研究调查过程中，要特别注重对中部、西部等高校的遴选，并且开展更大范围的调查研究。同时在今后的数据采集中，希望尽可能摆脱传统人工数据采集方式的规制，构建就业流动调查的网络数据库平台。依托网络平台实现更大范围的数据收集，最大限度保障调查样本的完整性，还可以把就业流动数据平台作为一个数据采集和管理的平台，今后可按需添加数据，使系统具备较好的成长性。这种数据库平台不仅适应今后就业流动延展性研究的需要，同时又能降低成本消耗。除此之外，依托这一数据网络平台，也将研制台湾地区关于高校毕业生就业流动性别差异的调查问卷，这样在调查开展时能够克服跨区域的空间阻隔，凸显网络平台的畅通性和便利性，加强两岸在此问题上的对话和交流，为性别平等事业提供基于两岸优势互补的实践经验和理论贡献。

其次，进一步制定关于影响大学生就业社会性别观念的测量维度。长期以来，社会性别观念作为主观认知，质性研究方法是女性主义学派用以研究性别问题的首要考虑方法，用量化的指标进行测量在理论层面和实践层面存有争议，但是随着研究的不断推进以及量化研究工具和方法的不断提升，关于社会性别观念的测量维度应该有所突破，值得在今后的学术研究中不断学习提升。

最后，高校毕业生就业流动的性别差异是一个全球性的女性学研究议题，推动全球化视域下的不同文化背景、不同国家就业性别差异研究的国际对话，也应该成为该研究的学术生长点。对于男女平等发展的性别追问是一个历久弥新的话题，随着人类社会文明不断更新发展，对这一话题的学术研究离不开全球化的语境和视野。因此，在今后的研究中，要充分地吸收国内外最新的理论贡献和学术成果，不断地借鉴国内外关于推进男女就业平等的有效举措和经验总结，进一步推动全球化视域下的不同文化背景、不同国家就业性别差异研究的国际对话。如此，不仅有助于深化对现阶段中国女性社会地位特殊性的理解，还将有利于解决目前本土研究中理论和实践之间僵化的隔阂。

参考文献

中文文献

阿瑟·刘易斯、储王坤：《发展中国家经济增长的新的"发动机"》，《现代外国哲学社会科学文摘》1982年第10期。

安双宏：《印度女性接受高等教育的机会》，《比较教育研究》2001年第7期。

敖山、丁小浩：《基于性别差异的我国高校毕业生就业特征研究》，《教育与经济》2011年第2期。

北京大学教育学院、全国高等学校学生信息咨询与就业指导中心：《全国高校毕业生就业状况（2004—2008）》，北京大学出版社，2010。

曹星、岳昌君：《我国高校毕业生就业状况性别差异研究》，《高等教育研究》2010年第1期。

柴国俊、邓国营：《大学毕业生性别工资差异与行业隔离》，《妇女研究论丛》2013年第1期。

陈月新、李娜：《关于就业性别文化建设的思考》，《河北大学学报》（哲学社会科学版）2007年第1期。

程猛、史薇、沈子仪：《文化穿梭与感情定向——对进入精英大学的农家子弟情感体验的研究》，《中国青年研究》2019年第7期。

程远芳、叶玲弟：《从"毕婚族"到"急嫁族"看当代女大学生价值观的变化》，《广西青年干部学院学报》2008年第5期。

《调查显示：2010届女大学生就业率比男生低8.5%》，新华网，http://

www. cq. xinhuanet. com/edu/2010 - 03/02/content_19131626. htm。

窦胜功、卢纪华、戴春凤：《人力资源管理与开发》，清华大学出版社，
    2005。

高梦滔、张颖：《教育收益率、行业与工资的性别差异：基于西部三个城
    市的经验研究》，《南方经济》2007 年第 9 期。

"各级各类学校女学生数"，教育部网，http://www. moe. gov. cn/public-
    files/business/htmlfiles/moe - 560/s7567/201309/156890. html。

郭丛斌、曾满超、丁小浩：《中国高校理工类学生教育及就业状况的性别
    差异》，《高等教育研究》2007 年第 11 期。

国务院：《国家中长期人才发展规划纲要（2010—2020 年）》，2010 年 6 月
    6 日。

国务院：《国务院办公厅关于加强普通高等学校毕业生就业工作的通知》，
    2009 年 1 月 29 日。

韩贺南、张健主编《女性学导论》，教育科学出版社，2005。

胡亚云：《论就业性别歧视——一种社会学分析视角》，《信阳师范学院学
    报》（哲学社会科学版）2009 年第 1 期。

季俊杰、高雅：《高校女硕士研究生的初次就业质量测度与性别比较——
    基于五所高校的调查》，《研究生教育研究》2016 年第 1 期。

姜向群：《就业中的性别歧视：一个需要正视和化解的难题》，《人口研究》
    2007 年第 3 期。

金俭：《国外反歧视立法与借鉴》，《求索》2004 年第 7 期。

赖德胜、吉利：《大学生择业取向的制度分析》，《宏观经济研究》2003 年
    第 7 期。

李春玲：《断裂与碎片——当代中国社会阶层分化实证分析》，社会科学文
    献出版社，2005。

李慧英：《性别刻板定型与"文化陷阱"》，《妇女研究论丛》2014 年第
    3 期。

李路路、孙志祥主编《透视不平等——国外社会阶层理论》，社会科学文
    献出版社，2002。

李敏智：《当代女大学生择业观存在的问题及原因分析》，《大学教育》2012

年第 12 期。

李强：《影响中国城乡流动人口的推力与拉力因素分析》，《中国社会科学》2003 年第 1 期。

李小江：《女性/性别的学术问题》，山东人民出版社，2005。

李银河：《妇女：最漫长的革命：当代西方女权主义理论精选》，生活·读书·新知三联书店，1997。

刘伯红、李亚妮：《中国高等教育中的社会性别现实》，《云南民族大学学报》（哲学社会科学版）2011 年第 1 期。

刘红霞：《大学生职业成熟度的性别差异研究》，《中国青年研究》2009 年第 7 期。

刘秀兰、周未来：《女大学生就业中的性别歧视——以经济学为分析视角》，《重庆工学院学报》2006 年第 9 期。

陆根书、刘珊、钟宇平：《高等教育需求及专业选择中的性别差异及其影响因素分析》，《高等教育研究》2009 年第 10 期。

陆学艺主编《当代中国社会流动》，社会科学文献出版社，2004。

鹿立：《人力资源开发战略性别视角分析——我国女性人力资源开发现状的基本判断及战略思考》，《中华女子学院山东分院学报》2008 年第 1 期。

吕红平、丁娟、包芳主编《中国性别文化概论》，中国人口出版社，2011。

马莉萍、潘昆峰：《留还是流？——高校毕业生就业地选择与生源地，院校地关系的实证研究》，《清华大学教育研究》2013 年第 5 期。

马莉萍：《西方国家大学毕业生就业流动的研究：借鉴与启示》，《教育学术月刊》2009 年第 10 期。

马莉萍、岳昌君、闵维方：《高等院校布局与大学生区域流动》，《教育发展研究》2009 年第 23 期。

马莉萍、岳昌君：《我国劳动力市场分割与高校毕业生就业流向研究》，《教育发展研究》2011 年第 3 期。

马缨：《博士毕业生的性别差异与职业成就》，《妇女研究论丛》2009 年第 6 期。

米歇尔·福柯：《规训与惩罚：监狱的诞生》，刘北成、杨远婴译，生活·

读书·新知三联书店，1999。

《〈女大学生就业创业状况调查报告〉发布》，新华网，http://edu. ifeng. com/zhichang/detail_2011_02/11/4622774_0. shtml。

潘锦棠：《性别人力资本理论》，《中国人民大学学报》2003 年第 3 期。

彭拥军：《走出边缘——农村社会流动的教育张力》，华中科技大学出版社，2011。

曲兆鹏：《中国城市劳动力市场性别工资差异研究——来自大学毕业生就业市场的证据》，《北京工商大学学报》（社会科学版）2016 年第 2 期。

沈奕斐：《被建构的女性——当代社会性别理论》，上海人民出版社，2005。

盛玉雪、赵晶晶、蒋承：《我国高校毕业生跨省就业流动的空间相关性研究》，《北京大学教育评论》2018 年第 1 期。

石美遐：《中国现阶段女大学生就业问题研究》，《妇女研究论丛》2005 年第 S1 期。

史淑桃：《大学生就业质量性别差异渐显的原因与对策》，《湖北社会科学》2010 年第 12 期。

司晨、金鑫：《性别压迫中的政治经济学——论盖尔·鲁宾的"性/社会性别制度"》，《南昌大学学报》（社会科学版）2008 年第 1 期。

天野正子、陈武元：《现代日本的"女性与高等教育"》，《国际高等教育研究》2002 年第 1 期。

佟新、龙彦：《反思与重构——对中国劳动性别分工研究的回顾》，《浙江学刊》2002 年第 4 期。

王俊、郭梦珂：《两岸大学生就业状况的性别差异探讨——基于大陆 7 所 211 高校与台湾 10 所高校的调查数据》，《教育与经济》2015 年第 6 期。

王俊：《论高等教育中学科专业的性别隔离》，《高等教育研究》2005 年第 7 期。

王俊：《遮蔽与再现：学术职业中的性别政治》，华中师范大学出版社，2011。

文东茅：《我国高等教育机会、学业及就业的性别比较》，《清华大学教育研究》2006 年第 5 期。

武毅英、洪文建：《劳动力市场分割视阈下的大学生就业流动》，《高教发展与评估》2013 年第 3 期。

武毅英、洪文建：《现行劳动力市场结构下的大学生就业流动与社会分层》，《江苏高教》2013 年第 3 期。

武毅英、刘莹：《多学科视域下的高校毕业生就业流动与社会分层之关系》，《现代大学教育》2013 年第 2 期。

武毅英、杨珍：《大学生就业竞争力差异分析——基于社会性别的视野》，《大学教育科学》2013 年第 1 期。

武毅英主编《高校毕业生就业流向及对人力资源配置的作用与影响：以部委属院校为例》，厦门大学出版社，2012。

《西方教育经济学流派》，曾满超、薛伯英、曲恒昌等译，北京师范大学出版社，1990。

肖微、朱毅：《性别公正视角下的就业公共政策探究——关于就业性别歧视的政策反思》，《科技创业月刊》2009 年第 2 期。

闫晓庆、奔厦·泽米：《"求你们让我去上学"——西南某偏远山区首批两个女大学生求学历程的个案研究》，《中国青年研究》2019 年第 8 期。

杨钋、门垚、马莉萍：《高校毕业生就业流动现状的分析》，《国家教育行政学院学报》2011 年第 4 期。

杨钋、史祎美：《硕士生求职就业中的性别差异研究》，《教育发展研究》2013 年第 3 期。

叶文振主编《女性学导论》，厦门大学出版社，2006。

易定红、廖少宏：《中国产业职业性别隔离的检验与分析》，《中国人口科学》2005 年第 4 期。

尹泓：《性别政治与女性时间》，《求是学刊》2011 年第 2 期。

余秀兰：《认同与容忍：女大学生就业歧视的再生与强化》，《高等教育研究》2011 年第 9 期。

俞梅珍：《从外生比较优势到内生比较优势：女性就业竞争力再思考》，《华南师范大学学报》（社会科学版）2007 年第 6 期。

岳昌君：《大学生跨省流动的特点及影响因素分析》，《复旦教育论坛》2011 年第 2 期。

岳昌君：《高等教育与就业的性别比较》，《清华大学教育研究》2010 年第 6 期。

岳昌君：《高校毕业生就业状况的城乡差异研究》，《清华大学教育研究》2018 年第 2 期。

岳昌君、邱文琪：《高校毕业生城际流动的特征分析》，《北京大学教育评论》2019 年第 3 期。

岳昌君、夏洁、邱文琪：《2019 年全国高校毕业生就业状况实证研究》，《华东师范大学学报》（教育科学版）2020 年第 4 期。

张德祥：《高等教育在社会流动中的作用》，《社会科学辑刊》1997 年第 3 期。

张华贵、郭艳艳：《论就业性别歧视的法律规制——兼评〈就业促进法〉之相关规定》，《法制与经济》（下半月）2008 年第 4 期。

张京媛主编《当代女性主义文学批评》，北京大学出版社，1992。

张永丽、徐腊梅：《贫困地区农村教育收益率的测算及性别差异分析——以甘肃 15 个贫困村为例》，《调研世界》2019 年第 2 期。

郑瑞强、朱述斌：《新型城乡关系、乡村未来与振兴之路：寻乌调查思考》，《宁夏社会科学》2018 年第 3 期。

郑新蓉：《性别与教育》，教育科学出版社，2005。

郑育琛、武毅英：《我国高等教育社会分层功能的再审视——基于对某省两所高校毕业生的调查》，《现代教育管理》2014 年第 6 期。

钟秋明、文东茅：《高校毕业生就业地域失衡及其对策》，《求索》2007 年第 9 期。

钟云华、刘姗：《乡村振兴战略背景下大学生农村就业意愿的影响因素分析——基于推拉理论的视角》，《高等教育研究》2019 年第 8 期。

周小李、杜时忠：《社会性别视角下的教育传统及其超越》，《教育研究》2008 年第 10 期。

周小李：《女大学生就业难：文化资本与符号资本的双重弱势》，《教育研究与实验》2011 年第 1 期。

周小李：《社会性别视角下的教育传统及其超越》，教育科学出版社，2011。

周玉：《性别差异：地位获得中的非制度机制》，《福州大学学报》（哲学社会科学版）2009 年第 5 期。

英文文献

Aba Schwartz, "On Efficiency of Migration," *Journal of Human Resources* (1971)：193 – 205.

Alessandra Faggian, Philip McCann, "Human Capital Flows and Regional Knowledge Assets：A Simultaneous Equation Approach," *Oxford Economic Papers 3* （2006）：475 – 500.

Alessandra Faggian, Philip McCann, Stephen Sheppard, "An Analysis of Ethnic Differences in UK Graduate Migration Behaviour," *The Annals of Regional Science 2* （2006）：461 – 471.

Alessandra Faggian, Philip McCann, Stephen Sheppard, "Some Evidence that Women are more Mobile than Men：Gender Differences in UK Graduate Migration Behavior," *Journal of Regional Science 3* （2007）：517 – 539.

Barbara Reskin, "Sex Segregation in the Workplace," *Annual Review of Sociology* （1993）：241 – 270.

Chiswick B. R. , Becker G. S. , "Education and the Distrbribution of Earnings," *American Economic Review 4* （1966）：56.

Daniel McFadden, Kenneth Train, "Mixed MNL Models for Discrete Response," *Journal of Applied Econometrics 5* （2000）：447 – 470.

Edward L. Glaeser et al. , "Growth in Cities," *National Bureau of Economic Research*, 1991.

Franklin G. , Mixon Jr, Yu Hsing, "The Determinants of Out-of-State Enrollments in Higher Education：A Tobit Analysis," *Economics of Education Review 4* （1994）：329 – 335.

Gary S. Becker, *"Human Capital, Effort, and the Sexual Division of Labor,"* *Journal of Labor Economics* （1985）：S33 – S58.

Jane Roland Martin, *Changing the Educational Landscape：Philosophy, Women, and Curriculum*, Psychology Press, 1994.

Jeffrey A. Groen, "The Effect of College Location on Migration of College-Educated Labor," *Journal of Econometrics 1* (2004): 125 – 142.

Jerry A. Hausman, David A. Wise., "A Conditional Probit Model for Qualitative Choice: Discrete Decisions Recognizing Interdependence and Heterogeneous Preferences," *Econometrica: Journal of the Econometric Society* (1978): 403 – 426.

J. Fields, &Woirf, E. N., "Interindustry Wage Differentials and Gendeg Wage Gap," *Industrial and Labor Relations Review*1 (1995): 105 – 120.

J. G. Dey, &Hill C., "Behind the Pay Gap," AAUW Education Foundation, 2007.

Karen Bradley, "The Incorporation of Women into Higher Education: Paradoxical Outcomes?" *Sociology of Education* (2000): 1 – 18.

Mark C. Berger, "Predicted Future Earnings and Choice of College Major," *Industrial and Labor Relations Review* (1988): 418 – 429.

Martin Watts., "Gender Segregation in Higher Educational Attainment in Australia 1978 – 1994," *Higher Education 1* (1997): 45 – 61.

Mclaren P. L., "The Ritual Dimensions of Resistance: Clowning and Symbolic Inversion," *Journal of Education* 2 (167): 84 – 97.

Michael J. Greenwood, "The Geographic Mobility of College Graduates," *Journal of Human Resources* (1973): 506 – 515.

Patricia Salter West., "Social Mobility among College Graduates," *Class, Status and Power Glencoe 111* (1953): 465 – 480.

Paul D. Gottlieb, George Joseph, "College-to-Work Migration of Technology Graduates and Holders of Doctorates Within the United States," *Journal of Regional Science 4* (2004): 627 – 659.

Peter Woods, *Inside Schools: Ethnography in Schools*, Routledge, 2005.

Randall G. Krieg, "Human-Capital Selectivity in Interstate Migration," *Growth and Change, 1* (1991): 68 – 76.

Robert King Merton, *Social Theory and Social Structure*, Simon and Schuster, 1968.

Ronald Oaxaca, "Male-Female Wage Differentials in Urban Labor Markets,"

International Economic Review (1973): 693 - 709.

V. Spike Peterson, Anne Sisson Runyan, *Global Gender Issues*, Westview Press, CO. , 1993.

Yolanda K. Kodrzycki, "Migration of Recent College Graduates: Evidence from the National Longitudinal Survey of Youth," *New England Economic Review* (2001): 13 - 34.

后　记

本书是我在博士学位论文的基础上修改而成的。有人说，女博士的求学经历是一部不朽的史书，我却依稀记得这样一句话："读博是一场没有因果的风花雪月。"掩卷沉思，记忆如潮水般汹涌而来，那些被缝补过的时光，重新变得美好，拼接成一幅难以忘怀的画。

2012 年 6 月，考上博士的时候，我的先生正在厦门大学攻读博士学位，儿子刚上厦门大学幼儿园，朋友们常笑谈我们一家三口在厦门大学接受不同程度的教育，应该给予"学习型家庭"的美誉。在这些善意的笑谈和赞誉的背后也常常夹杂着对即将成为女博士的我的一份不解：一个已逾而立之年，上有老、下有小，工作稳定的女人，不好好享受这一份"现世安稳、岁月静好"的闲适日子，经营好婚姻生活，把事业的发展和家庭的未来托付给另一半，何苦"和男人一样"在这条路上艰难攀爬？

四年的博士学习生涯，已经忘记熬过多少个不眠之夜，也记不清多少次在车船颠簸的上班路上看自己的研究笔记，更不敢回想除夕时在勤业餐厅写博士学位论文的场景……也许头戴博士帽、身穿博士袍的光荣很容易被想象，但是拖家带口求学路上的困苦和艰辛却不一定能被体悟。在时代不断召唤女性"本质主义"回归的当下，我也时常追问在这场"没有因果的风花雪月"中困顿的自己："如此这般，作为女人，到底该不该、值不值？"

可以说，本书中那些曾经沉默的、缺席的、被遮蔽的声音，代表的不仅是女大学生群体的困惑，更是一个女性群体的性别迷失，而我也因循着本研究探索，不断探寻生命的本真意义和一个女人的存在价值。

感谢厦门大学教育研究院，在我面对知识积累的瓶颈，身陷心灵无所依托以及未来无从规划的多重困境时，为我指明了方向，让我在与大师的对话中、在浓郁自由的学术氛围熏陶中、在老师们"为人师表"身体力行中、在同侪朋辈的相互扶携和鼓励中，视野得以开阔、心灵得到浸润，找到了未来支点。

感谢我的博士研究生导师武毅英教授，她"上得了厅堂，下得了厨房，治得了学术，发得了文章"，恩师作为女人的优雅与智慧为我们所艳羡，其谦逊和勤奋更是我们学习的楷模。四年前承蒙导师错爱将我招录门下，尽管我资质有限、基础薄弱、能力不彰，但导师始终对学生关爱有加：带我外出参加学术会议、修改我的课程论文、给我提供学术资料，我的点滴进步都能在第一时间得到导师的鼓励。我的博士学位论文，从选题确定的再三推敲，到论文结构的几易其稿，再到文字表达的字斟句酌，更是倾注了导师的心血。只是囿于本人的才情，虽得导师谆谆教诲，但论文依然错漏颇多，自负文责之余，尚祈今后能有日新，达到导师要求。

感谢潘懋元先生，先生的"教师是为学生服务的"理念时时鞭策我辈不忘"为人师表"；感谢刘海峰院长，每次聆听"高考改革"相关课程，都让身为高考受益者的我"别是一般滋味在心头"；感谢别敦荣教授，您每次专题研讨课上一针见血的犀利点评，总让人茅塞顿开；感谢史秋衡教授高屋建瓴的专题解读；感谢李泽彧教授别开生面的调研课，不知一班学生何时能"重修"；感谢王洪才教授在方法论课上的点拨；感谢张亚群教授和郑若玲教授对我论文开题的指导和帮助；感谢吴薇和徐岚老师，一个温柔了岁月，一个惊艳了时光，智慧且奋斗的女人最美丽。

感谢厦门大学教育研究院的郑冰冰书记、陈文副书记以及院办公室的叶燕老师、吴晓君老师、李武静老师、王玉梅老师、刘胜老师等，谢谢你们尽心尽责的行政工作。

感谢师门的郑辉阁师姐、杜海林师兄、宫毅敏师姐、刘莹师姐、张振、陈晓龙、叶青、郑飞中、王雪琴、方宝、刘红垒、谢琼、周泓、谢玲等，是你们在我的开题过程中提供了指点，帮助发放调查问卷，对论文提出修改意见，让我远离"独学而无友，则孤陋而寡闻"。

感谢同窗好友王志军、沈曲、罗先锋、王毓、陈迎红、石猛、王婧、钟焜茂、周琬馨、赵光锋、黄云碧、岳峰、雷兰川，多想让时光重返，一起在课堂争执讨论，一起到白城踏沙逐浪，一起去爬山感受春意盎然；还有来自台湾的蔡锦城班长、江明哲、林仲曦、刘百纯、沈书玉、林虹均等同学，让我感受到宝岛热情、两岸情深。

感谢厦门大学嘉庚学院给我在职求学的机会，感谢我的领导苏新春教授，在我处在论文写作、工作杂务、家庭琐碎的困顿慌乱中时，是您的一句"不要急，不要停，不要拖"，如醍醐灌顶，让我找到方向和出路。感谢学院的同事们，是你们在工作上对我的支持、包容，让我体会到这个大集体的温暖。

感谢帮我整理、录入数据的孙琦、林祎、毛月清、钟晓君、肖云红等和学生会的同学们，感谢接受我访谈的毕业生们，是你们的帮助才保证我博士学位论文的顺利完成。

感谢我的母校——闽南师范大学。2019年6月，我有幸重新回到母校工作，这里有教授过我的恩师、有帮助过我的领导还有昔日的同学、如今的同事好友。虽然和母校横亘着近20年的光阴，重新回来，这里的一切依旧那么亲切、那么熟悉，让我坚定地选择"再结缘、再相识、再出发"。

感谢我的硕士研究生导师——厦门大学哲学系的张爱华教授和徐梦秋教授。从硕士研究生阶段的学习到工作、读博再到现在，你们长期以来给我很多的关心、帮助、鞭策和鼓励，我铭感五内，无以回报，唯愿恩师身体健康，幸福常在。

感谢我的父母，虽然给我的"没有背景、只有背影"，但是那融入骨髓的温厚善良以及在背后一步步推着我前进的无欲无求的爱，是让我改变代际困境实现向上流动最有力的"先赋性因素"。每次看到你们走进我书房欲言又止，转身离开的背影，我知道自己亏欠的不只是一个陪伴。

感谢我的公婆，他们年事已高，依然帮我照顾幼儿，操劳家务，让我得以安心学习写作。

感谢我的先生，我本以为"你负责赚钱养家、我负责貌美如花"是我们应有的性别分工，直到你把我推上读博的这条路。虽然现在我没有"貌美如花"，但是收获了比"貌美如花"更有内涵的一切，今后我将和你一起"赚钱养家"。

　　还要感谢我最爱的一对儿女。我的儿子从牙牙学语、蹒跚学步开始，我与丈夫便先后奔波在求学的路上。在他稚嫩的童年里，可能少了在游乐场、动物园和外出游玩的回忆，但是也收获了每周六和寒暑假在图书馆自习室与我们相伴读书的充实和快乐，这也是在那段特殊的日子里，我们所能给他的"可能不会是最好但是希望不会是最差"的陪伴。我的女儿虽然没有见证我读博的那段时光，但她在我完成博士学业后欣然而至，让我体会到了儿女双全的圆满和幸福。

　　最后还要感谢社会科学文献出版社的崔晓璇、闫红国等老师，他们认真负责的编校，让本书能够以更规范的面貌面世。

　　需要感谢的人还有很多很多，我会铭记在心。

　　对于过去唯一的核心是感恩，对于未来唯一的选择是前行。"万物之中，成长最美；自然之中，希望最新"——以此送给"在路上"的亲爱的自己。

郑育琛

2020 年 11 月 12 日凌晨于厦大西村

附　录

附录一　高校毕业生就业状况调查问卷

亲爱的朋友：

您好！我们在进行一项有关高校毕业生就业情况的调查，您所填写的信息，仅用于学术研究，我们将为您严格保密，请放心填写。填写本问卷需要 5～6 分钟，衷心感谢你的合作！

填写提示：1. 请在相应选项前的□上面画"√"，或在"_____"处填写相应内容（填写电子版的同学，只需用有别于题干的颜色、字体识别中选项即可，不一定用"√"）。

2. 请注意问题后面括号中所附的提示语或说明。

3. 如无特殊说明，均做单项选择。

国家社会科学基金"十二五"规划课题组

第一部分　基本情况

1. 性别：□男　　　　　　□女

2. 民族：□汉族　　　　　□少数民族

3. 家庭所在地：_____省_____市，您的家庭所在地属于

□农村　　　　□乡镇　　　　　□县城　　　　□县级市

□地级市　　　□计划单列市　　□省会城市　　□直辖市

4. 您的政治面貌：□中共党员（含预备党员）□团员 □群众 □其他

5. 您的家庭月收入是：

□2000 元以内　　　□2001～4000 元　　　□4001～6000 元

□6001～8000 元　　□8001～10000 元　　□10001～12000 元

□12001～14000 元　□14001～16000 元　□16001～18000 元

□18001～20000 元　□20001 元以上

6. 您父亲的受教育程度是＿＿＿＿＿＿＿，您母亲的受教育程度是＿＿＿＿＿＿＿＿（请填写相应编号）。

①小学及以下　　　②初中　　　③高中或中职中专

④高职高专　　　　⑤本科　　　⑥研究生及以上

7. 您父亲属于＿＿＿＿＿＿＿，您母亲属于＿＿＿＿＿＿＿（请填写相应编号或填写内容）。

①办事人员　　　　②农业劳动者　　　③私营企业主

④商业服务员工　　⑤个体工商户　　　⑥产业工人

⑦经理人员　　　　⑧国家与社会管理者　⑨专业技术人员

⑩城乡无业、失业、半失业者

8. 您认为您的父亲目前属于：

□高层领导干部、大企业经理人员、高级专业人员或大私营企业主等

□中低层领导干部、大企业中层管理人员、中小企业经理人员、中级专业技术人员或中等企业主等

□初级专业技术人员、小企业主、办事人员、个体工商户、中高级技工、农业经营大户等

□个体劳动者、一般商业服务人员、工人、农民等

□生活处于贫困状态并缺乏就业保障的工人、农民或无业、失业、半失业者等

9. 您的学历层次是：□专科　　　□本科　　　□硕士　　　□博士

10. 您毕业的院校及专业名称是＿＿＿＿＿＿＿＿＿＿＿＿＿＿＿＿＿＿＿

11. 如果您是专科生，请选择您的专业门类：

□生化与药品类　　□材料与能源类　　□土建类

□旅游类　　　　　□轻纺食品类　　　□交通运输类

□电子信息类　　　□财经类　　　　　□制造类

□医药卫生类　　　　□文化教育类　　　　□公共事业类

□公安类　　　　　　□法律类　　　　　　□语言文化类

□农林牧渔类　　　　□水利类　　　　　　□环保、气象与安全类

□资源开发与测绘类　□艺术设计传媒类

12. 如果您的学历是本科及以上，请选择您的专业：

□经济学　　　　　　□艺术学　　　　　　□理学

□文学　　　　　　　□工学　　　　　　　□教育学

□医学　　　　　　　□管理学　　　　　　□历史学

□哲学　　　　　　　□农学　　　　　　　□法学

□军事学

13. 您在学校期间的综合成绩排名大概是所读班级的：

□后 20%　　　　　□80% ~ 61%　　　　□60% ~ 41%

□40% ~ 21%　　　□前 20%

14. 您在校期间是否获得外语等级证书：□是　　　　　　□否

15. 您在校期间是否考取从业资格证书：□是　　　　　　□否

16. 您从事过的兼职或全职实习次数：

□没有　　□1 ~ 2 次　　□3 ~ 4 次　　□5 次及以上

17. 您哪一年毕业开始工作：

□2008 年　□2009 年　□2010 年　□2011 年　□2012 年　□2013 年

□其他_____（填写具体年份）

18. 如果您是应届毕业生，您毕业后的去向是（往届生跳转至第 19 题）：

□已确定单位（包括有就业意向）　　□待就业　□不就业拟升学

□其他暂不就业　□自主创业　□自由职业　□其他灵活就业

□升学　□出国出境　□其他

第二部分　签约情况

19. 毕业后您的第一份工作所在地：_____省（自治区、直辖市）

_____市_____县。

20. 毕业后您第一份工作所在地属于：

□农村　　　　　　　□乡镇　　　　　　　□县城

□县级市 □地级市 □计划单列市

□省会城市 □直辖市

21. 毕业后您第一份工作属于哪一行业：

□制造业 □建筑业

□交通运输、仓储和邮政业 □信息传输、软件和信息技术服务业

□金融业 □房地产业

□住宿和餐饮业 □批发零售贸易业

□教育业 □文化、体育和娱乐业

□租赁和商务服务业 □居民服务、修理和其他服务业

□公共管理、社会保障和社会组织 □医疗卫生业

□科学研究技术服务业 □其他

22. 毕业后您第一份工作的单位是_____，您期望的工作单位是__
_____（请填写相应编号）。

①三资企业（包括中外合资经营、中外合作经营、外商独资经营三类
企业）

②科研设计单位 ③高等学校 ④中初级教学单位

⑤医疗卫生单位 ⑥其他事业单位 ⑦金融单位

⑧国有企业 ⑨党政机关 ⑩部队

⑪自主创业 ⑫其他非国有企业 ⑬其他

23. 毕业后您第一份工作的平均月收入（包括工资、福利和奖金）大
约是_____，您期待的薪资是_____（请填写相应编号）。

①1000元以下 ②1001～2000元 ③2001～3000元

④3001～4000元 ⑤4001～5000元 ⑥5001～6000元

⑦6001～7000元 ⑧7001～8000元 ⑨8001～9000元

⑨9001～10000元 ⑩10001元以上

24. 您的第一份工作属于_____（请填写相应编号）。

①办事人员 ②农业劳动者 ③私营企业主

④商业服务员工 ⑤个体工商户 ⑥产业工人

⑦经理人员 ⑧国家与社会管理者 ⑨专业技术人员

⑨城乡无业、失业、半失业者

25. 您的第一份职业属于＿＿＿＿＿＿（请填写相应编号）。

①沿海经济发达地区或大城市的公务员、大企业管理人员、大私营企业主的继承者

②一般省市的公务员、中小企业经理人员、中级专业技术人员或中等企业主的继承者

③初级专业技术人员、小企业主（自主创业初期主要负责人）、办事人员、中高级技术工人、中小型农业经营户

④个体服务者，无固定收入的灵活就业者

⑤生活处于贫困状况并缺乏就业保障的就业者、失业人员

26. 您找第一份工作大约投递了几份求职简历：

□1 ~ 5 份 □6 ~ 10 份
□11 ~ 20 份 □20 份以上

27. 您找第一份工作大约花费的时间：

□不到一个月 □一到三个月内
□三到六个月内 □六个月以上

28. 您找第一份工作花费的资金约为：

□500 元以下 □501 ~ 1500 元
□1501 ~ 3000 元 □3001 元以上

29. 您在选择工作时，优先考虑的四个因素是：

□单位性质 □薪酬福利 □社会地位 □发展前景
□区域位置 □兴趣爱好 □专业对口 □婚恋原因
□家庭原因 □其他

第三部分 工作情况（该部分应届生不作答，请应届生跳至第 40 题作答）

30. 您目前的工作属于哪一行业：

□制造业 □建筑业
□交通运输、仓储和邮政业 □信息传输、软件和信息技术服务业
□金融业 □房地产业
□住宿和餐饮业 □批发零售贸易业

□教育业　　　　　　　　□文化、体育和娱乐业

□租赁和商务服务业　　　□居民服务、修理和其他服务业

□公共管理、社会保障和社会组织□医疗卫生业

□科学研究技术服务业　　□其他

31. 您目前工作的单位是_____（请填写相应编号）。

①三资企业（包括中外合资经营、中外合作经营、外商独资经营三类企业）

②科研设计单位　　　　　③高等学校

④中初级教学单位　　　　⑤医疗卫生单位

⑥其他事业单位　　　　　⑦金融单位

⑧国有企业　　　　　　　⑨党政机关

⑩部队　　　　　　　　　⑪自主创业

⑫其他非国有企业　　　　⑬其他

32. 您目前工作的平均月收入（包括工资、福利和奖金）大约是：

□1000 元以下　　　　　□1001 ~ 2000 元

□2001 ~ 3000 元　　　　□3001 ~ 4000 元

□4001 ~ 5000 元　　　　□5001 ~ 6000 元

□6001 ~ 7000 元　　　　□7001 ~ 8000 元

□8001 ~ 9000 元　　　　□9001 ~ 10000 元

□10001 ~ 11000 元　　　□11001 ~ 12000 元

□12001 ~ 13000 元　　　□13001 元以上

33. 您认为您目前属于：

□高层领导干部、大企业经理人员、高级专业人员或大私营企业主等

□中低层领导干部、大企业中层管理人员、中小企业经理人员、中级专业技术人员或中等企业主等

□初级专业技术人员、小企业主、办事人员、个体工商户、中高级技工、农业经营大户等

□个体劳动者、一般商业服务人员、工人、农民等

□生活处于贫困状态并缺乏就业保障的工人、农民或无业、失业、半失业者等

34. 您认为您目前属于_____（请填写相应编号）。

①办事人员　　　　　　　　②农业劳动者

③私营企业主　　　　　　　④商业服务员工

⑤个体工商户　　　　　　　⑥产业工人

⑦经理人员　　　　　　　　⑧国家与社会管理者

⑨专业技术人员　　　　　　⑩城乡无业、失业、半失业者

35. 自获得第一份工作以来，您更换工作的次数：

□0 次　　□1 次　　□2 次　　□3 次　　□4 次　　□5 次

□5 次以上

36. 如果更换过，您更换工作的时间是工作后的第几年？

□1 年及以内　　□2 年　　□3 年　　□4 年　　□5 年及以上

37. 如果更换过，您更换工作的原因是：

□单位性质　□薪酬福利　□社会地位　□发展前景　□区域位置

□兴趣爱好　□专业对口　□婚恋需要　□家庭原因　□其他

38. 你目前的工作所在地是：

□农村　　　　□乡镇　　　□县城　　　　□县级市

□地级市　　　□计划单列市□省会城市　　□直辖市

39. 如您更换过其他职业，请您按时间顺序写出主要职业类别及工作
所在地区_____

第四部分　自我评价

40. 您认为读大学对您就业的影响属于：

□正面影响　□正面影响大于负面影响　□负面影响大于正面影响

□负面影响　□说不清楚

41. 您是否愿意继续深造，提高自己的学历水平：□是　　□否

42. 您对目前的工作满意程度如何，请在对应您实际情况的"□"中
画"√"。

	非常满意	基本满意	不太满意	非常不满意
行业类型	☐	☐	☐	☐
单位性质	☐	☐	☐	☐
工作所在地	☐	☐	☐	☐
工作时间	☐	☐	☐	☐
工资收入	☐	☐	☐	☐
发展前景	☐	☐	☐	☐
工作环境	☐	☐	☐	☐
社会地位	☐	☐	☐	☐

43. 你认为下列因素对找工作的"重要程度"如何，请在表格左侧对应的"☐"中画"√"；在实际情况中，这些因素对您工作的"影响程度"如何，请在表格右侧对应的"☐"中画"√"（左右侧均请作答）。

完全不重要	不太重要	比较重要	非常重要		影响程度（由低到高）				
					1	2	3	4	5
☐	☐	☐	☐	在校成绩	☐	☐	☐	☐	☐
☐	☐	☐	☐	个人能力及素养	☐	☐	☐	☐	☐
☐	☐	☐	☐	外语水平	☐	☐	☐	☐	☐
☐	☐	☐	☐	职业资格证书	☐	☐	☐	☐	☐
☐	☐	☐	☐	攻读专业	☐	☐	☐	☐	☐
☐	☐	☐	☐	学历层次	☐	☐	☐	☐	☐
☐	☐	☐	☐	学校的类型	☐	☐	☐	☐	☐
☐	☐	☐	☐	学校声誉	☐	☐	☐	☐	☐
☐	☐	☐	☐	校友资源	☐	☐	☐	☐	☐
☐	☐	☐	☐	社会实践经验	☐	☐	☐	☐	☐
☐	☐	☐	☐	学校就业指导	☐	☐	☐	☐	☐
☐	☐	☐	☐	容貌长相	☐	☐	☐	☐	☐
☐	☐	☐	☐	政治面貌	☐	☐	☐	☐	☐
☐	☐	☐	☐	兴趣爱好	☐	☐	☐	☐	☐
☐	☐	☐	☐	性别	☐	☐	☐	☐	☐
☐	☐	☐	☐	父母职业	☐	☐	☐	☐	☐
☐	☐	☐	☐	父母文化程度	☐	☐	☐	☐	☐
☐	☐	☐	☐	家庭经济条件	☐	☐	☐	☐	☐
☐	☐	☐	☐	社会关系	☐	☐	☐	☐	☐

附录二　毕业生就业流动性别差异的访谈大纲

一、基本特征

性别：男、女。

生源地：来自农村、城镇、大城市？

家庭情况：经济情况，父母的受教育程度和职业。

家庭构成：是否独生子女，家庭的其他成员情况。

人力资本情况：毕业院校、专业、学习情况、四六级证书和从业资格证书、兼职情况。

二、问题

（一）大学的学习影响

1. 大学期间的专业学习对你目前的就业有影响吗？

2. 在大学学习期间，觉得哪些对你今后的就业帮助最大？印象最深刻的是什么？

（二）和就业有关

1. 目前的工作情况怎样？地点在哪里？

2. 为什么选择在这里就业？是什么原因？你认为促使你做出这个选择的最主要因素是什么？家人的意见呢？

3. 获得这个就业机会，有性别上的优势吗？能讲讲你关于这方面的心得吗？（是否得到家里的帮助/社会关系的积累等）

4. 你觉得现在就业市场上存在两性之间的就业问题吗？谈谈你的看法。

5. 你所在的单位存在对男女不同的工作要求吗？男生的就业机会比女生多吗？谈谈你的感受。

6. 父母或者家庭对你（作为男生）在工作上有什么要求吗？能说说来自家庭的考虑吗？

（三）性别经验及其他

1. 你作为男生（女生），对今后在职业生涯的规划上有什么想法？在处理与未来的妻子/女朋友（丈夫/男朋友）在工作和家庭的分工上是如何考虑的？

2. 你是如何被教育做“男性”“女性”的？

3. 作为男生（女生），你心目中职业人的角色是怎样的？能否描述或者解释一下。

4. 如果家庭和工作之间有角色和时间的冲突，你会选择如何解决？

5. 您的家庭、社会支持网络怎样？

6. 你认为推动或阻碍你职业发展的主要因素是什么？能否说出感受最深的 5 个词。

7. 您对自己职业发展前景有什么看法或憧憬？

图书在版编目（CIP）数据

新时期高校毕业生就业流动：性别图景与影响机理／
郑育琛著.--北京：社会科学文献出版社，2022.2（2024.8重印）
ISBN 978-7-5201-9646-8

Ⅰ.①新… Ⅱ.①郑… Ⅲ.①高等学校-毕业生-就
业-研究-中国 Ⅳ.①G647.38

中国版本图书馆 CIP 数据核字（2022）第 018744 号

新时期高校毕业生就业流动：性别图景与影响机理

著　　者／郑育琛

出 版 人／冀祥德
责任编辑／崔晓璇
文稿编辑／杨鑫磊
责任印制／王京美

出　　版／社会科学文献出版社·马克思主义分社（010）59367126
　　　　　地址：北京市北三环中路甲 29 号院华龙大厦　邮编：100029
　　　　　网址：www.ssap.com.cn
发　　行／社会科学文献出版社（010）59367028
印　　装／唐山玺诚印务有限公司

规　　格／开 本：787mm×1092mm　1/16
　　　　　印 张：15.25　字 数：244 千字
版　　次／2022 年 2 月第 1 版　2024 年 8 月第 2 次印刷
书　　号／ISBN 978-7-5201-9646-8
定　　价／98.00 元

读者服务电话：4008918866